九色鹿

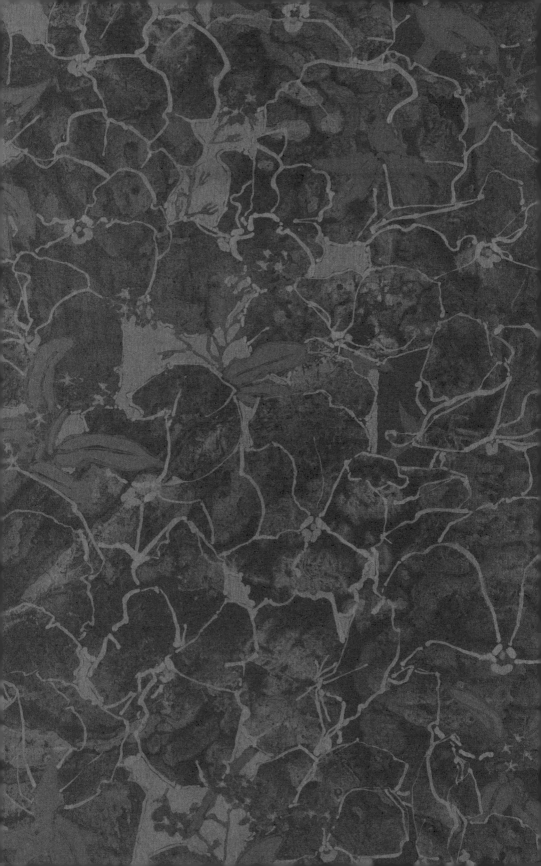

Narrative of Mongol History
in Yuan Dynasty

追本塑源

Tracing
and Making the
Origin

元朝的
开国故事

张晓慧

著

社会科学文献出版社
SOCIAL SCIENCES ACADEMIC PRESS (CHINA)

目　录

前　言

　　成吉思汗建立大蒙古国，深刻影响了草原历史的面貌，蒙古认同逐渐形成。蒙元时代的人们，如何讲述蒙古族群与成吉思汗开国的历史？他们对这段历史的讲述，又受到哪些因素的影响？

　　在大蒙古国的框架之下叙述蒙古历史时，目前的论著多陷入一种叙事程式当中，即以成吉思汗时代之前的蒙古社会结构，作为蒙古早期史的开篇，并赋予其前国家时代的"部落社会"色彩，然后将其拼接到成吉思汗的家族历史上。成吉思汗的家族历史，某种程度上被赋予了打破旧制度的意义。[1]其中的经典研究，

1　艾鹜德：《蒙古人、阿拉伯人、库尔德人和法兰克人：拉施德丁的部落社会比较民族学研究》，贾衣肯译，李鸣飞校，《欧亚译丛》第 1 辑，商务印书馆，2015，第 117 页。

当数符拉基米尔佐夫的《蒙古社会制度史》。符氏将大蒙古国建立前后的社会制度，分别概括为氏族制和游牧封建制。前者意味着成吉思汗建国之前，蒙古草原尚处于所谓"血缘社会"的"原始"状态。而成吉思汗时代之后，游牧封建制逐渐成为蒙古长期的社会形态。符氏的社会形态分析，对中外的蒙元史研究，尤其是早期蒙古史研究，产生了广泛的影响。[1] 亦邻真《成吉思汗与蒙古民族共同体的形成》《中国北方民族与蒙古族族源》等文章揭示了蒙古的族源和形成过程。[2] 这些民族史的典范性研究，在叙事手法上呈现出共同的风格，自觉或不自觉地遵循着"起源—发展—成熟"的叙事逻辑。这样的叙事逻辑，在北方草原政权历史的研究中十分流行。

这种叙事程式的形成，一方面与研究者的知识和思想背景有关。首先，19 世纪以来的社会科学，将亲缘关系视为前国家社会（nonstate society）的基本组织原则。与之相关联的氏族、部落、部落联盟等概念，实际上带有殖民主义、欧洲中心论的色彩，却往往套用在北方草原政权的不同发展历程中。大卫·斯尼思的《无首之国》一书，从这一角度对符氏学说进行了系统的反思。[3] 其次，对于中国学者而言，由于中原王朝有着源远流长的集权传统，他们便习惯将政治的集权视为国家的关键特征。囿于这两种自我中心视角，研究者容易倾向于以早期国家起源来比拟

---

1 类似的蒙古早期史叙述模式，如王明荪《早期蒙古游牧社会的结构——成吉思可汗前后时期的蒙古》，嘉新水泥公司文化基金会丛书，1976。

2 亦邻真：《亦邻真蒙古学文集》，内蒙古人民出版社，2001，第 387~426、544~582 页。

3 David Sneath, *The Headless State: Aristocratic Orders, Kinship Society and Misrepresentations of Nomadic Inner Asia*, New York: Columbia University Press, 2007.

北方草原政权的兴起过程。由于各族群政权起灭无常，其结果就是草原历史呈现为一根根线性发展的断裂链条，族群"起源—发展—成熟—消亡"的故事循环往复。按照线性叙事的逻辑，研究者始终无法有力回答为何草原历史呈现出迥异于中原王朝历史的面貌，一根根线性发展的独立链条，反而从整体上呈现出游牧族群历史的非线性发展路径，形成北方草原政权旋起旋灭的循环。成吉思汗何以终结这一循环，开启了延续至今的蒙古认同？

　　上述叙事程式的形成，另一方面源于研究者对《蒙古秘史》《史集》等蒙元时代重要历史文献的解读。蒙元时代之前的北方草原历史，主要经由中原文献记载流传下来，其自身的历史记述罕见。蒙元时代的历史文献，更多地出自蒙古人对自身历史的记述，弥足珍贵。但是，这些文献呈现的"历史"，能否等同于真实发生的"历史"？长期以来研究者并未将这两种"历史"剥离开来，将文献呈现的"历史"，按照"起源—发展—成熟"的逻辑，纳入叙事程式之中。这种蒙古历史的讲述方式，忽视了前一种"历史"是如何形成的这一重要问题，进而阻碍了对后一种"历史"的清晰认识。近年来，在族群认同的范畴之内对于集体记忆的研究，越来越注重探讨"族群认同如何借由成员对该族群起源的共同信念来凝聚，以及认同变迁如何借由历史失忆来达成"等问题。[1] 在民族史研究领域内，从王明珂对羌族的研究、姚大力对回族和满洲等民族认同的研究、罗新对中古北族名号的研究，到近年来胡鸿对秦汉至南北朝时期华夏化的研究、苗润博

1　王明珂：《反思史学与史学反思》，上海人民出版社，2016，第95页。

对契丹早期史的研究，从不同角度开启了北方草原史研究的新风尚。[1]

本书的写作目的是在跳出前述叙事程式的基础上，分析蒙元政权如何书写以成吉思汗及其家族为核心的蒙古开国历史，进而影响蒙古族群历史的面貌。具体而言，将从以下角度回答这一问题。

第一章"两宋史料所传蒙古早期史"。蒙元史料对蒙古早期史的讲述，以成吉思汗家族为中心，而辽金宋史籍的记载，从他者视角揭示了蒙古早期史的另一种面相。见于两宋史料的蒙古诸部的活动，其地点与成吉思汗家族的活动范围一致吗？将成吉思汗家族史放大至整个蒙古早期史，是否大大低估了前成吉思汗时代其他草原部族的政治影响力？无独有偶，蒙元史料记载了蒙古诸部起源于额儿古涅昆、西迁至不儿罕山的传说。"起源—迁徙"的传说，能否与两宋史料所见蒙古诸部活动相联系？

第二章"族称的历史考察：元人'讳言鞑靼'说再议"。如第一章所述，两宋时期从各种渠道获悉北方草原上"鞑靼"的部族名号及其情报。流传到元代，元人是如何看待"鞑靼"的？王国维提出元人"讳言鞑靼"说，影响很大。究竟元人避讳"鞑

1　王明珂：《羌在汉藏之间：川西羌族的历史人类学研究》，中华书局，2008；姚大力、孙静：《"满洲"如何演变为民族：论清中叶前"满洲"认同的历史变迁》，姚大力：《追寻"我们"的根源：中国历史上的民族与国家意识》，生活·读书·新知三联书店，2018，第418~464页；罗新：《中古北族名号研究》，北京大学出版社，2009；胡鸿：《能夏则大与渐慕华风：政治体视角下的华夏与华夏化》，北京师范大学出版社，2017；苗润博：《重构契丹早期史》，北京大学出版社，2024。

鞑"字眼吗？讳谈"鞑靼"史事吗？追溯这一族称的历史，同时也是在观察元人对"鞑靼"相关历史记忆的遗忘与改造，从而探究元代以成吉思汗家族为中心的草原史观的形成。

第三章"'孛儿只斤'与元代蒙古人的'姓氏'"。这一章以姓氏为个案，继第二章之后，继续探究成吉思汗家族的特殊化与神圣化过程。蒙古统治家族的神话，最为知名的是成吉思汗先祖阿阑豁阿感光生子的传说故事。阿阑豁阿的神圣后裔被称为孛儿只斤氏，孛儿只斤同时也是元代帝室的姓氏。孛儿只斤被普遍视为成吉思汗家族自然而然传承的结果，其产生过程往往被忽视。在元人的普遍认知中，蒙古人有名而无姓。一些受到汉文化影响的蒙古人，会通过不同途径制造姓氏。如果说蒙古人无姓的话，那成吉思汗的"姓"又从何而来呢？

第四章"元代蒙古人的'家史'书写"。研究者非常重视官方史料中记载的蒙古起源故事，但蒙古人个体对于自身家族的起源是怎样追溯的，则较少为人关注。这些"个体之声"，常被"集团之声"埋没，在史料里仅留下零星记载。将这些珍贵的片段搜集起来，与见载于"国史"的祖先传说进行对比，可以揭示出不同于现有认知的历史记忆面貌。在自身何所从来的问题上，元代蒙古家族口耳相承的祖先历史，与广为流传的"国史"一致吗？个体历史记忆与集团历史记忆呈现出怎样的关系，是保持了独立性还是嫁接进蒙古开国历史当中？

第五章"反思'血缘社会'：蒙古部族'圈层结构'说"。这一章研究的对象，是蒙元史籍讲述的蒙古起源史。研究目的在于，揭示以统治家族为核心的族群血缘系谱是如何建构的。根据蒙元史籍的记载，蒙古部族有着共同的血缘起源，繁衍出尼伦和迭列列斤两种。前者是感光生子的后裔，产生了成吉思汗家族；后者则是非感光生子的后裔。不同蒙古部族之间的血缘关系，呈现出以成吉思汗家族为中心、由内而外逐渐疏远的"圈层结构"。作为现代学者，如何理解蒙元史籍中的"圈层结构"？这是蒙元史家对既成事实的客观追述，还是基于蒙元统治者的立场对部族起源关系的解释与重构？

上述章节都在探讨成吉思汗家族史如何塑造整个蒙古早期史的面貌。接下来两章，则聚焦于成吉思汗身上，用成吉思汗建国与立制的两则个案，来分析蒙古开国史的讲述方式。

第六章"多语史料中的蒙古开国时间"。这一章讨论的问题是，在成吉思汗复杂曲折的开国经历中，哪些事件被后人赋予了最为重要的政治意义。最为流行的说法是，丙寅（1206）建号成吉思汗，是铁木真御极、大蒙古国建立的标志。建号称汗所承载的铁木真开国御极的历史意义，似乎不容置疑。但实际上，蒙古开国史的讲述方式，在蒙元时代的多语种史料中不尽相同。讲述蒙古开国史，涉及如何赋予"事件"以"意义"的问题。除了丙寅建号之外，汉文、波斯文和蒙古文史料中，还重点讲述了成吉思汗经历中的其他事件，这些事件从不同侧面构建着成吉思汗的统治合法性。

第七章"四怯薛长的承袭与太祖旧制"。这一章以怯薛制为个案，观察成吉思汗所立祖制的政治光环是如何形成的。《元史》记载太祖命"四杰"博尔忽、博尔术、木华黎、赤老温担任怯薛长，建立了"四杰"家族世袭怯薛长的制度框架。《元史》所记怯薛制度，是成吉思汗自上而下、齐整划一的制度设计，还是入元之后制度衍化的结果？这一个案体现出元人对成吉思汗建制的历史想象，将一些重要制度追溯自成吉思汗的政治遗产。反过来，诉诸祖制是为现实的制度寻找政治合法性的重要途径。

上述章节对元朝开国故事的若干方面进行了论述，分析了蒙元时代的人们如何通过"追本"，即追溯蒙古族群和成吉思汗家族之源，达到塑造统治家族政治合法性的目的。此外，从文献生成的角度来讲，本书还选取了有关成吉思汗事迹及先祖世系的两种重要文献进行研究，见附录一"《史集》成吉思汗先祖世系的修撰"和附录二"元代的蒙汉双轨修史：《太祖实录》小字注解探微"。

本书是以笔者 2019 年完成的博士学位论文为基础修改而成，撰写过程中，承蒙张帆、党宝海、苗润博等诸位师友的指导，不便一一注明，谨致谢忱！本书的部分内容曾以单篇论文的形式发表，收入书中有所修改。

第一章　两宋史料所传蒙古早期史

　　前成吉思汗时代的草原诸部，不仅仅见载于《元朝秘史》《史集》等蒙元史料，辽金宋史籍亦间或提及。不同于蒙元史料以成吉思汗家族为中心的视角，两宋时期史料提供的"他者叙述"，有助于揭示蒙古早期史的不同面相。王国维、冯承钧、蔡美彪、贾敬颜、周良霄等学者，先后对辽金宋史料所记蒙古早期史事钩沉索引、辩证真伪。[1] 不过，早期蒙古的地理位置及活动

<hr>

1　王国维撰有蒙古早期史相关的一系列文章，收入《观堂集林》卷一四、卷一五，中华书局，1959，第 623~763 页，参见史卫民编辑《辽金时代蒙古考》收录贾敬颜订补《鞑靼考》《萌古考》，内蒙古自治区文史研究馆，1984，第 1~31 页。冯承钧：《辽金北边部族考》，《辅仁学志》第 8 卷第 1 期，1939，第 15~26 页，收入冯承钧撰，邬国义编校《冯承钧学术论文集》，

轨迹，尚未得到充分的关注。《元朝秘史》《史集》等蒙元史料反映出蒙古的统治与活动，长期以成吉思汗家族龙兴之地——不儿罕山为中心，而两宋时期的蒙古史料反映的情况却大有不同。因此，需要在搜集分析相关史料的基础上，提炼其中关于早期蒙古地理位置的关键信息。

一　辽金宋史料所见蒙古与鞑靼的东西并立

辽金宋史料之中的蒙古译名，前人已有充分研究。[1]值得注意的是，辽金时期史料中的蒙古译名，所指非一，地理位置各异。

《辽史》记载大康十年（1084）"二月庚午朔，萌古国遣使来聘。三月戊申，远萌古国遣使来聘"。[2]萌古国与远萌古国同时出现，如果不是《辽史》将同一件事误记为二的话，则反映出草原群雄并立的情况下，同一名号"萌古"为不同政治体所采用，进而具有集团泛称的性质。如三十姓鞑靼、九姓鞑靼，类似的情况

上海古籍出版社，2015，第280~292页。蔡美彪：《辽金石刻中之鞑（达）靼》，原载《学原》第3卷第3、4期，1951；《辽金石刻中的鞑靼》，原载北京大学《国学季刊》第7卷第3期，1952，后均收入《辽金元史考索》，中华书局，2012，第184~206页。贾敬颜：《从金朝的北征、界壕、榷场和赐宴看蒙古的兴起》，《元史及北方民族史研究集刊》第9辑，第12~23页。周良霄：《金和南宋初有关蒙古史料之考证》，方铁、邹建达主编《中国蒙元史学术研讨会暨方龄贵教授九十华诞庆祝会文集》，民族出版社，2010，第59~64页。外山军治：《金朝史研究》第五、七章，李东源译，黑龙江朝鲜民族出版社，1988，第298~314、335~387页。

1　王国维《萌古考》对传世史料中的蒙古译名已搜罗殆尽，本节讨论蒙古地理位置，离不开《萌古考》所揭史料。在《萌古考》的基础之上，韩儒林将文献中的蒙古译名分类归纳，也是本章参考的对象，参见《蒙古的名称》，原载中央大学《文史哲》季刊第1卷第1期，1943，后收入《穹庐集》，河北教育出版社，2000，第153~165页。

2　《辽史》卷二四《道宗纪》，中华书局，2016，第327~328页。

并不罕见。"萌古国"与"远萌古国"，是站在辽人的角度对蒙古的定名。

王国维指出，阴山附近亦有蒙古部活动，在辽末是天祚帝倚靠的部族军之一。[1]《辽史》记载阴山室韦谟葛失助兵于天祚帝（保大二年至四年，1122~1124）。[2] 阴山室韦谟葛失，《契丹国志》作"阴山室韦毛割石"，[3]《三朝北盟会编》引史愿《亡辽录》作"阴山鞑靼毛割石"。[4]《大金吊伐录》《三朝北盟会编》收录了同一份金国牒文，言及西夏与鞑靼"并助亡辽，犯我行阵"一事，只是译名不同，《大金吊伐录》作"达靼靺鞨舌"，《三朝北盟会编》作"达打毛合尖"，"尖"应为"舌"之讹。[5]《皇宋通鉴长编纪事本末》也提到"河西毛揭室"。[6]

阴山蒙古部襄助天祚帝的同时，另有蒙古部降附金国。《三朝北盟会编》宣和四年（1122）引《燕云奉使录》云："来时听得契丹旧酋在沙漠，已曾遣人马追赶，次第终须捉得。兼沙漠之间，系是鞑靼、萷古子地分。此两国君长并已降拜了本国，待走那里去？"[7] 萷古子，为萌古子之讹。[8] 可见所谓沙漠

1　王国维：《萌古考》，《观堂集林》，第695页。

2　《辽史》卷二九《天祚帝纪》，第391页。

3　叶隆礼：《契丹国志》卷一二《天祚皇帝下》，贾敬颜、林荣贵点校，中华书局，2014，第152页。

4　徐梦莘：《三朝北盟会编》卷二一"宣和七年正月二十四日"条引《亡辽录》，上海古籍出版社，1987，影印许涵度刻本，第152页。

5　佚名编，金少英校补《大金吊伐录校补》，李庆善整理，中华书局，2001，第115、118页；《三朝北盟会编》卷二九"靖康元年正月八日"条，第214页。

6　杨仲良：《皇宋通鉴长编纪事本末》卷一四三《徽宗皇帝》"金盟下"，李之亮校点，黑龙江人民出版社，2006，第4册，第2407页。

7　《三朝北盟会编》卷九"宣和四年九月三日"条引《燕云奉使录》，第62~63页。

8　王国维：《萌古考》，《观堂集林》，第695页。

之间的鞑靼、蒙古，均已降金。《金史》记载天辅六年（1122）
"谋葛失遣其子菹泥刮失贡方物"。[1] 此正是辽天祚帝得西夏、
蒙古之助攻金之时，可知襄助天祚帝的蒙古，必非附于金人的
蒙古。《契丹国志·天祚帝纪》的论赞部分总结辽人败亡的原
因："内耗郡邑，外扰邻封，以至捕海东青于女真之域，取细
犬于萌骨子之疆，内外骚然，祸乱斯至。"[2] 这一为辽人所扰的
"萌骨子"，更有可能是后来附金的蒙古部，而不是襄助天祚帝
的蒙古部。

我们能从上述史料中摘出若干部蒙古，可见到了辽代后期，
"蒙古"一名非某部独有，已成为流行于草原的部族称号。辽金
之际，不同的蒙古部族位置各异，并在辽、金两个政权之间做出
了不同的选择，可见诸部尚未形成整体性的政治集团。

到了南宋史料中，蒙古多与鞑靼相提并论。鞑靼，本是突
厥人对室韦系蒙古语族诸部落的泛称，为辽金时代汉文文献所
沿用。[3] 南宋史料中的蒙古、鞑靼，应是辗转得自辽金。《契丹
国志》"四至邻国地里远近"条记载契丹"正北至蒙古里国……
又次北近西至达打国"。[4]《三朝北盟会编》云：（绍兴三十一
年，1161）"向来北边有蒙古、鞑靼等……此辈又复作过，比
之以前，保聚尤甚，众至数十万"。[5] 楼钥《北行日录》云：（乾

1 《金史》卷二《太祖纪》，中华书局，1975，第37页。

2 《契丹国志》卷一二《天祚皇帝下》，第154页。

3 刘浦江：《再论阻卜与鞑靼》，《历史研究》2005年第2期，第38页。

4 《契丹国志》卷二二《州县载记》，第238~239页。

5 《三朝北盟会编》卷二二九"绍兴三十一年七月"，第1649页。亦见李心传编撰《建炎以来系年
要录》卷一九一"绍兴三十一年七月"，胡坤点校，中华书局，2013，第8册，第3713~3714页。

道六年，1170）"时被蒙子国炒"，"蒙国、达靼作梗"。[1] 薛季宣（1134~1173）《浪语集》云："某至淮上，流闻此夷困于蒙古、达靼，凡女真之守州郡者，皆充将帅之任，率以同知莅事。"[2]《中兴御侮录》云："又萌古、鞑靼等国，宿衅未除，恐其中有起而谋之者，故以重兵压境。"[3] 汪应辰（1118~1176）《汪玉山集》云："今者复闻虏中遣人至盱眙，喻吾使者以国有萌古、达靼之乱，则非特如探报者之道听涂说而已。""有如不胜，则萌古、达靼之于女真，亦犹昔日女真之于契丹矣。"[4] 刘过（1154~1206）《龙洲集》云："方今群胡扰，似觉虏运衰。达靼军其西，会以蒙国斯。蛇豕互吞噬，干戈极猖披。"[5] 上述史料都将蒙古（蒙古里、蒙国、萌古、蒙国斯）与鞑靼（达靼）并称。

南宋史籍中蒙古、鞑靼攻金的记载，透露出蒙古的大致方

1　楼钥：《攻媿先生文集》卷一二〇《北行日录下》，《中华再造善本》总第383种影印宋刻本，北京图书馆出版社，2005，第9页。王国维认为，蒙子即蒙古子之省略，见《萌古考》，《观堂集林》，第702页。

2　薛季宣：《薛季宣集》卷一八《札子》"淮西与王枢使公明书"，张良权点校，上海社会科学院出版社，2003，第219页。

3　佚名：《中兴御侮录》卷上，《粤雅堂丛书》本，第3页b。四库馆臣根据书中称宋高宗为太上皇帝，认为此书成于宋孝宗朝（1162~1189），见永瑢等《四库全书总目》卷五二《史部·杂史类存目一·御侮录》，中华书局，1965，上册，第471页。

4　见《永乐大典》卷一〇八七六"虏"字韵，第24页b~25页a，中华书局，1986，第4469~4470页，引宋《汪玉山集》"论虏情当为备海道未可进札子"。通行的汪应辰《文定集》以四库本为底本，而四库本系从《永乐大典》中辑出，题目改作"论敌情当为备海道未可进"，内容改作"喻吾使者以国有内乱""使诚如敌人之言，国有内变，彼能讨伐以平之，则其强盛固未可轻也。有如不胜，则中国之所当患而豫防者，无乃或甚于今日乎？"略去关键信息，非复原貌。参见曾枣庄、刘琳主编《全宋文》第214册，上海辞书出版社、安徽教育出版社，2006，第348~349页。《宋集珍本丛刊》影印清抄本《汪文定公集》无此札子（第46册，线装书局，2004）。

5　刘过：《龙洲集》卷三《谒郭马帅》，上海古籍出版社，1978，第18页。蒙国斯，原作"蒙国欺"，据国家图书馆藏《龙洲道人集》清抄本（索书号：18697，卷三，第7页b）和《永乐大典》卷一五一三八引《刘龙洲集》（第6812页）改。

位。《建炎以来系年要录》建炎四年（1130）条目下记载金人搜索南人，"余者驱之达靼、夏国以易马，亦有卖于萌骨子、室韦、高丽之域者"。[1] 达靼、夏国并列一域，萌骨子、室韦、高丽并列为另一域，一西一东。《系年要录》绍兴九年（1139）载金与蒙古、靼靼战事，"女真万户胡沙虎北攻蒙兀部，粮尽而还。蒙兀追袭之，至上京之西北，大败其众于海岭。金主宣以其叔胡卢马为招讨使，提点夏国、靼靼两国市场。靼靼者，在金国之西北，其近汉地，谓之熟靼靼，食其粳稻；其远者，谓之生靼靼"。[2] 可见蒙古离上京不远，而靼靼则与西夏并称。《皇宋十朝纲要》绍兴十一年（1141）云："是月，金国遣南行府元帅乌鲁里北伐蒙国。"[3]《三朝北盟会编》云："但有燕京北至蒙国斯排顿。"[4] 表明蒙古的位置是在燕京以北。

　　蒙古一词出现之初，所指非一。到了南宋史料中，蒙古多与靼靼并称。二者一东一西的地理位置概念，在很长一段时间内构成了南宋人对金朝边境部族的基本认识。这种认识反映了靼靼与蒙古，是先后流行的部族政权的泛称，其指代的诸部活动范围不

1　《建炎以来系年要录》卷四〇 "建炎四年十二月"，第 2 册，第 880 页。萌骨子，原作蒙国，《大金国志》的相关记载作："或驱之于回鹘诸国以易马，及有卖于萌骨子、迪烈子、室韦、高丽之域者。"（[旧题] 宇文懋昭撰，崔文印校证《大金国志校证》卷六《太宗文烈皇帝四》，中华书局，1986，第 106 页）因据《大金国志》校改。
2　《建炎以来系年要录》卷一三三 "绍兴九年"，第 6 册，第 2492 页。查《宋史全文》亦有相关记载，译名与点校本《系年要录》同，可见点校本《系年要录》系《宋史全文》回改。见佚名《宋史全文》卷二〇下《宋高宗十二》，汪圣铎点校，中华书局，2016，第 1594 页。
3　李埈撰，燕永成校正《皇宋十朝纲要校正》卷二三 "高宗绍兴十一年"，中华书局，2013，第 678 页。
4　《三朝北盟会编》卷二三〇 "绍兴三十一年七月" 引《元祐进士乙科元符党人朝奉郎崔陟孙淮夫梁叟上两府札子》，第 1654 页。

同。见于汉文史料的蒙古诸部的活动，始终在草原东部展开，而不是蒙元史书中强调的成吉思汗家族龙兴之地不儿罕山。

二 《系年要录》中建号之蒙古

　　蒙古诸部处于草原东部的相对位置，不仅广泛见于南宋史料，而且《建炎以来系年要录》提到前成吉思汗时代蒙古建国称王之事，与上述地理位置相合。《建炎以来系年要录》引时人所撰《行程录》等书，提到蒙古建国称王，这是成吉思汗崛起之前，关于蒙古曾有建号之举的唯一记载。王国维在《南宋人所传蒙古史料考》中认为，南宋人所传《行程录》《征蒙记》二书，系南宋人伪作，书中所记金蒙战事纯属夸诞，毫不可信。伯希和表示尚需深入研究，[1] 蔡美彪、外山军治援引《完颜希尹神道碑》等史料，力证二书所记于史有征，贾敬颜、周良霄亦均撰文表达类似的看法。[2] 近来，李寒箫对《行程录》相关的金蒙战事做了系统的梳理，有力地反驳了《行程录》伪书说。[3] 邱靖嘉指出原本《行程录》一书真实可信，但今本《行程录》掺入了伪书《征

1　伯希和认为12世纪后半叶对金朝构成实际威胁的是合答斤、散只兀、弘吉剌部，真正的蒙古诸部建立首个蒙古帝国（指《征蒙记》与《行程录》二书所记蒙古建国事），这一情况值得深入研究，见 Paul Pelliot, "Une tribu méconnue des Naiman: les Bätäkin," *T'oung Pao*, Vol. 37, Livr. 2 (1943), p. 53.

2　参见上引蔡美彪、外山军治、贾敬颜、周良霄文。赵宇《再论〈征蒙记〉与〈行程录〉的真伪问题——王国维〈南宋人所传蒙古史料考〉补正》认为两书为伪书，但不能完全否定其史料价值（《元史及民族与边疆研究集刊》第32辑，上海古籍出版社，2017，第160~168页）。

3　李寒箫：《再论〈行程录〉的真伪问题》，《历史教学（下半月刊）》2019年第6期，第61~72页。

蒙记》的内容，因而有真有伪。[1] 总之，王国维发端的"伪书说"，
其实并无证伪的强有力证据。二书保留了他书所不载的独家资
料，能够得到其他史料的印证；一些细节不见于正史，恰恰印证
了此二书并非在正史基础上编造而成。况且如果二书显为伪书的
话，同时代征引书中内容的朱熹、李心传、陈振孙诸家，理应有
所觉察，而不会信之不疑。即便书中掺入一些伪书的内容，也可
以通过史事辨析进行剥离。

《系年要录》绍兴十三年、十六年、十七年之下分别云："是
月，蒙兀复叛，金主宣命将讨之。……蒙兀由是强，取二十余
团寨，金人不能制。此据王大观《行程录》。"[2] "萧保寿奴与蒙
兀议和，割西平河以北二十七团寨与之，岁遗牛羊米豆，且命
册其酋熬啰勃极烈为蒙兀国王，蒙人不肯。此据王大观《行程
录》。"[3] "蒙酋熬啰勃极烈乃自称祖元皇帝，改元天兴。……此据
王大观《行程录》。"[4] 《大金国志》有"册朦辅国主"一条，文字
与此相近，其史源应是《系年要录》。因此，《系年要录》中遭清
人改译的译名可据《大金国志》还原。《大金国志》云："是岁，
朦骨国平。……皇统之六年八月，复遣萧保寿奴与之和，议割西
平河以北二十七（围）〔团〕塞与之，岁遗牛羊米豆，且册其酋
长熬罗孛极烈，为朦辅国主，至是始和，岁遗甚厚。于是熬罗孛

1　邱靖嘉：《王大观〈行程录〉真伪暨金熙宗朝征蒙史事考》，《文献》2021 年第 6 期，第
　　65~87 页。
2　《建炎以来系年要录》卷一四八"绍兴十三年四月"，第 6 册，第 2805 页。
3　《建炎以来系年要录》卷一五五"绍兴十六年八月"，第 6 册，第 2942 页。
4　《建炎以来系年要录》卷一五六"绍兴十七年三月"，第 6 册，第 2957 页。

极烈自称祖元皇帝，改元天兴。"[1]

　　前人多将《系年要录》的这段记载与成吉思汗先世相联系。顾祖禹《读史方舆纪要》认为："饮马河，在漠北。本名胪朐河，或曰即西平河也。宋绍兴十七年，金人与蒙古和，割西平河以北二十七团寨与之，即此。"[2]洪钧和屠寄均赞成西平河即胪朐河之说。[3]屠寄还解释"熬罗孛极烈"是"忽鲁孛极烈"（意为数部之总）的异称，指的应是成吉思汗的先祖忽图剌汗。多桑、巴托尔德也持类似看法。[4]田村实造、陈得芝均认为，从年代上判断，这一朦辅国主指的应是成吉思汗曾祖合不勒汗。[5]白玉冬、赵筱也认为祖元皇帝即合不勒汗，解释"元明"即屯必乃汗之名，是古代突厥语 tun（元）bilgä（明）转入蒙古语后的讹误。[6]但是，《元朝秘史》记海都诸孙，同时列出屯必乃·薛禅和想昆·必勒格二人之名，[7]成吉思汗的祖先必勒格显然对应于突

1　《大金国志校证》卷一二《熙宗孝成皇帝四》"册朦辅国主"条，第176页。

2　顾祖禹：《读史方舆纪要》卷四五《蒙古》，贺次君、施和金点校，中华书局，2005，第2068页。

3　胪朐河，即元代史料中的怯绿连河，今译克鲁伦河，发源于肯特山，东入呼伦湖。参见洪钧撰，田虎注《元史译文证补校注》卷一上《太祖本纪译证》上，河北人民出版社，1990，第15页；屠寄《蒙兀儿史记》卷一《世纪第一》，《元史二种》，上海古籍出版社、上海书店，1989，第24页。

4　多桑：《多桑蒙古史》上册，冯承钧译，中华书局，1962，第66页。巴托尔德：《蒙古入侵时期的突厥斯坦》下册，张锡彤、张广达译，上海古籍出版社，2007，第433~434页。伯希和反对类似的勘同，见伯希和《〈蒙古侵略时代之土耳其斯坦〉评注》，收入《冯承钧西北史地著译集·蒙哥》，中国国际广播出版社，2013，第58页。

5　田村实造『中国征服王朝の研究 中』东洋史研究会，1971、372页；陈得芝：《〈元史·太祖本纪〉（部分）订补》，《元史及民族与边疆研究集刊》第22辑，上海古籍出版社，2010，第6页。

6　白玉冬、赵筱：《蒙古部祖元皇帝与太祖元明皇帝考》，《元史及民族与边疆研究集刊》第42辑，上海古籍出版社，2022，第12~23页。

7　《〈元朝秘史〉校勘本》第47节，乌兰校勘，中华书局，2012，第15页。

厥语 bilgä，那么屯必乃何以是 tun+bilgä 的辗转讹误？白石典之则认同《读史方舆纪要》之说，并据此认为"金将克鲁伦河放入了本国版图"。[1]

问题的关键在于西平河能否与克鲁伦河相勘同。《读史方舆纪要》之说，本出于推测，并无实据。检索史料中的"西平河"，并没有能与《系年要录》所载"西平河"相勘同者。《松漠纪闻》称，盲骨子"与金人隔一江，常渡江之南为寇，御之则返，无如之何"。[2] 此江与西平河似可勘同，但仍无法判断建国之蒙古的大致位置。

李心传的另一史著《建炎以来朝野杂记》，记载了与《系年要录》相似的内容，二者史源相同。《朝野杂记》的记载，提供了西平河位置的重要信息：

> 盖金国盛时，置东北招讨司以捍御蒙兀、高丽，西南招讨司以统隶鞑靼、西夏。蒙兀所据，盖吴乞买创业时二十七团寨。[3]

"吴乞买创业时二十七团寨"所指应是"西平河以北二十七团寨"。吴乞买，即金太宗。金太祖、太宗崛起于女真故地，并未逾越泰州直达克鲁伦河流域。二十七团寨的位置，应在克鲁

1　白石典之：《斡里札河之战金军的进军路线》，孟令兮译，《宁夏社会科学》2017 年第 2 期，第 210 页。

2　洪皓撰，翟立伟标注《松漠纪闻》，吉林文史出版社，1986，第 34 页。

3　李心传：《建炎以来朝野杂记》乙集卷一九《边防》"鞑靼款塞"，徐规点校，中华书局，2000，第 849 页。

伦河流域以东。建国之蒙古，其东南缘与金国边境相接。《朝野杂记》提到的防御蒙兀的东北招讨司，即金朝位于泰州附近的东北路招讨司，其地多设边堡，《金史·地理志》提到泰州十九堡，临潢路二十四堡，[1] 所谓"二十七团寨"当指类似的堡寨。

与金毗邻的草原东缘蒙古诸部锋镝甚劲，如贾敬颜所揭，今额尔古纳河流域是金代修筑界壕的边防重点地区。因此除成吉思汗先祖之外的"其他先进部落称汗建国，自系理想中当然之事"。[2] 周良霄也认为"金初叛金而频扰北边的蒙古诸部，其中某一个酋领有过建元称号的事，也决不是不可能的"。[3] 若干蒙古部族由于毗邻金国的地缘因素，完全有可能受到中原制度的影响而建元称号。前人对《征蒙记》《行程录》二书真实性的质疑，潜在的出发点是对蒙古诸部政权发育程度的怀疑，这种怀疑可能与蒙古诸部的实际政治状况相悖。

前人认为《系年要录》中的祖元皇帝，可能指成吉思汗先祖忽图剌汗或合不勒汗，是缺乏根据的。这种观点背后，反映了长期以来的历史撰述将成吉思汗家族史放大至整个蒙古早期史的倾向。成吉思汗先祖崛起为部族统治者，在史料中有较为明确记载的不过只有三四代。而且于史有征的成吉思汗先祖活动轨迹，始终在不儿罕山一带，位置与草原东缘建国称王之蒙古相去甚远。

1　《金史》卷二四《地理志》，第563页。

2　贾敬颜：《从金朝的北征、界壕、榷场和赐宴看蒙古的兴起》，《元史及北方民族史研究集刊》第9辑，第23页。

3　周良霄：《金和南宋初有关蒙古史料之考证》，方铁、邹建达主编《中国蒙元史学术研讨会暨方龄贵教授九十华诞庆祝会文集》，第64页。

将成吉思汗家族史放大至整个蒙古早期史的结果，是大大低估了前成吉思汗时代草原东缘蒙古诸部的政治影响力。

三　成吉思汗崛起前夕之"蒙国"

成吉思汗建号（1206）之前，南宋史料中不乏对蒙古的记述。其中的"蒙古"，能够自然而然地理解为成吉思汗所建政权吗？

南宋人卫泾于庆元三年（1197）出使金朝，[1]返回之后将途中见闻上报，后收录在《历代名臣奏议》之中。此材料未见前人研究利用，值得仔细分析。节引于下：

> 大抵北虏狃于宴安，习成骄惰，非复曩时之旧。而鞑靼生长西北，其人骁勇剽悍，地产壮马。加以新集之众，意气方锐，倏来忽往，捷于风雨。契丹遗类蒙国诸戎，挟其世仇，环视而动，左枝右梧之不暇。……今两敌相持，犹在亘抚等州，而临潢被围，逾时未解。在边之兵，仅三十万，复期以九月决战。臣等回至涿州安肃军，屡见介使奔驰，调发军马，曾无虚日。观其事势，鞑靼诸种，虽未足以灭虏，而侵扰者众，转斗未休。久而祸结兵连，必至民愁盗起。[2]

1　《宋史》卷三七《宁宗纪》，中华书局，1985，第 723 页。

2　黄淮、杨士奇编《历代名臣奏议》卷三五〇《夷狄》，上海古籍出版社，1989，第 4539 页。

　　卫泾出使金国，明显感到金人面临亡国危机。卫泾所言"今两敌相持，犹在亘（桓之讹）抚等州，而临潢被围，逾时未解"，要比金朝一方史料所反映的情况严峻得多。结合这一时期其他使节的出访报告，卫泾所言非虚。《宋会要辑稿》收录了南宋庆元元年（1195）、二年（1196）的两则奏文，正是写于铁木真与王汗助金国完颜襄伐塔塔儿之时："近来金虏被鞑靼侵扰，传闻不一。""近日闻北边为鞑靼侵扰，已焚了凉亭、金莲川等处，去燕山才六七百里。"[1] 金国为蒙古所侵，国土日减，这一状况在成吉思汗建号之前早已存在。《宋史全文》记载庆元五年（1199）："初，金人既为蒙国所侵，冀之北土遂失，乃于洮州置场买马。"[2]《两朝纲目备要》记载庆元六年（1200）南宋使节出使金国，对金人说："尔方为蒙国鞑靼所扰，何暇与我较，莫〔待要〕南朝举兵夹攻耶？"[3]

　　那么，此时攻金的究竟为何部？卫泾提到"鞑靼生长西北，其人骁勇剽悍，地产壮马。加以新集之众，意气方锐，倏来忽往，捷于风雨。契丹遗类蒙国诸戎，挟其世仇，环视而动，左枝右梧之不暇"。在卫泾看来，鞑靼与蒙国不同。鞑靼的位置是在"西北"，而蒙国（蒙古）等部族属于曾经的契丹集团，与上文所论蒙古鞑靼一东一西的观念相合。"契丹遗类"应是对"蒙国诸戎"的修饰，这样"挟其世仇"才能得到更合理的解释。对蒙国

1　徐松辑《宋会要辑稿》兵二九《边防》，刘琳、刁忠民、舒大刚、尹波等校点，上海古籍出版社，2014，第15册，第9260页。

2　《宋史全文》卷二九上《宋宁宗一》，第2467页。

3　佚名：《续编两朝纲目备要》卷六《宁宗皇帝》"庆元六年"，汝企和点校，中华书局，1995，第102页。

出于契丹的说法，我们以今天的部族观念来分析，应该更多地强
调这一说法反映的地缘关系。[1] 在卫泾看来，鞑靼与蒙国，一西
一东，都是金朝的劲敌。

　　卫泾所言蒙国，结合蒙元史料，具体指的是什么？1196 年，
铁木真与王汗助金国完颜襄伐塔塔儿，而卫泾口中的鞑靼与蒙国
均是金的敌国，那么鞑靼与蒙国不可能指王汗与铁木真的部族
政权。铁木真第一次称汗后，札木合联合十三翼部众，与铁木
真及其部众交战，札木合获胜。[2] 关于这次战争的经过，值得留
意的是，《秘史》记载铁木真称汗之后，遣使告于王汗，王汗回
复："帖木真他做了皇帝好生是。您达达每若无皇帝呵，如何过？
您每休把原商量了的意思坏了。"达达，《秘史》原作"忙中豁勒"
（蒙古）。[3] 可见铁木真所称之汗，实际上具有蒙古共主的意味。
札木合在铁木真称汗后与其交恶，意在争夺蒙古共主的地位。据
曹金成的研究，十三翼之战中，札木合一方的部众包括：札答
阑、泰亦赤乌、亦乞列思、兀鲁兀、那牙勤、巴鲁剌思、巴阿
邻、豁罗剌思、忙忽、晃豁坛、合塔斤、撒勒只兀、朵儿边，主
要的蒙古部族尽数归其麾下。[4] 在卫泾出使之后的 1201 年，十一
部漠北部众拥立札木合为局儿汗，王国维认为"此固对成吉思汗

1　至明代仍有观点认为蒙古出自契丹别部："五代及宋，契丹复盛，别部小者曰蒙古，曰泰赤
　　乌，曰塔塔儿，曰克列，各据分地。"（峨岷山人：《译语》，薄音湖、王雄编辑点校《明代蒙
　　古汉籍史料汇编》第 1 辑，内蒙古大学出版社，1993，第 224~225 页）

2　见《秘史》,《史集》记载铁木真胜利，应属曲笔。参见宝音德力根《关于王汗与札木合》,
　　《蒙古史研究》第 3 辑，内蒙古大学出版社，1989，第 8 页。

3　《元朝秘史》校勘本第 126 节，第 107 页。

4　曹金成：《札木合十三部考》,《欧亚学刊》新 5 辑，商务印书馆，2016，第 32~41 页。

之同盟，亦对女真之同盟也"。[1] 以札木合为共主的诸部同盟，很可能是卫泾口中的"蒙国"。至于札木合政权的政治中心，我们可以从其称汗过程中看出。十一部草原部众会盟于阿雷泉，在犍河拥立札木合为局儿汗，之后才向西进兵攻打铁木真。阿雷泉与犍河，均在额尔古纳河流域，选择此地称汗建号，无疑具有以此为政治中心的意味。这与卫泾所言蒙国在金国东缘的位置相合。

包括《秘史》在内的蒙元时代史籍，不仅对札木合等草原枭雄的形象有所贬抑，而且还从族源上将其排除出蒙古人的核心圈层。《通鉴续编》云："初，天后阿兰寡居北漠，屡有光明照其腹，一乳三子，长曰孛完合答吉，次曰孛合撒赤，季曰孛敦察儿。其后子孙蕃衍，不相统摄，各自为部，曰合答吉，曰散肘，曰吉押，又谓之扎即剌氏。"[2] 波斯文《史集》的记载与此类似，都将札只剌惕（即扎即剌）列入阿阑豁阿后裔。[3] 但《秘史》记述札答阑部祖源之时，将札答阑一名来源附会为外姓人。[4]《元史·宗室世系表》引《十祖世系录》云："始祖孛端叉儿收统急里忽鲁人氏民户时，尝得一怀妊妇人曰插只来，纳之，其所生遗腹儿，因其母名曰插只来，自后别为一种，亦号达靼。今以非始祖亲子，故不列之《世表》，附著于此云。"[5] 插只来，指札答阑部。可见到了《秘史》和《十祖世系录》中，札答阑部被有意排

1　王国维:《萌古考》,《观堂集林》, 第 712 页。

2　陈桱:《通鉴续编》卷一九, 日本内阁文库藏元刻本, 第 21 页 a。

3　拉施特:《史集》第一卷第一分册, 余大钧、周建奇译, 商务印书馆, 2009, 第 320 页（以下简称《史集》汉译本）。

4　《元朝秘史〉校勘本》第 40 节, 第 12 页。参见《蒙古秘史》, 余大钧译注, 河北人民出版社, 2001, 第 28 页（以下简称"余大钧译本"）。

5　《元史》卷一〇七《宗室世系表》, 中华书局, 1976, 第 2729 页。

除出有神圣血统的尼伦蒙古。

尽管包括札木合所部在内的东部草原诸部的活动，蒙元时代史籍并未尽载，但是从金朝一方的信息来看，来自漠北部族的边患，伴随金朝之始终，恰从另一视角补充说明了这些部族的活动。卫泾敏锐地观察到当时形势："鞑靼诸种，虽未足以灭虏，而侵扰者众，转斗未休。"尽管终结金朝国祚的是成吉思汗建立的大蒙古国而非札木合等部，但不可否认的是成吉思汗崛起之前，与金朝接境的漠北诸部就已形成连年扰边的态势。蔽于胜利者的强势话语，人们容易将一些并无关联的事迹附会到铁木真身上，而忽视了铁木真以外蒙古诸部的活动。

四　额儿古涅昆传说新释

追溯蒙古的起源，从额尔古纳河流域迁徙至三河之源的祖先故事广为流传。正如罗新所说："对现代研究者来说，起源与迁徙，是传统民族史史料最突出的两大陷阱。"[1] 传说中的起源—迁徙，应被视作传说母题与解释路径，并不等同于真实发生的史事。挖掘迁徙传说背后的政治中心转移和名号变迁的过程，应成为深入探讨蒙古起源传说的切入点。

《元朝秘史》和《史集》都讲述了蒙古人源出额儿古涅昆（今额尔古纳河流域），然后迁徙至三河之源的不儿罕山。在这里，阿

1　罗新:《民族起源的想像与再想像——以嘎仙洞的两次发现为中心》,《文史》2013 年第 2 辑，第 8 页。

阑豁阿感光受孕，生下成吉思汗的祖先孛端察儿。同为阿阑豁阿
所生的，还有散只兀、合答斤二部的祖先。但是在辽金时代的史料
中，散只兀、合答斤部的驻牧地，却在额尔古纳河流域。陈得芝已
注意到这一矛盾，提出了不同的解释方案。一是"这两支部落……
离开斡难河上游东迁回呼伦贝尔地区"；二是"直到朵奔·蔑儿干
时代其部落还居住在呼伦贝尔，其后孛端察儿一支才西迁到'三河
之源'（时间大约在十世纪中叶），而其兄长的两支则仍留在原地"。[1]
前者尚未有史料支持，而后一种解释与姚大力的观点类似，即散只
兀、合答斤部并未随同孛端察儿后裔各支西迁。[2]

　　所谓孛端察儿的西迁，与《秘史》的记载之间，实际上存
在矛盾。《秘史》明确记载早在孛端察儿之前，蒙古人的祖先朵
奔·蔑儿干及其兄一起登上不儿罕·合勒敦山，看见统格黎克河
畔的人群，因而娶豁里剌儿台·蔑儿干之女阿阑豁阿为妻，后来
才发生阿阑豁阿感光而生孛端察儿之事。[3] 按照这一传说发生的
情境，至晚在朵奔·蔑儿干时期，蒙古人的祖先就已经生活在斡
难河流域，那么孛端察儿的西迁就无从谈起了。

　　以上述例子为代表，研究者常以部族的离散和迁徙，来弥合
史料的逻辑矛盾，从而完整地讲述族群起源发展的故事。然而，
当今民族史研究路径发生转向，不再将"部族迁徙"简单地视为
有着紧密血缘关系的人群的移动。对于迁徙传说，更合理的分析

1　陈得芝：《蒙古哈答斤部撒勒只兀惕部史地札记》，陈得芝：《蒙元史研究丛稿》，人民出版社，
　　2005，第 273~274 页。
2　姚大力：《"狼生"传说与早期蒙古部族的构成——与突厥先世史的比较》，原载《元史论丛》
　　第 5 辑，后收入姚大力《北方民族史十论》，广西师范大学出版社，2007，第 149 页。
3　《〈元朝秘史〉校勘本》第 5~8 节，第 2~3 页；参见《蒙古秘史》，余大钧译本，第 8~10 页。

路径，是将其拆解为情节、地点等要素，从中提炼历史记忆的关键信息。下文就沿着传说中迁徙发生的地点，来探索"部族迁徙"背后的历史过程。

《史集》记载的额儿古涅昆起源传说为人所熟知。根据这一传说，最初蒙古部族遭遇敌人屠杀，只剩两男两女，逃入一处叫"额儿古涅昆"的天险，繁衍后裔。[1]

除了额儿古涅昆逃难传说之外，13 世纪叙利亚史家把·赫卜烈思（Bar Hebraeus）的《叙利亚年史》中记载，鞑靼人的最初起源地，是在一个山谷之中，位于世界东北部的平原上。[2] 额儿古涅昆的地貌特征与这段描述较相符合。

钟焓在《中古时期蒙古人的另一种祖先蒙难叙事——"七位幸免于难的脱险者"传说解析》一文中，钩稽出伊本·达瓦达利《编年史》（成书于 1336 年）所记蒙古起源故事："作为'初民'的亚当出生于突厥语称作'黑山'（Qara tagh）的巍峨大山的洞穴内。该山位于秦（Sin）的东部边陲，靠近所谓的日出之地，大山的西侧有一大湖，还有水量丰沛、分支众多的大河从中发源流出，并有两座附属于阿勒坛汗的大城傍河而建。阿勒坛汗的王统即源自亚当和夏娃的后裔，以后其每代君主的尊号都被称为'金汗'（Altun Xān）。"[3] 钟焓认为这里的"黑山"指的是不儿

1　《史集》汉译本第一卷第一分册，第 257 页。

2　Bar Hebraeus, *The Chronography of Gregory Abû'l Faraj (the son of Aaron the Hebrew physician commonly known as Bar Hebraeus being the first part of his political history of the world)*, trans. by Ernest A. Wallis Budge, Piscataway: Gorgias Press, 2003, p. 352.

3　钟焓：《中古时期蒙古人的另一种祖先蒙难叙事——"七位幸免于难的脱险者"传说解析》，《历史研究》2016 年第 3 期，第 63 页。对蒙古人受难传说的分析，见党宝海《外交使节所述早期蒙金战争》，《清华元史》第 3 辑，商务印书馆，2015，第 159~187 页。

罕山。但是在这段描述中，黑山位于东部日出之地、秦的东部边陲，西侧有众河发源的大湖，金汗建立的城市傍河而建。这一系列地理特征，显然与兴安岭及其附近的呼伦湖、贝尔湖相契合。不儿罕山则在走向和地貌上与这段描述有很大差异，而且大山西侧的大湖、金汗建立的城市，都在不儿罕山区域难以寻觅。从地名来看，"黑山"在内亚草原中广泛存在，除了不儿罕山之外，兴安岭也被称为哈剌温·只敦、黑山。[1]

相比于额儿古涅昆，不儿罕山的祖源地位，更多地源于成吉思汗家族的经历。《元朝秘史》开篇就讲述了成吉思汗家族的祖先苍狼白鹿相配后，来到了斡难河源头的不儿罕山，由此开启了成吉思汗家族代代相承的历史。成吉思汗家族宣称的血缘世系在不儿罕山开启，不儿罕山在成吉思汗个人经历中亦占有十分重要的地位，作为圣山崇拜的对象受到成吉思汗的顶礼膜拜。成吉思汗家族兴于不儿罕山的经历，促使不儿罕山在蒙元时代的祖源建构中占有了重要地位。

无论是《史集》中的额儿古涅昆逃难传说，《秘史》中苍狼白鹿所渡大湖，还是前引《编年史》中的黑山，都提示额尔古纳河流域在蒙古祖源传说中的重要地位。而元代蒙古人的祖先记忆，可以从侧面印证这一点。

在成吉思汗时代前后，活跃在额尔古纳河流域的蒙古诸部，是散只兀、合答斤等部族。大蒙古国建立之前合答斤、散只兀

---

[1]　贾敬颜：《东北古地理古民族丛考》，《文史》第 12 辑，中华书局，1981。相关研究总结参见魏曙光《元初文献中的合剌温山》，《元史及民族与边疆研究集刊》第 25 辑，上海古籍出版社，2103，第 99~107 页。

部的踪迹就已见于辽金史料。王国维、伯希和等学者早已指出，《金史》中的合底忻、山只昆可以与合答斤、散只兀相勘同，这两部在今额尔古纳河流域驻牧，是金代常年扰边的草原强部。[1]

　　《史集·部族志》将散只兀、合答斤部划入尼伦蒙古。《秘史》《史集》《通鉴续编》均记载散只兀部起源于阿阑豁阿感光而生三子之一。[2] 唯《元史》缩小了感光而生的范围，只有成吉思汗的先祖孛端察儿为阿阑豁阿感光而生之子，其余二子均系阿阑豁阿与其夫脱奔咩哩犍所生。[3] 以上诸种文献中，《元史》所据《实录》很可能比《史集》和《通鉴续编》的史源要晚出。[4] 可见感光生子范围缩小的结果，是以剔除散只兀等二部的方式，彰显成吉思汗先祖独特而神圣的来源。按照《史集》对尼伦蒙古的定义，尼伦蒙古都出自阿阑豁阿圣洁之腰，那么《元史》的记载就将散只兀等二部排除出尼伦蒙古的范围。《史集·部族志》记载散只兀部在被成吉思汗征服之后，除了不能相互通婚之外，"这

1　王国维：《萌古考》，《观堂集林》，第 687~712 页；伯希和、韩百诗注《圣武亲征录：成吉思汗战纪》，尹磊译，魏曙光校，上海古籍出版社，2022，第 398~402 页。

2　散只兀部，《秘史》第 42 节其史源自不忽秃·撒勒只（《〈元朝秘史〉校勘本》，第 13 页）；《史集》汉译本第一卷第一分册第 300 页译作不合秃—撒勒只（第二分册第 14 页作"……撒勒只"），《五世系》(Shu'ab-i Panjgāna, İstanbul: Topkapı-Sarayı Müzesi Kütüphanesi, MS. Ahmet III 2937，北京大学王一丹老师主持"《五世系》读书班"共同研读成果，未刊) f. 98a 波斯文、畏兀体蒙古文分别转写作 Būsūn Sāljī and Buqun Salji；陈桱《通鉴续编》（前引日本内阁文库藏元刻本）卷一九作"孛完合答吉"。

3　《元史》卷一《太祖纪》，第 1 页。

4　对于《通鉴续编》的史源问题，参见黄时鉴《〈通鉴续编〉蒙古史料考索》，原载《文史》第 33 辑，中华书局，1990，后收入《黄时鉴文集》第 1 册《大漠孤烟——蒙古史　元史》，中西书局，2011，第 133~156 页；曹金成《史事与史源：〈通鉴续编〉中的蒙元王朝》，社会科学文献出版社，2020，第 103 页；张晓慧《〈通鉴续编〉"蒙元纪事"史源新探》，《中国边疆学》第 15 辑，社会科学文献出版社，2022。

个部落跟成吉思汗再也不剩下任何程度的亲属关系了"。[1] 从感光而生的共同起源，到《部族志》体现的"疏离化"，再到《元史》实际上将合答斤、散只兀部排除出感光而生的尼伦蒙古之列，我们可以看到蒙元时代的官方话语，如何一步步凸显成吉思汗家族的神圣地位。

蒙元时代人们的观念中散只兀部与成吉思汗家族的关系，与上述官方话语有差异。《史集》两处提到成吉思汗在劝降合答斤、散只兀二部时称："与我们不是一家子的蒙古部落，［如今］成了我们的朋友，［与我们］结了盟。我们既是一家子，就应该结盟做朋友，快快活活［过日子］！"[2] 一家子，原文意即"亲属"。可见至少在成吉思汗看来，他与合答斤、散只兀二部有着亲属关系。不仅如此，元人对部族起源的追溯中不乏类似表述。散只兀部吾也而家族、纽璘家族的传记资料中，姚燧《元帅乌野而封谥制》云："展我同姓，岂伊异人？"[3]《散周氏塔塔尔赠蜀国武定公制》："朕惟他臣之家，由其子孙位登将相，故褒命其亲，上及三代，皆有国之礼经崇大臣也。具官某，惟尔家则

1　《史集》汉译本第一卷第一分册，第302页。

2　《史集》汉译本第一卷第二分册，第172~173页；又见《史集》汉译本第一卷第一分册，第301页。

3　姚燧：《牧庵集》卷一，《姚燧集》，查洪德编校，人民文学出版社，2011，第24页，题为《乌雅尔赠营国忠勇公制》，查洪德注云："《元文类》卷一一、《中州名贤文表》卷七、《文章辨体汇选》卷一八及清抄本均作《元帅乌叶尔封谥制》。""乌雅尔""乌叶尔"，原作"乌野尔"，系四库馆臣之改译，见苏天爵编《元文类》，张金铣校点，安徽大学出版社，2020，第206页；刘昌编《中州名贤文表》，《中华文史丛书》之七据清刻本影印，台湾华文书局，1968，第213页；姚燧《姚文公牧庵集》，《北京图书馆古籍珍本丛刊》第92册影印清抄本，书目文献出版社，1991，第6页。

不然。尚论其世，虽源远未分，而同出于天潢。"[1]《有元故中奉大夫江东宣慰使珊竹公神道碑铭（并序）》："推采其世与我国家同源而殊流者，珊竹氏其一。"[2]《元帅纽邻赠谥制》云："朕闻率土之臣，莫如同姓。"[3]郑玉《珊竹公遗爱碑》："其先盖与国家同出。"[4]以上史料都强调了"珊竹"（散只兀部）与"国家"（黄金家族）同姓异氏、同源异流的关系。元代的另一珊竹部家族兀讷忽家族，虽未标榜与黄金家族的同姓关系，但也称珊竹部为"其臣之勋旧如古族氏"。[5]散只兀部人对与黄金家族血缘关系的"标榜"，正反映了前成吉思汗时代蒙古社会中的起源传说所遗

1　《牧庵集》卷一，《姚燧集》，第15页。塔塔尔系四库馆臣改译，元人译法为太答儿，见《元史》卷一二九《纽璘传》，第3143页。

2　收入李修生主编《全元文》第9册，江苏古籍出版社，1998，第725~729页，以1927年《江苏通志稿·金石一九》所载录文为底本，补以北京图书馆所藏原件拓片；亦见《姚燧集》，第609~611页，全据《江苏通志稿》录文。但《全元文》据拓片补后仍有缺漏。此碑文见载于隆庆《仪真县志》卷一四《艺文考》（《天一阁藏明代方志选刊》第18册，上海古籍书店，1981，第58页b~62页b）、王鏊《十二砚斋金石过眼录》卷一八（《石刻史料新编》第1辑第10册，新文丰出版公司，1982，第7961~7963页），对比可知隆庆《仪真县志》所录文字较全，应以隆庆《仪真县志》所录碑文与《全元文》相参。

3　《牧庵集》卷一，《姚燧集》，第33~34页，题为《纳喇追封蜀国忠武公制》，查洪德注云："《元文类》卷一一、《中州明贤文表》卷七及清抄本均作《元帅纽璘赠谥制》。""纽邻"，原作"纽邻"，见《元文类》，第207页；《姚文公牧庵集》，第7页；《中州名贤文表》，第214页。

4　郑玉：《师山先生文集》卷九《徽泰万户府达鲁花赤珊竹公遗爱碑铭》，《中华再造善本》总第727种影印元刻明修本，北京图书馆出版社，2005，第4页a；收入《全元文》第46册，第394页。

5　李洞：《皇元故宣武将军新添葛蛮军民安抚使司达鲁花赤珊竹公神道碑铭并序》，此碑由赵孟頫正书，廉希宪篆额，现藏千唐志斋，《全元文》未收。碑见《崇雅堂碑录》（《石刻史料新编》第2辑第6册，第4587页）、《洛阳市文物志》（徐金星、黄明兰主编，洛阳市文化局，1985，第331~333页）等著录，但均无录文。北京图书馆金石组编《北京图书馆藏中国历代石刻拓本汇编》收入拓本照片（中州古籍出版社，1989，第49册，第111~112页）。《千唐志斋》亦附入拓本照片，但模糊难辨（赵跟喜、郭也生、李明德、徐金星著，洛阳市新安县千唐志斋管理所《千唐志斋》，中国旅游出版社，1989，第45~47页）。本书所引碑文，录自北京大学图书馆藏柳风堂旧拓，典藏号A261101。

留下的历史记忆。

在若干不同版本的蒙古祖先传说中，今额尔古纳河流域具有突出的地位，这正是散只兀等部的驻牧地。在观念史层面，出自成吉思汗之口和蒙元时代蒙古人之口的祖先记忆，都承认和标榜散只兀部与成吉思汗先祖的亲缘关系。而散只兀等部正是辽金时代蒙古集团的核心强部。将这些现象贯通起来，可以揭示部族迁徙的另一个面相，反思散只兀等部与蒙古集团的关系。本章开头提出，同为阿阑豁阿后裔，散只兀等部却远在孛端察儿后裔诸部之东，如何解释这一矛盾？成吉思汗时代就已为人所接受的成吉思汗先祖与散只兀等部的亲缘关系，可能反映了成吉思汗崛起之前的草原政治格局对部族认同的强势影响。在大蒙古国建立之前，散只兀等活跃在蒙古草原东部的诸部族，曾一度是"蒙古"这一旗号的有力持有者。诸认同"蒙古"政权之部，皆得以自视为"蒙古"。后来崛起成为草原统治者的成吉思汗家族，其天命地位的确立，离不开大蒙古国建立之后的"造神"运动。大蒙古国建立之后的历史撰述，不断强化成吉思汗家族自古以来的草原统治者地位。与此同时，成吉思汗建国之前草原诸枭雄的过往事迹逐渐暗淡褪色。

这一过程反映到祖源传说的流变之中，体现为如下过程。曾经作为蒙古诸部权力中心的额尔古纳河流域，在前成吉思汗时代，一度被认为是蒙古人的血缘起源地，作为祖源传说的要素得到广泛的传播与认同。随着草原诸部权力中心的西移和成吉思汗家族的崛起，曾经的起源地额尔古纳河流域，演化为民族迁徙的出发点。而成吉思汗家族兴起之地——不儿罕山，被认为孕育了成吉思汗家族的直系先祖，因而成为民族迁徙的终点，并且具有了龙兴之地的神圣色彩。但是，前成吉思汗时代的祖源传说，仍零星保留在蒙元时代散只兀部人的记忆中，体现为散只兀部人标榜自身与黄金家族的密切血缘关系。

成吉思汗建立大蒙古国，但蒙元史料中却见不到这一国号创立时间的明确记载，以致研究者不得不从不同史料中寻找国号创立时间的蛛丝马迹。[1] 之所以在史料中找不到国号创立时间的明确记载，原因在于蒙古作为国号并不是始自成吉思汗。蒙古作为政权之称，长期以来流行于草原东部各部族中，凡拥有部族盟主地位者，都可建号曰蒙古。正如前文提到的《系年要录》所记蒙古建国史事，至晚在 12 世纪中期，蒙古就已经作为国号出现在草原。这反映了蒙古作为国号是这一时期统治者们自然而然的选择。

蒙元时代的官方史料，塑造了成吉思汗家族自古以来的蒙古统治者形象。但其中反映的成吉思汗先祖生活轨迹，与这一形象颇有出入。《秘史》《史集》等史料反映出，成吉思汗祖先故事的发生地，以及与祖先发生关系的诸部族，经历了明显的变化。例如，《秘史》记载成吉思汗十世先祖阿阑豁阿出自豁里·秃马惕部，[2]《史集》记载成吉思汗六世祖海都迁居至南西伯利亚的不儿忽真－脱窟木。[3] 结合乌瑞夫人的研究，我们可以看到，传说中

1　参见陈晓伟《再论"大蒙古国"国号的创建年代问题》，《中华文史论丛》2016 年第 1 期；曹金成《"大蒙古国"国号创建时间再检讨》，《文史》2020 年第 2 辑。

2　《〈元朝秘史〉校勘本》第 9 节，第 3 页。《史集》记载阿阑豁阿出自豁罗剌思部，见《史集》汉译本第一卷第一分册，第 259 页；汉译本第一卷第二分册，第 8 页。

3　《史集》汉译本第一卷第二分册，第 21 页。

的成吉思汗先祖，其地域特征、交往对象、文化面貌都深受南西伯利亚诸部的影响。[1] 而从成吉思汗的三世祖合不勒汗以降，草原东缘诸部在成吉思汗先祖故事中渐次出场，在出现频率和重要性上，开始超过前述南西伯利亚诸部。钱大昕据《秘史》总结成吉思汗先世事迹："元之先世，部众未盛，至葛不律始自称合罕。"[2] 直到成吉思汗的四世祖屯必乃汗，才在史料中被明确记载拥有汗号，[3] 至三世祖合不勒汗，方作为蒙古人的统治者有了相对明确的政治事迹。《秘史》和《史集》所载成吉思汗先祖事迹，呈现出这样明显的阶段变化。绵长先祖世系背后的文化面貌，是不同地域文化交织的结果。相对而言明确可考的成吉思汗先祖政治事迹仅限于三四世代，这表明，即使如史料所述，成吉思汗先祖曾经成为蒙古集团中某些部的统治者，也不过限于距离成吉思汗时代较近的数世而已。

　　史料中成吉思汗的开国史叙事，突出的重点均不在蒙古国号的创立，而在于铁木真称汗、打败草原霸主、建立汗号等一系列历史事件。长期以来蒙古称号已为一些草原部族所服膺，在成为蒙古共主的过程中，蒙古国号是铁木真自然而然的选择，而建立汗号才具有除旧布新、宣示正统的意义。

1　钟焓：《民族学视角下的古代蒙古人传说——读乌瑞夫人蒙古学论著札记》，《清华元史》第2辑，商务印书馆，2013，第418页。

2　钱大昕：《廿二史考异》卷八六《元史一》，方诗铭、周殿杰校点，上海古籍出版社，2014，下册，第1200~1201页。

3　《元史·宗室世系表》《辍耕录》记载海都之父为既拏笃儿罕，此人拥有汗号，只是与《秘史》所记海都之父为合赤·曲鲁克不合，参见艾骛德《蒙古帝国成吉思汗先世的六世系》，罗玮译，《元史及民族与边疆研究集刊》第31辑，上海古籍出版社，2016，第251页。

小　结

　　两宋时期文献中，蒙古与鞑靼，一东一西，二者并立，类似的记载屡见不鲜。相对于"蒙古"这一称号，"鞑靼"作为族群集团的泛称，较早流行于草原。根据白玉冬的研究，10~11世纪占据蒙古高原中部地区的游牧部族被称为九姓鞑靼，九姓鞑靼中的一些部族名与《辽史》所记阻卜部名、《史集》所记克烈部名有继承关系。[1]"蒙古"称号的广泛流行较晚，根据《史集》的说法，就像"鞑靼"从塔塔儿部的专称演变为部族集团的泛称一样，随着势力的崛起，"蒙古"称号也越来越为部族所认同、采纳。在《史集》的部族分类中，蒙古包括"过去被称为蒙古的诸部"和"现今被称为蒙古的诸部"。[2]"过去被称为蒙古的诸部"中，见于辽金文献的有弘吉剌、合答斤、散只兀部，这些部族均位于蒙古草原东缘，是辽金时代的草原强部，也是十三翼之战中札木合依靠的力量。而"现今被称为蒙古的诸部"中，以札剌亦儿等部为代表，整体上位置要比"过去被称为蒙古的诸部"偏西。因此，中原文献中的蒙古与鞑靼，很可能反映了草原以外世界对草原诸部的泛称。《史集》中"现今被称为蒙古的诸部"（"现今"，指《史集》成书的14世纪初），包括了塔塔儿、札剌亦儿等部；《史集》还将克烈等部划入"各有君长"的诸部之中，

1　白玉冬:《九姓达靼游牧王国史研究（8~11世纪）》，中国社会科学出版社，2017，"摘要"，第1页。

2　《史集》汉译本第一卷第一分册，第127页。

在元代的族群划分中，克烈等部已被视为蒙古。以塔塔儿、克烈为代表的这些元代蒙古部族，可以上溯至辽宋金人所说的鞑靼。而中原文献中一度建国称王、屡屡侵金的蒙古，可以对应于《史集》所记"过去被称为蒙古的诸部"。这些位于蒙古草原东缘的部族，在漫长的群雄逐鹿过程中，先后强盛，合纵连横。先是散只兀、合答斤等部屡为边患，后有札木合这样的东部草原共主。两宋时期文献中蒙古与鞑靼的东西并立，反映了在蒙古草原东缘部族走向强盛的早期阶段，新兴的"蒙古"称号在蒙古草原东缘的强大号召力，尚未使整个草原所广泛服膺，传统的"鞑靼"称号仍用来泛指蒙古高原中部诸部族。

对两宋时期蒙古史料的再检讨，表明从辽末到成吉思汗崛起之时，草原东缘的蒙古诸部，一直对金朝构成严重威胁，一度有建国称王之举。在群雄争霸的接力赛中，成吉思汗最终崛起，建立大蒙古国，将整个草原统一于"蒙古"的旗帜之下。于是在蒙元时代对草原历史的讲述中，成吉思汗家族龙兴之地——不儿罕山，成为蒙古勃兴的核心区域。在黄金家族的强势话语之下，我们站在蒙元立场来观察前成吉思汗时代的蒙古史，难免会有当局者迷之憾。外部视角的引入，帮助我们从一定程度上超越"主角光环"的限制，将眼光投射于以往研究有所忽视的草原东缘诸部。从蒙古名号产生开始，草原东部就是以"蒙古"为名号的诸部族的活动中心，直到成吉思汗立国建号，这一情况始终未变。挖掘前成吉思汗时代有关蒙古地理位置的记载，可以揭示出更加复杂的民族集团变迁的历程。

在蒙古起源传说中，部族迁徙作为解释模式，反映的是自东向西的权力核心转移的过程。成吉思汗先祖并不是自古以来的蒙古集团统治者，草原东缘诸部一度在蒙古集团中占有核心的地位。当然这并不意味着这些部主始终保有蒙古共主的地位。在成吉思汗统一各部之前，蒙古共主的地位受各部实时势力的影响，也处于不断变动之中。从铁木真的个人经历来看，他是在东西两大政治集团（札木合与王汗）的权力夹缝中壮大起来的。上述历史过程反映在祖源传说之中，表现为额儿古涅昆传说与不儿罕山传说的"层累构造"。如何理解传说的"层累构造"？在漫长的历史时期内，蒙古草原各地一定流传着各种来源与版本的祖源传说。草原上的各政权，正是利用了这些传说要素，来"制造"和散播符合自身统治话语的传说。这些被"制造"出来的传说，随着时间的推移和政局的变迁，又为下一波传说的"制造"，提供了形形色色的资源。具体到额儿古涅昆传说上，其内容承载的起源—迁徙事件，并不一定与草原东缘诸部成为蒙古集团核心的时间同步。也就是说，传说中蒙古人源出于额儿古涅昆的时间，并不与草原东缘诸部的崛起时间同步。更有可能的情况是，业已崛起的草原东缘诸部，利用了早已存在的传说要素，促进了额儿古涅昆传说的定型与传播。不儿罕山传说亦复如是。我们不能将不儿罕山传说直接等同于成吉思汗家族的"真实"历史。成吉思汗家族及其追随者，也像历史上的诸统治家族一样，从自身熟悉的文化环境中选取那些有利的传说要素，来构造属于自己的祖源故事。大蒙古国建立之后，对成吉思汗家族与散只兀等部亲缘关系的认识，一定程度上是对曾经同盟或依附的政治关系的投射。相对于政治变迁和权力转移而言，认同观念的变化呈现出一定的滞后性。

　　将汉文史料中蒙古早期政权、地理位置等"史实"，与迁徙传说等"史相"结合起来，我们可以大致勾勒蒙古名号的变迁历程。"蒙古"作为称号，被草原东部政权广泛接受、服膺的时间，并不晚到成吉思汗时代。至成吉思汗征战草原之时，将蒙古作为政权之名已成为此时统治者的自然选择。因此，在成吉思汗开国历程中，蒙古国号创立的时间难以寻觅，而建立汗号被视为更具标志性意义的事件，这一问题将会在本书第六章集中讨论。

第二章　族称的历史考察：
元人"讳言鞑靼"说再议

　　蒙古建国之后，作为族称的"鞑靼"并未退出历史舞台。"鞑靼"一词在元代的命运，学者早有关注。王国维对辽金宋史料中的"蒙古早期史事"进行系统考察后，提出元人"讳言鞑靼"说。[1] 王国维认为，元修辽金二史没有关于鞑靼的记载，是因为元人"讳言鞑靼"。[2] 此说出后，影响广泛，为元史研究者熟

1　王国维《鞑靼考》《萌古考》《南宋人所传蒙古史料考》等一系列文章，收入《观堂集林》卷一四、卷一五，第623~763页。
2　王国维:《鞑靼考》，原载《清华学报》第3卷第1期，1926，参见贾敬颜订补《鞑靼考》，史卫民编辑《辽金时代蒙古考》，第1~21页。

知。其后，蔡美彪撰文订正此说，指出"达达"一名在元代文献中屡见不鲜，元人对此并无避忌。[1] 此观点为学界普遍接受，几成定论。

不过，这一问题中尚有一些重要细节并未得到彻底的解释。所谓元人"讳言鞑靼"说，其实包含两个层面：一是作为称呼的"鞑靼"字眼，二是鞑靼相关史事。对于前者，王国维认为"蒙古人本非鞑靼，而汉人南人辄以此呼之，固为蒙古人所不喜"。蔡美彪认为"汉人官民仍沿旧习，称蒙古为达达，并为蒙元朝廷及蒙古官民所认同"。然而需要进一步发问的是，元人对"达达"一名并无避忌，是否足以否定"讳言鞑靼"说？作为名号的"达达"与"鞑靼"能否等同视之？对于后者，即有关鞑靼的"蒙古早期史事"，王国维认为"元末修史汉臣，已不复知鞑靼与蒙古之别，而辽、金史料中所记鞑靼，非朝贡即寇叛，彼盖误以蒙古之先朝贡于辽金也，虑其有损国体，故讳之尤深"。蔡美彪认为"这是为了避免读史者与习称的达达即蒙古相混，产生误解"。那么，元人对辽金宋文献中的蒙古早期史事，到底持有何种态度？上述两个层面的问题，需要分别进行解答。

一　元代文献中的"鞑靼"与"达达"

首先需要了解的是，作为名称的"鞑靼"与"达达"，分别

---

[1]　蔡美彪：《元代文献中的达达》，原载《南开大学历史系建系七十五周年纪念文集》，南开大学出版社，1988，后收入《辽金元史考索》，第207~214页。

是在什么样的背景下产生的。"鞑靼"这一译名，见于辽金史料，也流行于两宋史料中。除"鞑靼"之外，宋辽金史料中还有"达旦""达靼""达怛"诸译法。但"达达"二字，则到蒙元时代方才出现。"达达"一名见诸蒙元文献，最早见于窝阔台征高丽时期（1231）蒙军致高丽牒文。[1] 至元八年（1271）尚书省条画引窝阔台圣旨（甲午年，1234），也出现"达达"二字。[2] 此后，"达达"屡屡出现在元代官方文献中，作为蒙古的同义词使用。而元代表示狭义的塔塔儿部和塔塔儿部人，译名不一，包括：塔塔儿（歹／台）、塔塔歹／带、搭搭（儿）、达达儿／力歹、答答（儿／歹／带／里带／剌）、达德台等，不同于"达达"。[3] 留存至今的至元十五年（1278）"管水达达民户达鲁花赤之印"，"达鲁花赤"用八思巴字拼写蒙古语，而"水达达"则用八思巴字拼写汉语，可见元初人们就将"达达"一词视作汉语。[4] 蔡美彪指出，《至元译语》和《华夷译语》都以汉语"达达"来意译"蒙古"（音译为"蒙古歹"和"忙豁"）。[5] 因此，尽管"达达"与"鞑靼"究其根本都源于部族名 tatar，但是从译名角度讲，"达达"一名，并不是 tatar 的直接音译，而是汉语对"鞑靼"二字的同音替换。"达达"一名，已脱离了原初的蒙古语语境，可以视作汉语语境

1　郑麟趾等著，孙晓主编《高丽史》卷二三《高宗世家》，西南师范大学出版社、人民出版社，2014，第 2 册，第 710 页。

2　陈高华、张帆、刘晓、党宝海点校《元典章》卷一七《户部三·户计·籍册·户口条画》，中华书局、天津古籍出版社，2011，第 584 页。

3　"鞑靼"在《元史》中仅出现一次，见《泰定帝纪》："迁黄羊坡民二百五十户于鞑靼部。"（《元史》卷三〇《泰定帝纪》，第 672 页）此鞑靼应指塔塔儿部。

4　照那斯图、薛磊：《元国书官印汇释》，辽宁民族出版社，2011，第 247 页。

5　蔡美彪：《元代文献中的达达》，《辽金元史考索》，第 210~211 页。

之下对蒙古族群的称呼。

"达达"这一称呼在蒙元时代的产生，是值得注意的现象。元代文献中"达达"与"鞑靼"，有着不同的使用情境。元代的官文书和政书，如《元典章》《通制条格》《南台备要》《宪台通纪》《至正条格》和抄入《永乐大典》而部分保存下来的《经世大典》等，均不见"鞑靼"二字，一律以"达达"来称呼。用"达达"而不用"鞑靼"，可以说是元朝官文书的通例。"达达"二字的创制与广泛使用，源于官文书的刻意规范。元代官修方志《至正昆山郡志》也出现"达达"之称。[1] 相对于官文书而言，私人著述则在沿用辽金宋以来的"鞑靼"之名的同时，也开始出现"达达"，只是私人著述一般由文言写成，普遍使用正式的名称"蒙古"，而很少使用具有口语色彩的"达达"。胡祗遹《紫山集》收录了其《寄张平章书》，《书》中提到"达汉诸军"。[2] 现今能够看到的《紫山集》经过了四库馆臣的改译，"达汉诸军"中的"达"字是原文如此还是改译后的结果，已无法确知。不过，《书》中还提及"不以降夷相待"之语，"夷"字并未被四库馆臣改译，似乎显示《书》的文字保留了原貌。

弃现成的"鞑靼"不用而另创"达达"，应该出于蒙古统治者的授意。蒙古人对"鞑"字持有何种态度？《大越史记全书》记载，忽必烈派蒙古人乌马儿等率军远征安南，安南士兵在胳

1　杨谦纂修《至正昆山郡志》卷二《名宦》，《宋元方志丛刊》第 1 册影印清刻本，中华书局，1990，第 1120 页 a。
2　胡祗遹：《胡祗遹集》卷一二《寄张平章书》，魏崇武、周思成校点，吉林文史出版社，2008，第 301 页。

膊上刺字"杀鞑"，乌马儿看到后很生气，说道："令人墨刺杀鞑字，欺侮天兵，其过大矣。"[1]"欺侮"之说，表明乌马儿知晓"鞑"字的族群歧视意味。

　　元人在著述中的确继续沿用宋辽金史料中的"鞑靼"，来指称建国号为"大元"之前的蒙古政权，这体现出官方用字规范施行范围的有限性。但是值得注意的是，元人在沿用的同时做了一定程度的删改。关于元代版刻中的讳阙，见张佳《元刊史书讳阙举例》。[2]元代书坊在刊刻之时，部分地避讳"鞑"字，是因为"鞑"字有仇恨或歧视的嫌疑。检索两宋时期文献和元代文献，会发现"鞑"字的单独使用，两宋时期较为普遍，而元代极少，仅集中见于郑思肖所撰《心史》中。郑思肖是宋元之际反元态度最为激烈的南宋遗民之一。在《心史》中，他很少用"蒙古"和"元"来指称元朝，而是惯用"鞑"字，激愤之情溢于纸上。[3]这从侧面反映了"鞑"字在宋元时期可能蕴含的仇恨色彩。

　　除"鞑"字之外，"羌"字也因隐含族群歧视色彩，被元人作政治讽刺之用。越人王冕是时人眼中的"狂士"，元人王逢提到王冕："有自题云：'冰花个个团如玉，羌笛吹他不下来。'或以是刺时，欲执之，一夕遁去。"[4]可见元朝官府对于"刺时"之作

1　吴士连等：《大越史记全书（校合本）》（上），陈荆和编校，东京大学东洋文化研究所，1984，第358页。

2　张佳：《图像、观念与仪俗：元明时代的族群文化变迁》，商务印书馆，2021，第100~102页。

3　郑思肖：《心史·大义略叙》，《北京图书馆古籍珍本丛刊》第90册影印明崇祯刻本，书目文献出版社，1988，第960~984页。

4　王逢：《梧溪集》卷四《题王冕墨梅》，李军点校，《元代古籍集成》第2辑，北京师范大学出版社，2016，第477页。

并非置之不理，而是相当敏感。

可资对比的是，元人对于"鞑靼"与"蛮子"持不同态度。"蛮子"原本是对南方族群具有歧视意味的蔑称，在元灭南宋之后，却成为元朝官方认可的对于故宋之地民众的称呼，元代白话中一般以蒙古、色目、汉儿、蛮子来划分族群。蒙古统治者对于"蛮子"一词的歧视意味，可能不甚了解，蒙古人中以"蛮子"为名者很多。但是蔑称成为官称，隐约可见元代南人地位之低。尽管"蛮子"一词在元代使用率很高，但均是作为他称。元代文献中未见有南方士人自称"蛮子"者。不仅如此，还有史料显示出南方士人对于"蛮"字的敏感心态。元末明初的陶宗仪是黄岩（浙江台州）人，其《南村辍耕录》记有成吉思汗赐丘处机圣旨的内容。圣旨碑的拓片藏于国家图书馆，文字与《辍耕录》所记有所不同。据拓片，圣旨称南宋政权为"蛮宋"，而《辍耕录》则作"赵宋"。[1]《至正直记》中记载了一则故事，李朮鲁翀"一日，侍文宗言事，俄而虞伯生学士至，帝引伯生入便殿，翀不得入，久立阶上，闻伯生称道帝曰：'陛下尧、舜之君，神明之主。'翀在外厉声曰：'这个江西蛮子阿附圣君，未尝闻以二帝三王之道规谏也。论法当以罪之。'"[2] 李

1　陈垣编纂《道家金石略》，陈志超、曾庆瑛校补，文物出版社，1988，第445页。蔡美彪编著《元代白话碑集录》，科学出版社，1955，第115页。北京图书馆金石组编《北京图书馆藏中国历代石刻拓本汇编》第48册，第15页。刘兆鹤、王西平：《重阳宫道教碑石》，三秦出版社，1998，第59页。陶宗仪：《南村辍耕录》卷一〇《丘真人》，中华书局，1959，第121页。虽然并不能确定"蛮宋"到"赵宋"的改动必是出于陶宗仪之手，但至少应与南方士人有关。谢西蟾、刘天素：《金莲正宗仙源像传》，《全真史传五种集校》，高丽杨集校，中华书局，2020，第397页，作"炎宋"。

2　孔齐：《至正直记》，李梦生、庄葳、郭群一校点，上海古籍出版社，2012，第145页。

尤鲁翀是女真人，在元代的族群分类中被划为汉人。虞伯生，即虞集，江西抚州人。孛尤鲁翀斥虞集为"江西蛮子"，蛮子一词的歧视意味可见一斑。

随着元明鼎革，"鞑靼"与"达达"的使用再次发生变化。朱元璋在吴元年（1367）九月致信元顺帝："曩者天弃金宋，历数在殿下祖宗。故以鞑靼部落起事沙漠，入中国与民为主。"[1] 被元人讳言的"鞑靼"在明代重新流行，相比之下"达达"的使用频率较低。例如，检索《明实录》的用词，大多数情况下用"鞑靼"，偶尔用"达达"。[2] 到了清代，对北方民族有歧视色彩的字眼被禁用，历代文献中的"鞑"字也遭到四库馆臣改译。

总之，围绕着"鞑靼"与"达达"，王国维的元人"讳言鞑靼"说与蔡美彪的元人"不讳言达达"说，其实并不矛盾。从元初开始，官文书就有意地规范用字，以"达达"代"鞑靼"。而在民间，尽管文化环境相对宽松，但是正如王汛森在清代政治与文化的研究中揭示的那样，"权力的毛细管作用"普遍存在。在政治压力之下，文化领域中自我压抑、自我删节的现象无处不在，"人们也可能尽其所能地'创造性'地减少或回避影响与支配，而其最终的结果却每每吊诡地扩大了官方政策的实际作用，形成一股席卷每一个角落的旋风"。[3] 元代书贾对涉及宋元易代史

1　《明太祖实录》卷二五"吴元年九月戊戌"，中研院历史语言研究所校印，黄彰健校勘《明实录》，中研院历史语言研究所，1962，第374页。

2　"《明实录》《朝鲜王朝实录》《清实录》资料库"，https://hanchi.ihp.sinica.edu.tw/mql/login.html，最后访问日期：2023年4月8日。

3　王汛森：《权力的毛细管作用：清代的思想、学术与心态》，联经出版事业股份有限公司，2013，"序论"，第7、18页。

事的自发性避讳，正是"自我删节"的表现。元人避免用敌视的字眼指称蒙古或元朝，对从两宋时期沿用下来的"鞑靼"，尤其是"鞑"字，有着一定程度的避忌。

二　元人对两宋时期文献所传蒙古早期史的认知

　　元人"讳言鞑靼"说的提出，在推动鞑靼史事的考辨之外，还具有另一种启发意义。有关前成吉思汗时代蒙古的记载，很大部分散见于辽金宋史料之中。然而，基于中原文献记载的蒙古早期史认知，在元代却乏善可陈，直到乾嘉时代才再次受到关注。赵翼注意到《蒙鞑备录》中的"蒙古斯国"等史事，认为应据以补正《元史》。[1] 清末俞樾、李慈铭也就南宋人所记草原史事发表了零星见解。[2] 至王国维撰述"四考"，基于辽金宋史料的蒙古先世问题始得以系统深入地研究。此后的研究，基本上是在"四考"基础之上的深化、细化。不过，研究的视角，都是在史实层面上对辽金宋史料所记蒙古信息进行考辨，挖掘这些文献的史料价值。至于史实层面之外，元人如何看待文献所记前成吉思汗时代蒙古史，缺乏专门的讨论。要彻底回答元人"讳言鞑靼"的问题，必须从知识传播和接受以及心态和史观的角度出发。下文就首先聚焦于元人对这些历史信息的普遍态度。

1　赵翼撰，王树民校证《廿二史札记校证（订补本）》卷二九"元史"，中华书局，1984，第651页。
2　俞樾：《茶香室续钞》卷一六"元朝本非蒙古"，贞凡、顾馨、徐敏霞点校，中华书局，1995，第778页；李慈铭：《越缦堂读书记》卷三"大金国志"，由云龙辑，中华书局，2006，第342页。

　　南宋李心传《建炎以来朝野杂记》中有"鞑靼款塞（蒙国本末）"一条，称"鞑靼之先，与女真同种，盖皆靺鞨之后也。……又有蒙国者，在女真之东北"。其中涉及草原政权"鞑靼"与"蒙国"的史事，屡为宋元之际的著述所征引。这条记载，体现了面对文献记载和现实情报的差异时南宋人内心的困惑。李心传在文献中分别追溯了鞑靼与蒙国的源流，发出了这样的疑问："至是鞑靼乃自号大蒙古国，边吏因以蒙鞑称之。然二国居东西两方，相望凡数千里，不知何以合为一名也。"[1] 在李心传看来，被称为鞑靼的铁木真及其部众本位于西方，而见于文献记载的蒙国位于东方，不知为何铁木真建号大蒙古国，从而使蒙国与鞑靼合二为一。南宋吴潜《许国公奏议》云："金之方盛，已有蒙古为北荒之敌国，兀术至谓他日必为国患。又安知今日之鞑，不如所传闻狗国、大人国诸强垂涎朵颐而乘其后也？"[2] 在吴潜的观念中，文献中曾经存在的蒙古与现今的鞑靼（大蒙古国）并无关联。《蒙鞑备录》也援引了文献记载中的蒙古斯国，认为鞑靼人建号大蒙古国，是因为"慕蒙为雄国，故以国号曰大蒙古国，亦女真亡臣教之也"。[3] 也认为现今鞑靼人所建之国，与曾经见于记载的蒙国并非一国，只是女真亡臣借用曾经称雄的蒙国国号，赋予新近崛起的鞑靼人。在南宋人眼中，鞑靼与蒙古分别变成了族称与国号，因此多有"蒙鞑""鞑蒙"的说法。

1　《建炎以来朝野杂记》乙集卷一九《边防》，第 847~849 页。

2　吴潜：《许国公奏议》卷一《应诏上封事条陈国家大体治道要务凡九事》，《宋集珍本丛刊》第 84 册影印清光绪刻本，线装书局，2004，第 71 页。

3　王国维：《蒙鞑备录笺证》，《王国维遗书》第 13 册影印商务印书馆 1940 年版，上海古籍书店，1983，第 4 页 b。

成吉思汗崛起之后，蒙古人对曾经存在的蒙国是否知晓、持
何种态度？《蒙鞑备录》提供了重要的细节："旧有蒙古斯国，在
金人伪天会间，亦尝扰金虏为患，金虏尝与之战，后乃多与金帛
和之。按，李谅《征蒙记》曰：蒙人尝改元天兴，自称太祖元明
皇帝。今鞑人甚朴野，略无制度。珙常讨究于彼，闻蒙已残灭久
矣。……盖北方之国，或方千里，或方百里，兴衰起灭无常。"[1]
所谓"珙尝讨究于彼"，说明赵珙曾出于好奇，以蒙人改元称帝
之事求证于接待他的蒙古人。他得到的回答是"蒙已残灭久矣"，
可见蒙古人并没有否认曾有蒙人建国之事，只是其国久已灭亡，
无迹可寻。这反映出大蒙古国建立之后，蒙古人的历史观是以成
吉思汗家族的统治为核心，这一历史观在事实上消解了蒙古历史
上其他统治者和政权史存在的意义。张帆指出蒙元君主的魅力型
领袖特质（Charisma），与汉族社会早已熟悉改朝换代不同的是，
在蒙古人的意识中，第一个"朝代"就是由成吉思汗建立的。[2]
这种成吉思汗开天辟地而不是朝代更迭的史观，在大蒙古国建立
的早期就已看到端倪。

　　在民间的私人撰述中，事涉本朝历史时，元人不同程度地获
悉南宋人所记成吉思汗建国之前的蒙古史事，但均未将其与本
朝历史相联系。元末梁寅云："元之先起于北方，在唐谓之靺鞨，
后谓之鞑靼。"[3]这一说法，与《朝野杂记》"鞑靼之先，与女真同

1　王国维：《蒙鞑备录笺证》，《王国维遗书》第13册，第3页b~4页a。
2　张帆：《论蒙元王朝的"家天下"政治特征》，《北大史学》第8辑，北京大学出版社，2001，
　　第58页。
3　梁寅：《新喻梁石门先生集》卷八史论之"元"，《北京图书馆古籍珍本丛刊》第96册影印清
　　乾隆十五年刻本，书目文献出版社，1998，第472页。

种，盖皆靺鞨之后也"一脉相承。但梁寅对南宋人曾有疑问的蒙国，也不置一词。除《朝野杂记》之外，元人的历史著作对《金人南迁录》中的"蒙人"事迹亦有征引。《金人南迁录》，署名金张师颜撰，内容"舛错谬妄，不可胜举。故赵与峕《宾退录》、陈振孙《书录解题》皆断其伪"。[1] 尽管《金人南迁录》的内容不可信，但是依然为宋元人所征引。值得注意的是，元人并未将其中的"蒙人"与本朝历史相联系。例如，宋元之际的婺源人胡一桂撰有《十七史纂古今通要》一书，其《后集》卷三专述金国历史。经比对，《金人南迁录》是此卷的史源之一。胡一桂并未将其中关于鞑靼、蒙人的记述与元朝历史相联系。[2]

如上所述，前朝文献中的草原史事，或多或少为元代文人所知晓。但他们对于这些史事的认识，始终停留在片段式的殊方传闻上。他们无意将这些史事与本朝历史建立某种关联。

与此稍有不同的是《佛祖历代通载》中的"蒙人"事迹。《佛祖历代通载》一书中保留了不少关于蒙元史的珍贵资料，学者多有利用。此书对成吉思汗建国时间及相关事件的记载十分独特："辛亥（明昌二年，1191），大朝太祖成吉思皇帝是年起兵。"[3] 贾敬颜注意到，这段史源不明的文字记载的成吉思汗起兵时间比其他史料所记要早，因为成吉思汗、王汗配合完颜襄攻打塔塔儿

1　《四库全书总目》卷五二《史部·杂史类存目一·南迁录》，上册，第 473 页。
2　胡一桂：《十七史纂古今通要》后集卷三，《中华再造善本》总第 584 种影印国家图书馆藏元刻本，北京图书馆出版社，2003，第 1~7 页。
3　释念常：《佛祖历代通载》卷二〇，《中华再造善本》总第 665 种影印元刻本，北京图书馆出版社，2005，第 30 页。

是在明昌七年（1196），比这段记载还要晚 5 年。[1] 已知成吉思汗
事迹最早的明确系年见于《史集》，始于 1195 年。[2] 而《佛祖历
代通载》的系年，竟然比《史集》还要早 4 年。《佛祖历代通载》
这段记载的史源到底是什么，又是否真实可信？

　　查《佛祖历代通载》明昌二年前后的记事，涉及不少所谓
爱王大辨的事迹。对比《大金国志》与《佛祖历代通载》的记
载，可发现《佛祖历代通载》的记载，是由《大金国志》的如下
内容删减而来：即"爱王遣使大朝求援"条、承安二年（1197）
"天下大旱，山东〔及泽〕、潞间寇盗屯结至万余人"和承安五
年（1200）爱王"陷大都城，围和龙"。"爱王叛"条记明昌五年
（1194），爱王年十六；年十二时，即明昌二年，被遣至边境，恰
逢"蒙人"寇边。可见，释念常将"蒙人"等同于成吉思汗，故
将明昌二年记作成吉思汗起兵之时。[3]《大金国志》的上述内容史
源是伪书《金人南迁录》。[4]《大金国志》在抄录《金人南迁录》
之时，对其记事进行了相当程度的改造。《金人南迁录》的虚假
纪年与实际的金朝纪年无法对应，《大金国志》是将《金人南迁
录》中的记事系于实际的金朝年号之下。《大金国志》所作改写，
又被《佛祖历代通载》沿袭。

　　因此，《佛祖历代通载》关于成吉思汗起兵攻金的记载，从

1　贾敬颜：《从金朝的北征、界壕、榷场和赐宴看蒙古的兴起》，《元史及北方民族史研究集刊》
　　第 9 辑，第 19 页。
2　《史集》汉译本第一卷第二分册，第 374 页。
3　《大金国志校证》卷一九《章宗皇帝上》、卷二〇《章宗皇帝中》，第 260~277 页。
4　邓广铭：《〈大金国志〉与〈金人南迁录〉的真伪问题两论》，《邓广铭全集》第九卷《史籍考
　　辨》，河北教育出版社，2005，第 538~559 页。

根源上讲来自伪书《金人南迁录》，不可采信。《佛祖历代通载》的作者自然而然地将金章宗时期对金作战的蒙古部视为成吉思汗所部，但实际上铁木真此时并未获得蒙古共主的地位，也未与金朝交恶。《佛祖历代通载》体现了宋元人征引相关文献时的另一种倾向，即将文献中的蒙古事迹都附会在成吉思汗身上，创造出以成吉思汗为中心的蒙古早期史。在成吉思汗的光环之下，与成吉思汗无关的蒙古史事失去了独立存在的意义。

元人对两宋史料所传蒙古早期史，表现为两种态度，即对一般性知识的无意识接受与以成吉思汗为中心的附会改写。两者都体现了元人对历史记忆的遗忘与重塑。在某种程度上，非成吉思汗家族史的民族历史，其意义被成吉思汗家族的"魅力"（Charisma）消解了。另一些记忆的碎片，被扭曲地附会进成吉思汗家族史中。成吉思汗家族史之外的草原历史信息逐渐暗淡。在此基础上，草原历史的叙述方式被成吉思汗家族史所定义。

小　结

王国维之所以提出元人"讳言鞑靼"说，是为了解释元末史臣所修辽金二史中不见鞑靼字眼的原因。不仅鞑靼二字遭到删改，而且在金朝后期与草原诸部战事连年、边患严峻的背景下，元末修成的《金史》里，直接记载蒙古诸部以及蒙古与金朝战事的信息也明显太少。针对这一情况，王国维提出了本章开头引述的看法，认为"元末修史汉臣，已不复知鞑靼与蒙古之别"。对于此说，蔡美彪认为系出推测，修史汉臣对蒙古先世史事，有

《太祖实录》《圣武亲征录》诸书在，不容不知而与辽金之鞑靼混淆。这一看法更加合理。不过，既然二者区别甚明，元代史臣又为何对辽金之鞑靼置之不谈？元代史臣对于所谓统治者先世史，或者说政权早期史，其讲述方式和逻辑是否有多样的选择？

可以对比的，是元人对前成吉思汗时代蒙古史的态度，与元人修《辽史》之时对中原文献所记契丹早期史的态度。根据苗润博的研究，元朝史官"将中原文献系统和辽朝文献系统做了拼接，勾勒出契丹自北魏至唐末的发展框架"。[1] 在元朝史官眼中，辽史的内容不仅仅是辽一朝的历史，而是涵盖了契丹部族的源流。书写辽朝的历史，在利用辽朝相关文献的同时，还需参照中原文献。但是对于中原文献中的蒙古早期史，元朝史臣的态度显然不同。

宋元之际民间的历史书写中，不乏将文献中记载的蒙兀与现实中的蒙古进行关联的例子。郑思肖所著《心史》中，仍沿用《系年要录》等文献的记载，来建立蒙古族群渊源的系谱。[2] 可见两宋时期文献中有关蒙古的记载，对宋元人来讲并不是完全陌生的。很难想象文献中的蒙古早期史信息，全然不为元朝史官所知。余大钧注意到，《元史·太祖纪》中关于铁木真与金朝完颜允济的交涉、金人献岐国公主等记事，与《朝野杂记》的记载相

1　苗润博：《重构契丹早期史》，第 119 页。
2　郑思肖《心史·大义略叙》："鞑靼本靺鞨部。唐灭高丽，靺鞨四散遁走，遗种奔逃阴山，北曰鞑靼。女真西北有蒙国，唐蒙兀部，其人不火食，生啖兽肉，兀术欲灭之，不克。后蒙人虏取金人子女，生子孙渐不类蒙人，渐能火食，忽来与鞑靼通好，合为一鞑靼，即假号曰蒙古国。"（《北京图书馆古籍珍本丛刊》第 90 册，第 974 页）

似度很高。[1] 从元朝官方修史的史源上讲，史臣修撰《实录》之时，有可能参考南宋人的稗史笔记。但是南宋人所传的蒙古建国前史，却在元朝史臣的撰述中不见踪迹。

《元史》中的蒙古起源叙事，没有与成吉思汗家族以外的其他草原统治家族、部族和政权建立联系。与此类似，《元朝秘史》开篇云"成吉思合罕的根源"，表明苍狼白鹿的祖先传说只是属于成吉思汗家族的故事。元代史臣可以说是"自然而然地"接受了成吉思汗家族是自古以来膺天秉命的蒙古政权统治者的话语，并在修史活动中传承和强化天赋汗权的政治神话。尽管在现代研究者看来，辽金宋时期汉文文献中有关草原族群的种种史事，足以解构成吉思汗家族的政治神话，但这些信息都被元代史臣置之罔顾。欧阳玄《进金史表》云："念彼泰和以来之事迹，接我圣代初兴之岁年。"[2] 泰和以来，也就是成吉思汗崛起以来。这表明元人将《金史》里的蒙古史事，限定在一个非常有限的范围，即开始于成吉思汗。蒙元时代的国史与族史的范围，很大程度上被成吉思汗的家族史所定义。黄金家族史本身就足以承担国史的功能和意义，从他者的历史撰述中认识自身的需求并不迫切。宋辽金等朝代的汉文文献，记录下来的草原诸政权历史与蒙古早期史，其核心与主线并不在成吉思汗家族身上，被蒙元时人置之不谈，也就不难理解。

1　余大钧：《〈元史·太祖纪〉所记蒙、金战事笺证稿》，《辽金史论集》第2辑，书目文献出版社，1987，第330、343页。

2　欧阳玄：《欧阳玄集》卷一三《进金史表》，魏崇武、刘建立校点，吉林文史出版社，2009，第166页。

　　总之，关于蒙元时代的"鞑靼"，本章从元代文献中的"鞑靼"字样和元人对鞑靼史事的认知两个方面，对元人"讳言鞑靼"说进行了重新的检讨。元人对"鞑靼"字样，尤其是"鞑"字，持有一定程度的避忌态度，突出地表现在官文书的用字规范上。对于鞑靼史事，元代知识人一般仅仅将其视作殊方异闻。因为他们鲜有途径接触深藏元廷的秘史，对成吉思汗时代前后的草原史事十分陌生。而官方史臣虽然有条件同时获悉宫廷所藏部分历史文献与辽金宋汉文文献，但对成吉思汗家族史以外的蒙古史事置之不谈。对元朝统治的认同与服膺，从不同角度影响了蒙元时人的历史认知。

　　到了明代，鞑靼作为称号再度流行起来，用来指称以元顺帝后裔为统治者的蒙古本部。[1] 但是对于当时的蒙古人而言，这一他称有悖于自我认知。成吉思汗后裔脱脱不花于 1433 年被瓦剌贵族拥立为汗，正统十四年（1449）脱脱不花可汗致书明英宗："去岁书内写我作达达可汗，缘故不知如何？"脱脱不花对明廷称呼他"达达可汗"并不满意。明英宗回复："可汗自我先朝通好朝廷，其所称名号亦有定体。自朕即位，重念可汗和好至诚，以其管治迤北人民，特以达达可汗称之，亦尔俗至美之号。且朕与可汗和好在有诚意，不必论此虚文也。"[2] 在明英宗看来，"达达可汗"是"尔俗至美之号"，这恐怕出于汉人的误解。希都日古指出，朝鲜史料《李朝实录》记载脱脱不花可汗在给朝鲜的敕书

1　贾敬颜：《鞑靼　瓦剌　兀良哈　明朝蒙古人的历史——兼说"都沁·都尔本"一词》,《内蒙古社会科学》1993 年第 3 期，第 53 页。

2　《明英宗实录》卷一七四"正统十四年正月己酉"条，第 3355~3356 页。

中自称"我蒙古皇帝"，认为他拒绝明朝的"达达可汗"名号别有深意，实际上是以"大蒙古国皇帝"自居。[1] 这反映了同一称号在汉语与蒙古语两种语境之下有着不同的意味，蒙古人已不再认可"达达"这一他称。

---

1 希都日古：《鞑靼和大元国号》，《元史及民族与边疆研究集刊》第 28 辑，上海古籍出版社，2014，第 129 页。

第三章 "孛儿只斤"与元代蒙古人的 "姓氏"

　　在《元朝秘史》《史集》呈现出的蒙古早期史中,"孛儿只斤"可以说占据核心地位。众所周知,"孛儿只斤"一直以来被视作元代"帝姓"。与此同时,元廷还以无姓和有姓来区分蒙古人、色目人与汉人、南人。按照这一标准,蒙古人自然属于"无姓"一类。这样一来问题就产生了,如果说蒙古人无姓的话,那成吉思汗家族的"姓"又从何而来呢?本章就从姓氏入手,探究成吉思汗家族的特殊化与神圣化过程。

　　对上述问题,研究者持不同的看法。普遍认为,蒙古人"与其他北亚游牧民族相同,有氏族之别,而无姓,通常称名而不称姓氏"。[1] 也有研究认为，氏族组织在向地缘单位转化的过程中，成为血缘出身的标志，这是蒙古姓氏的起源。[2] "虽然在字面上多不反映姓氏，但这并不等于无姓。"[3] 认为蒙元时代蒙古社会中存在姓氏的观点，实际上衍生于曾经流行的"血缘社会"理论。以符拉基米尔佐夫为代表的蒙古社会的研究者，普遍将亲缘关系视为前国家社会的基本组织原则，认为氏族是古代蒙古社会的基础要素。[4] 在研究者中间，现代社会科学语境中的所谓"氏族"，又常与历史语境中的氏族相混淆。在蒙元时代的历史语境中，氏族常被用作部族的对等概念。元代蒙古人称部、称氏的现象，就容易被理解为姓氏存在的证据。

　　回答蒙古人有无姓氏以及能否将所谓"氏族"等同于"姓氏"的问题，需要回到蒙元时代的历史语境中，分析留下文字史料的蒙元时代蒙古人是如何自我称呼与表达的，元代汉人是如何看待蒙古人姓氏问题的？下面就先概述蒙古人的一般情况，再来分析黄金家族的个案。

1　萧启庆：《论元代蒙古人之汉化》，《内北国而外中国：蒙元史研究》，中华书局，2007，第 686 页。参见小林高四郎《蒙古族的姓氏和亲属称谓》，乌恩译，《蒙古学资料与情报》1987 年第 1 期；拉里·莫色斯《蒙古人名的命名方式》，萨仁托雅译，《蒙古学资料与情报》1991 年第 1 期；陈高华、史卫民《中国风俗通史·元代卷》，上海文艺出版社，2001，第 504 页。

2　亦邻真：《蒙古人的姓氏》，曹金成汉译，原载《内蒙古大学学报》（哲学社会科学蒙古文版）1977 年第 2 期，后收入《般若至宝：亦邻真教授学术论文集》，上海古籍出版社，2019，第 432~433 页。乌兰：《关于蒙古人的姓氏》，郝时远、罗贤佑主编《蒙元史暨民族史论集：纪念翁独健先生诞辰一百周年》，社会科学文献出版社，2006，第 101~108 页，亦收入《文献学与语文学视野下的蒙古史研究》，中国社会科学出版社，2021，第 427~435 页。

3　纳日碧力戈：《姓名论（修订版）》，社会科学文献出版社，2015，第 76~77 页。

4　符拉基米尔佐夫：《蒙古社会制度史》，刘荣焌译，中国社会科学出版社，1980，第 74 页。

一　元代蒙古人的称谓习惯

蒙元时代对蒙古社会的观察描摹中，普遍流行的观点是蒙古人"无姓"。根据南宋人彭大雅的出使报告，蒙古人"有小名而无姓字"。徐霆的观察亦相似："霆见其自上至下，只称小名，即不曾有姓。"[1] 南宋使节的观察，反映了当时蒙古人的实际情况。到了元人那里，也流行类似的看法，元代文人揭傒斯就认为蒙古人"无氏姓"。[2] 有姓与否，成为元朝官府判断一个人属蒙古人、色目人还是属汉人、南人的标准，因此元朝政府多次下令革罢有姓达鲁花赤。[3]

蒙古人仅以名行，在现实生活中难免不便。蒙古人笃列图考中了状元之后："自殿庭传呼笃列图再三，恐有同名，不敢出拜，以其氏族、祖父求之，侍仪舍人自众中引出，受袍笏拜谢。"[4] 有时为了更好地辨识身份，称呼蒙古人之时，会附加部族信息，形成"部族＋字"的称谓形式。例如生活在徽州地区的一个散只兀家族，与之交游的士人称呼他们为珊竹元卿、珊竹元振、珊竹伯

1　王国维：《黑鞑事略笺证》，《王国维遗书》第 13 册，第 7 页 b。

2　揭傒斯：《揭文安公全集》卷九《送燮元溥序》，《四部丛刊初编》影印乌程蒋氏密韵楼藏孔荭谷抄本，上海商务印书馆，1922，第 10 页 b。

3　《元典章》"有姓达鲁花赤革去""有姓达鲁花赤追夺不叙""延祐七年革后禀〔到〕诈冒求仕等例"等条，见《元典章》卷九《吏部三·官制三·投下官》《新集·吏部·官制·总例》，第 294、2044 页。

4　虞集：《雍虞先生道园类稿》卷四六《靖州路总管捏古台公墓志铭》，《中华再造善本》总第 716 种影印元刻本，北京图书馆出版社，2006，第 29 页 b。

坚、珊竹伯礼。[1] 还有"部族 + 名"的称谓形式,大部分情况下
是他称,且组合顺序并不总是相同的,比如朵儿边部蒙古人脱脱
出,时人或称之为度礼班脱脱出,或称之为脱脱出度理班公,在
形式上与汉式的姓 + 名并不完全等同。[2] 同时也存在蒙古人自称
的情况,萧启庆指出元代的另一散只兀家族——吾也而家族,其
后人多采取"珊竹 + 名"的称谓方式。《滁州新营学记》提到此
家族之人,署名为"武德将军管领汉军上千户所达鲁花赤大宁珊
竹充书"。[3] 这表明珊竹充是自称。这一家族另一成员拔不忽,汉
名介。[4] 在姓名的构成方式上,珊竹介与珊竹充类似,可推测拔
不忽也应该以珊竹介自称。类似的,还有《至正金陵新志》所载
珊竹介的兄弟珊竹八哈赤。[5] 不过,吾也而家族成员的称呼并不
都遵循上述规律。吾也而的后裔阿海、雪礼、霈呼和索隆噶台等

1　珊竹元卿,见郑玉《师山先生文集》卷九《徽泰万户府达鲁花赤珊竹公遗爱碑铭》,《中
　　华再造善本》总第 727 种,第 4 页 a;收入《全元文》第 46 册,第 394 页。珊竹元振,
　　见陶安《陶学士先生文集》卷一七《监郡珊竹元振招安记》,《稀见明史研究资料五种》
　　第 9~10 册影印明弘治十三年项经刻递修本,中华书局,2015,第 408~411 页。珊竹伯
　　坚,见郑玉《用前韵寄珊竹伯坚》,杨镰主编《全元诗》第 40 册,中华书局,2013,第
　　227 页。珊竹伯礼,见程敏政编《唐氏三先生集》卷一八唐桂芳《白云文稿》之《伯礼
　　雨笠图序》,《明别集丛刊》第 1 辑第 5 册影印明正德十三年张芹刻本,黄山书社,2013,
　　第 266~267 页。

2　嘉靖《濮州志》卷七《历宦志》、卷九元侍御史吕衍《濮州庙学记》、卷九学正马豫《濮州
　　增修宣圣庙学记》,《天一阁藏明代方志选刊续编》第 61 册,上海书店出版社,1990,第
　　515、644、648 页。

3　萧启庆:《元代蒙古人的汉学》,《内北国而外中国:蒙元史研究》,第 653 页。

4　拔不忽,汉名介,字仲清,见张伯淳《养蒙文集》卷九《上按察使珊竹仲清》,《元代珍本文
　　集汇刊》影印清抄本,"国立中央图书馆",1970,第 303 页。

5　张铉纂修《至正金陵新志》卷六下《官守题名》,《中华再造善本》总第 574 种影印元刻本,
　　北京图书馆出版社,2006,第 53 页 b。姚燧:《有元故中奉大夫江东宣慰使珊竹公神道碑铭
　　(并序)》,见第一章注释。

人，并不被时人以"珊竹 + 名（字）"相称。[1] 可见同一家族的成员并不采取同样的称谓方式；出自同一部族的不同家族，称谓方式也有差异。

　　元代名相哈剌哈孙的族孙燮理溥化，是极少数汉文化水平较高的蒙古人，他将《斡罗氏世谱》作为家族谱牒之名，斡罗（哈剌哈孙家族所出之斡罗那儿部的简称）具有家族姓氏的意味。[2] 这种做法的性质，是将蒙古部族比附为汉式"姓氏"。不过，燮理溥化的朋友揭傒斯描述蒙古人"无氏姓，故人取名之首字加其字之上，若氏姓云者，以便称谓"。[3] 不仅在揭傒斯看来，燮理溥化作为蒙古人是"无姓"的，而且时人多以燮元溥来称呼燮理溥化，而不是斡罗元溥。[4]

　　部族还常被时人比拟为地望、籍贯。元末诗人泰不华，出自蒙古伯岳吾部。《元史》本传称："泰不华字兼善，伯牙吾台氏。初名达普化，文宗赐以今名。世居白野山。"[5] 关于白野山，屠寄认为白野是蒙古语 Bayan（伯颜，意为"富"）的音译，与伯牙吾是同源词，是"因山名为氏"[6]。伯希和、韩百诗否定屠寄的观

1　《元史》卷一二〇《吾也而传》，第 2968~2969 页。《牧庵集》卷一《索隆噶台赠营国威翼公制》《萧呼封营国显公制》《姚燧集》，第 11、23 页。

2　虞集：《道园学古录》卷四〇《题斡罗氏世谱》，《四部丛刊初编》影印明翻元本，商务印书馆，1922，第 3 页 a。

3　《揭文安公全集》卷九《送燮元溥序》，第 10 页 b~11 页 a。

4　《雍虞先生道园类稿》卷一一《别燮元溥后重寄》，《中华再造善本》总第 716 种，第 16 页 b；等等。燮理溥化又被称为燮御史、燮理君，见傅习、孙存吾辑《皇元风雅》卷六应居仁《送舅氏楚山乐教授之金陵谒燮御史》，《中华再造善本》总第 740 种影印元刻本，北京图书馆出版社，2006，第 15 页 b；《道园学古录》卷八《舒城县学明伦堂记》，第 8 页 b。

5　《元史》卷一四三《泰不华传》，第 3423 页。

6　《蒙兀儿史记》卷一三一《泰不华传》，《元史二种》，第 783 页。

点，推测白野是对蒙古语 čaɣan ke'er（白色的原野）的汉语意译。[1]
问题在于，ke'er 一词（旷野、野地、野甸），元代文献常以"川"
来汉译，与"山"是对立的概念，何以既称"野"又称"山"？
将白野理解为蒙古语音译，与伯牙吾同源，可能更为合适。泰不
华自己以"白野"为地望，[2] 被别人称为"达白野""白野达兼善"
等。[3] 在这个例子中，相对于姓氏而言，白野更具有地望的意味。
类似的例子，还有《元统元年进士录》记蒙古色目进士的格式大
致为"名 + 籍贯 + 族属"。其中提到"亦速歹：贯蒙古札只剌歹
人，［见居］龙兴［路录事］司"。[4] 蒙古部族札只剌，在某种程
度上具有籍贯意味。

　　除了"部 + 名 / 字"之外，元代蒙古人的称谓还有其他方
式。拥有较高汉文化水平、为自己取有汉名的蒙古人，一般只
有名而无姓。如元末蒙古潴伲沃鳞部僧家奴，太原人，汉名钧，
字元卿。他在宋刻元修《赵清献公文集》的序中，署名为"蒙
古晋人僧家奴钧元卿"。[5] 蒙古为族属，晋为籍贯，蒙古名"僧
家奴"与汉名"钧"并称。至于女性，元代文献常称蒙古女性
曰某某氏，某某既可以是部族名，也可以是人名。钱大昕曾对

1　伯希和、韩百诗注《圣武亲征录：成吉思汗战纪》，第 108 页。
2　迺贤：《金台集》，国家图书馆藏毛氏汲古阁刻本，善本书号：12969，卷末跋文："至正九年
　　夏至日白野泰不华观于持心斋。"陶宗仪：《书史会要》卷七"大元"，徐永明点校，《元代古
　　籍集成》第 2 辑，第 177 页，泰不华"号白野"。
3　郑元祐：《侨吴集》卷七《再奉监司达白野先生书》《追荐故元帅达公亡疏》，《元代珍本文集
　　汇刊》影印清抄本，第 276、282 页。
4　萧启庆：《元代进士辑考》，中研院历史语言研究所，2012，第 58 页。
5　僧家奴：《赵清献公文集序》，南阳赵氏刻本《赵清献公集》卷首，收入《全元文》第 46 册，
　　第 207~208 页。

此产生疑惑：元代皇后"八不罕者，其名也。当书弘吉剌氏，不当云八八罕氏"。[1] 实际上"人名＋氏"这样的称谓在元代有大量的例子存在。如，汉文与回鹘体蒙文合璧《竹温台碑》记载竹温台"夫人阿答而氏"，对应的蒙古语作 qairan-tai gergei inu Adar neretei，是用蒙古语 neretei（意为"有……名字的"）来对译汉文中的"氏"。[2]

"蒙古人采用汉式字号者极多而正式采用汉姓汉名者甚少。"[3] 史料中的确存在一些有汉姓的蒙古人，其汉姓往往来自祖先名字。《元史·良吏传》记载："谙都剌字瑞芝，凯烈氏。祖阿思兰，尝从大将阿术伐宋，仕至冀宁路达鲁花赤，子孙因其名兰，遂以兰为氏。"[4] 出自克烈部（凯烈）的谙都剌家族，其姓氏并不从部族而来，而是从祖先的名字译音而来。直理吉部（即只儿斤部）人宴琥的情况与此类似。宴琥是蒙古开国初期大将宴彻的曾孙，"指曾祖讳为姓"。[5] 可见其"宴"是从宴彻之名而来。又如《忽失歹神道碑》提到成吉思汗征金时，忽失歹之父朵忽朗"尝□□□利粮饷弗继，计不知出，公于□钵堂干馈以进。上□悦，

1　钱大昕：《廿二史考异》卷八七《元史二·泰定帝纪一》，下册，第 1222~1223 页。八不罕与八八罕为同名异译。

2　Francis Woodman Cleaves, "The Sino-Mongolian Inscription of 1338 in Memory of Jiguntei," *Harvard Journal of Asiatic Studies*, Vol. 14, No. 1/2. (1951), p. 55.

3　关于元代蒙古人取汉姓的情况，参见萧启庆《内北国而外中国：蒙元史研究》，第 686~690 页。

4　《元史》卷一九二《良吏传》，第 4364~4365 页。

5　郑真：《荥阳外史集》卷四七《蒙古直理吉氏家传》，日本静嘉堂文库藏抄本。此系刘晓老师提示并惠赐史料原文，谨致谢忱！《家传》中提到的人物和史事，见萧启庆的考证，《内北国而外中国：蒙元史研究》，第 598 页；曹金成《政治体视角下的元代蒙古认同》，博士学位论文，北京大学，2018，第 95 页。

遂赐姓何氏焉。盖盒何同音故也"。[1] 成吉思汗并不懂汉语，碑中记成吉思汗以"盒""何"同音之故，赐蒙古人以汉姓，显然出于撰碑汉人文士之附会。这一家族"何"姓的由来，当来自忽失歹一名。还有一些蒙古人的汉姓，既不是来自所出之部族，也不是来自祖先名号的音译。如蒙古人张信因其曾祖母为辇遮氏，译言张姓，遂以为姓。[2] 元代剧作家蒙古人杨讷，"因从姐夫杨镇抚，人以'杨'姓称之"。[3] 到了明代，"国初平定，凡蒙古、色目人散处诸州者，多已更姓易名，杂处民间"。[4] 元亡之后散居中原的蒙古人采用纯粹的汉姓，也多来自人名音译。比如，据河南孟津发现的《李氏家谱》，李氏自称源于木华黎六世孙——松江府达鲁花赤咬儿。在元亡之后，"从木从子，志所自也"，改姓为李。李姓由来，与木华黎家族所出的札剌亦儿部无关，而是来自木华黎之名。[5] 又如明代翰林院的蒙古编修火你赤，改取汉式姓名"霍庄"，"霍"姓来自其蒙古语名的音译。[6]

1　村岡倫「山西省夏県廟前鎮楊村『忽失歹碑』について」『13、14 世紀東アジア史料通信』12 号、2010。《大元增朝列大夫龙兴路富州达鲁花赤口都尉追封陇西郡伯忽失歹公神道碑并铭》，见山西省考古研究所编《山西碑碣》，山西人民出版社，1997，第 310~312 页。

2　萧启庆：《内北国而外中国：蒙元史研究》，第 599 页。

3　孙楷第：《元曲家考略》，上海古籍出版社，1981，第 43 页。

4　丘濬：《内夏外夷之限》，陈子龙等辑《明经世文编》卷七三，中华书局，1962，第 615 页。入明的蒙古人急于改变身份认同而取汉姓的情况，参见萧启庆《内北国而外中国：蒙元史研究》，第 703~705 页。

5　萧启庆：《内北国而外中国：蒙元史研究》，第 705 页。类似的如清代《脱氏宗谱》称脱氏为元丞相脱脱后裔，参见刘伺主编《辽宁回族家谱选编》，天津古籍出版社，1992，第 51~54 页。

6　参见 Paul Pelliot, "Le Ḫōja et le Sayyid Ḥusain de l'Histoire des Ming," *T'oung Pao*, Second Series, Vol. 38, Livr. 2/5 (1948), p.231。亦见 Henry Serruys, *The Mongols in China during the Hung-wu Period (1368-1398)*, PhD. Dissertation, Columbia University, 1955, p. 197.

　　不仅同一部族之人汉姓可以不同，"同姓"也不限于同一部族。元代珊竹部人自认为与成吉思汗家族同出一源，史料对二者的关系是这样表述的，"展我同姓，岂伊异人""率土之臣，莫如同姓"。[1] 据此，珊竹部人与成吉思汗家族是"同姓"的关系。这里的"同姓"，显然不是部族或所谓"氏族"的对等物。珊竹部人强调自身"与国家同源而殊流""其先盖与国家同出""同出于天潢"。[2] 根据《史集》《元朝秘史》等史籍关于蒙古早期史的记载，珊竹部人与成吉思汗同属阿阑豁阿的后裔。这就意味着在珊竹部人眼中，由阿阑豁阿的后裔衍生出的各部都是"同姓"的关系。

　　上述例子旨在说明，如果在蒙古社会中存在汉语语境中"姓氏"的完全对等概念，蒙古人就无须重新制造"姓氏"。恰恰相反，蒙古人通过多种途径制造"姓氏"，部族并不能自动地与"姓氏"画上等号。近代的汉译蒙古姓也存在类似的情况："根据其祖父或父亲的名字来给自己造一个汉姓，具体方法一般是将其祖父或父亲名字的第一音节音译为汉姓。"[3]

　　元代的文人学士在奏议、策问中，特别关注到国人（即蒙古人）"姓氏不立"的情况，屡屡发出复兴谱牒之学的呼吁，这形成一个值得注意的社会现象。复兴谱牒之学的动机，不仅在于防

1　《姚文公牧庵集》之《元帅乌野而封谥制》《元帅纽邻赠谥制》，第6~7页，参见第一章注释。

2　上引姚燧《有元故中奉大夫江东宣慰使珊竹公神道碑铭（并序）》《散周氏塔塔尔赠蜀国武定公制》、郑玉《徽泰万户府达鲁赤珊竹公遗爱碑铭》，参见第一章注释。

3　乌兰：《关于蒙古人的姓氏》，郝时远、罗贤佑主编《蒙元史暨民族史论集：纪念翁独健先生诞辰一百周年》，第106页。

止冒伪国族，[1] 更在于明姓氏、别贵贱。后者成为元代有识之士的普遍诉求。王恽《乌台笔补·请明国朝姓氏状》提到"诚宜区别亲疏，使贵贱之间，各有攸序"。[2] 贡师泰《中山世家序》云："夫姓氏之别，汉、魏以来代有其书，迨隋、唐而大备。……至于我朝奄有海宇，姓氏之蕃，方之隋、唐，奚翅十倍。且勋宗德阀，类皆不以氏称，其名讳又多复出，非假谱牒图籍，则一代之文献，将何所征哉！"[3] 类似的还有吴师道《乡校堂试策问》云："今之蒙古、色目，虽族属有分，而姓氏不立，并以名行，贵贱混淆，前后复杂，国家未有明制。抑以为若此者未足害治欤？抑敦尚淳质而不变革欤？"[4]《元史·小云石海涯传》记载贯云石在仁宗即位时"上疏条六事"，其中就有一条曰"表姓氏以旌勋胄"，[5] 但具体内容不详。从标题上看，上疏的内容应与贡师泰、吴师道等人的呼吁相似。

总之，姓氏依照其基本含义和社会功能，应该是有意识的自称，具有家族传承性。[6] 蒙元时代的蒙古人，在绝大多数情况下，没有材料表明他们拥有姓氏。一些具有较高汉文化水平的蒙古人，选择了部族作为姓氏的比附。除姓氏之外，部族还被时人比

1　曹金成：《政治体视角下的元代蒙古认同》，第 121 页。

2　王恽：《秋涧先生大全文集》卷八五《乌台笔补》"请明国朝姓氏状"，《四部丛刊初编》影印明翻元本，商务印书馆，1922，第 3 页 b。

3　贡奎、贡师泰、贡性之：《贡氏三家集》，邱居里、赵文友校点，吉林文史出版社，2010，第 289 页。

4　吴师道：《吴正传先生文集》卷一九《乡校堂试策问》，《元代珍本文集汇刊》影印明抄本，第 581 页。

5　《元史》卷一四三《小云石海涯传》，第 3422 页。

6　姓名区分身份的功能，参见纳日碧力戈《姓名论（修订版）》，第 159~161 页。

拟为地望、籍贯。出于不同部族的蒙古人，也可以自认为是"同姓"的关系。少数汉化程度较深的蒙古人，借用了汉文化传统中的称谓习俗，制造自身的姓名。姓氏的来源是多样化的，有相当多的例子是以祖先姓名的音译为姓。至于女性，常见以名为氏的情况。元人不同族群的文人学士，已经意识到蒙古人无姓氏造成了混淆和不便。复兴谱牒之学的呼吁，针对的就是"姓氏不立，并以名行，贵贱混淆"的情况。谱牒强化的是贵贱亲疏之别，而不是族群之分。出自同一部族的蒙古人甚夥，倘若姓氏是部族的对等概念，那么强调姓氏之别，并不能区别同一部族中的贵族与普通蒙古人。

　　回到本章开头的问题，姓氏与部族在《秘史》中对应于两个不同的词语：斡孛黑（obuɣ）和阿亦马黑（aimaɣ），具体到某部，则用某"种"来对译。[1] 如果说在当时的蒙古社会中，每个爱马（阿亦马黑）都是由若干斡孛黑构成，每个蒙古人都清楚地知道自身归属的斡孛黑名称，那么反映在汉文史料中，蒙古人应该自然地将各自所属的斡孛黑作为自己的姓。在"血缘社会"理论中构成蒙古社会的基础要素——氏族（斡孛黑），为什么反而在元代史料中不见踪迹了？这就令我们反思斡孛黑究竟是什么。《秘史》中的斡孛黑，除个别外，绝大部分出现在成吉思汗先祖

1　栗林均編「『元朝秘史』モンゴル語漢字音訳・傍訳漢語対照語彙」東北大学東北アジア研究センター、2009、42、326。栗林均編「『元朝秘史』傍訳漢語索引」東北大学東北アジア研究センター、2012、541。其他元代史料中，也以"斡孛黑"来译"姓"，见 *Mongolian Monuments in Uighur-Mongolian Script (XIII-XVI Centuries)*, edited by D. Tumurtogoo, with the collaboration of G. Cecegdari, Taipei: Institute of Linguistics, Academia Sinica, 2006, p. 490。

故事中，某部起源于某人，即成为某斡孛黑。《史集》称蒙古人
"各个分支渐以某个名称著称，并成为一个单独的斡巴黑；斡巴
黑［一词系指］属于某支和某氏族的那些人"。[1]《五世系》中用
斡孛黑（ūbāgh）来指称某部族中的某分支。[2] 值得注意的是，有
的斡孛黑出现的时间很晚。《秘史》记载成吉思汗的堂兄弟薛扯
别乞和台出二人号为"禹儿乞"，成吉思汗的伯父蒙格秃·乞颜
的子孙号为"敞失兀惕"，都是成吉思汗时代才出现的新的斡孛
黑。[3]"答禄"是乃蛮部的分支之一，《元史》记载，抄思"乃蛮部
人。又号曰答禄。其先泰阳，为乃蛮部主。祖曲书律。父敞温。
太祖举兵讨不庭，曲书律失其部落，敞温奔契丹卒"。[4] 抄思是著
名的太阳罕（泰阳）、屈出律（曲书律）父子的后代。乃蛮部中
包含多个分支，据《秘史》不亦鲁黑汗为乃蛮分支古出古惕，[5] 据
《抄思传》太阳罕为乃蛮分支答禄。不亦鲁黑汗与太阳罕其实是
两兄弟，因为关系不睦而各自为政。[6] 新的斡孛黑晚至成吉思汗
时代才出现，这一现象显然与从氏族到部落、从血缘到地缘的线
性发展模型相悖。在此模型中，氏族其实已脱离了古代社会中的
原本含义，变成介于血缘组织与地缘组织之间的理论概念。真实
的情况应该是，在草原政权中，只有那些确立起统治地位的家族

1 《史集》汉译本第一卷第一分册，第 257 页。
2 *Shu'ab-i Panjgāna*,ff. 105b-106a.
3 《元朝秘史）校勘本》第 49、120 节，第 15~16、99 页；《蒙古秘史》，余大钧译本，第 40、
  139 页。《史集》汉译本第一卷第一分册，第 130 页。
4 《元史》卷一二一《抄思传》，第 2993 页。
5 《蒙古秘史》，余大钧译本，第 182 页。
6 《史集》汉译本第一卷第一分册，第 227~228 页。

才得以创建并传承某斡孛黑的名号，人们用这一名号来代称其家族的所有部众。普通草原民众当然有着自己的家族，但这些家族并不是政治意义上的斡孛黑。在草原政权纷纷自立、攻伐不已的情况下，一批批新的斡孛黑出现，这是成吉思汗崛起的历史背景。

　　理解了成吉思汗时代的斡孛黑，才能解释为什么元代的蒙古人中只有极少数以某部的某一分支之名作为家族姓氏。抄思家族后裔具有较高的汉文化水平，采取了"答禄 + 汉名"的姓名构成方式，包括答禄文圭、答禄守恭、答禄守礼、答禄与权。[1] 这是因为抄思家族曾经的辉煌历史，还在后人的记忆中留存。迺贤《答禄将军射虎行》一诗，是为抄思曾孙答禄与权而作，夸赞了答禄家族"世为乃蛮部主"的过往。[2] 元末福建平章普化帖木儿，也是答鲁乃蛮人，字兼善。时人多以普平章、普大夫、普公兼善等称之。普化帖木儿，应该并非太阳罕后裔，其家族始祖只能追溯至窝阔台时代。[3] "答禄"之称，对这一家族来讲，并不像抄思家族那样承载着显赫的家族历史。等而下之，在贵贱有差的社会秩序中，在那些身处底层的普通蒙古人身上，斡孛黑（或者说姓）失去了存在的意义，更不要说普通蒙古女性了。

1　答禄文圭，见方回《题答禄章瑞净香亭》，收入《全元诗》第 6 册，第 521 页。答禄守恭、答禄守礼，见黄溍《金华黄先生文集》卷二八《答禄乃蛮氏先茔碑》，《中华再造善本》总第 723 种影印上海图书馆藏元刻本，北京图书馆出版社，2005，第 16 页 a。答禄与权事迹较多，参见杨镰《答禄与权事迹勾沉》，《新疆大学学报》1993 年第 4 期。

2　顾嗣立编《元诗选初集》戊集迺贤《答禄将军射虎行并序》，中华书局，1987，第 1468 页。

3　《元史》卷一四〇《达识帖睦迩传附普化帖木儿传》，第 3378 页；贡师泰：《中山世家序》，《贡氏三家集》，第 289 页。

二 "帝姓"孛儿只斤的制造

本节聚焦于元代最重要的"姓"——成吉思汗家族姓氏。普遍认为，孛儿只斤是黄金家族的姓氏。蒙元史料中，孛儿只斤所指范围有二：一是泛指孛端察儿的后人，见于《元朝秘史》《史集》等史料；[1]二是专指成吉思汗之父也速该的子孙（即乞牙惕孛儿只斤），仅见于《史集·部族志》。[2]后一孛儿只斤被广泛认为是黄金家族的姓氏。作为一朝"国姓"，孛儿只斤在元代文献中却很少出现。这种状况是如何造成的，元人又是如何看待本朝国姓的？作为成吉思汗家族"姓氏"的孛儿只斤，值得从观念史的角度进行再考察。

见载于元代汉文史料的黄金家族"姓氏"不是孛儿只斤，而是奇渥温。《元史·太祖纪》和《南村辍耕录·列圣授受正统》都记载成吉思汗家族的姓氏是奇渥温："太祖法天启运圣武皇帝，讳铁木真，姓奇渥温氏，蒙古部人。""烈祖神元皇帝讳也速该。姓奇渥温氏。"[3]奇渥温即乞颜（蒙古语 Kiyan/Kiyat）的异译。[4]

虽然元代译名用字具有很大的不确定性，但是有证据表

---

1 曹金成认为"孛儿只斤"一词在蒙元文献中比较罕见，《秘史》中所说孛端察儿后代为孛儿只斤氏，或许是后人为了独尊孛端察儿一系而加以改造的结果（《元代"黄金家族"称号新考》，《历史研究》2021 年第 4 期）。

2 《史集》汉译本第一卷第一分册，第 260 页。

3 《元史》卷一《太祖纪》，第 1 页；《南村辍耕录》卷一《列圣授受正统》，第 9 页。

4 从审音勘同角度讲，奇渥温与 Kiyan 之间差异较大，《蒙古源流》作"乞由"（详下），元人何以采用奇渥温这一译法，待考。

明，奇渥温这一译法，在元代早期就确定了下来。陈桱《通鉴
续编》称阿阑豁阿生子曰吉押。[1]吉押，即奇渥温（乞颜）。《通
鉴续编》的这段文字很可能来自元代的《太祖实录》，可以推
知，在陈桱所引《太祖实录》中，乞颜的译法尚未最终确定为奇
渥温。元代名臣耶律铸的墓志铭记载耶律铸娶"也里可温真氏、
赤帖吉真氏、雪尼真氏、奇渥温真氏二人、瓮吉剌真氏"。耶律
铸夫人《故郡夫人奇渥温氏墓志铭》云："郡主夫人，姓奇渥温
氏，小字琐真，斡真大王女孙，捏木儿图大王幼女，塔察儿大王
从妹也。"[2]奇渥温氏琐真是东道诸王之女、黄金家族的公主，琐
真为名，奇渥温为姓氏。耶律铸夫妇墓志立石是在至元二十二年
（1285），墓志的写作时间还要早于立石时间。耶律铸夫妇墓志中
奇渥温的译法与《元史》一致，这并不是巧合。据《元史·耶律
铸传》，至元十三年（1276），世祖诏耶律铸监修国史。[3]可以想
见，在耶律铸监修国史之时，黄金家族为奇渥温氏的记载见于国
史，奇渥温的译法确定下来并为耶律铸所知悉。

　　元朝之外，其他汗国的蒙古人中间也有乞牙惕人。《完者都
史》记载，1310年金帐汗国月即别汗派出一位使节来到伊利汗
国的桃李寺城。他的名字叫作阿黑不花，出自乞牙惕氏。伊利
汗国的异密忽辛驸马举办宴会接待他，忽辛是成吉思汗功臣、
札剌亦儿部拙赤·答儿马剌的后裔。席间，两人因琐事起了争

1　《通鉴续编》卷一九，日本内阁文库藏元刻本，第21页a。
2　墓志录文及研究见刘晓《耶律铸夫妇墓志札记》，《暨南史学》第3辑，暨南大学出版社，2004，第144~154页。
3　《元史》卷一四六《耶律铸传》，第3465页。

执，阿黑不花怒骂："既然你是 Qānjūnī 的斡脱古·孛斡勒，为何让我给你拿杯子？你们忘记了札撒，远离了古老的约孙，忘记了礼貌、理智和文化，古列坚依据惯例应该奴隶般地服务于兀鲁黑，双脚站立。"忽辛回怼："异密，你现在是在出使，而不是在执行成吉思汗兀鲁黑家族（原文为骨头）的札撒。"[1] 尽管忽辛在伊利汗国位高权重，但阿黑不花还是因自己乞牙惕氏的高贵出身而蔑视他。阿黑不花的倨傲，与金帐汗国的乞牙惕部势力甚盛有关。[2] 相比之下，伊利汗国则仅有个别异密出自乞牙惕部。[3]

乞牙惕，根据波斯宰相拉施特所修《史集》的记载，指的是成吉思汗先祖中第一位拥有"汗"称号的合不勒汗诸子，衍生出禹儿乞、泰赤乌诸部，其所指范围要远大于也速该子孙。[4] 与专指成吉思汗家族的孛儿只斤相比，乞牙惕凸显成吉思汗家族独特地位的作用要弱得多。但《通鉴续编》和《元史》所反映的《太祖实录》，对孛儿只斤未有丝毫提及。如果孛儿只斤是公认的帝室姓氏，很难想象如此重要的信息会在《实录》中缺失。《史集》成书的时间相当于元朝中叶，比《通鉴续编》所引《太祖实录》、耶律铸监修之国史的纂修时间要晚。《史集》也仅在《部族志》

---

1 Abū al-Qāsim 'Abd Allāh b. Muḥammad Qāshānī, *Tārīkh-i Ūljāytū*, ed. by Mahīn Hambalī, Tihrān: Bungāh-i Tarjuma va Nashr-i Kitāb, 1969, p. 175. Qānjūnī (قانجونی)，波斯文校勘本认为词义不明，日译本认为是 Qārachū（蒙古语"合剌出"，"下民"之意），见大塚修、赤坂恒明、高木小苗、水上遼、渡部良子訳註『カーシャーニー オルジェイトゥ史』名古屋大学出版会、2022、第323頁。

2 Maria Ivanics, "Memories of Statehood in the Defter-i Genghis-Name," in *Golden Horde Review*, 2016, Vol. 4, No. 3, pp. 570-579.

3 *Shu'ab-i Panjgāna*, f.148b.

4 《史集》汉译本第一卷第一分册，第259页；《〈元朝秘史〉校勘本》第48节，第15页。

一处提到也速该后裔被称为孛儿只斤，在《成吉思汗纪》中并未提及。[1] 而且在拉施特修撰的成吉思汗家族系谱《五世系》之 "蒙古世系" 中，也未提到孛儿只斤。《五世系》"蒙古世系" 是专门的黄金家族谱牒之书，"帝姓" 孛儿只斤在皇家玉牒中并未出现，令人生疑。

蒙元时代，孛儿只斤在文献中非常罕见。与此不同的是，在蒙元时代之后，孛儿只斤广泛见载于蒙古文史书。如 17 世纪成书的《蒙古源流》记载，为儿子铁木真娶妻的也速该，遇到德薛禅。德薛禅对他说："乞由氏的孛儿只斤姓亲家，[你] 到哪里去啊？""我们自古以来，姿色秀丽的姑娘，嫁与富有的孛儿只斤作哈屯，性情贤顺的姑娘，嫁与天命所归的孛儿只斤作哈屯。"[2] 这段内容，在《秘史》中作："德薛禅问说也速该亲家你往那里去。也速该说我往这儿子母舅斡勒ᆟ忽讷氏索女子去。德薛禅说……原来你今日将这儿子来应了我的梦。必是你乞颜人的吉兆。"[3]《秘史》在这段记载中并未提到孛儿只斤，对应于《蒙古源流》中孛儿只斤一词的位置，《秘史》作乞颜，而且《蒙古源流》对孛儿只斤

1　《史集·部族志》记载 "孛儿只斤" 起源于突厥语词 "蓝眼睛的人"，如何成为蒙古皇室的 "姓氏"，难以理解。围绕着 "孛儿只斤" 词源的争议，参见罗伊果的研究述评（Igor de Rachewiltz, *The Secret History of the Mongols: A Mongolian Epic Chronicle of the Thirteenth Century*, Leiden·Boston: Brill, 2004, p. 238）。其中，德福等人认为，拉施特的说法并不可靠，孛儿只斤起源于蒙古语 borji（野鸭）一词（G. Doerfer, *Türkische und Mongolische Elemente im Neupersischen*, Band I, Wiesbaden, pp. 221-224）。

2　乌兰:《〈蒙古源流〉研究》，辽宁民族出版社，2000，第 145~146 页。类似的记载见朱风、贾敬颜译《汉译蒙古黄金史纲》，内蒙古人民出版社，2007，第 9 页；乌云毕力格《〈阿萨喇克其史〉研究》，中央民族大学出版社，2009，第 83 页；格日乐译注《黄史》，内蒙古教育出版社，2007，第 19 页。

3　《〈元朝秘史〉校勘本》第 62、63 节，第 22 页。

"富有""天命所归"的强调，为《秘史》所无。《蒙古源流》在相应的部分，用孛儿只斤替换了乞颜。可以对比的是，同为17世纪成书的罗桑丹津《黄金史》，可能利用了元朝脱卜赤颜流传到蒙古草原的某种本子，其与《秘史》的关系较《蒙古源流》等书更近。[1]《黄金史》相应部分只提到乞牙惕，不见孛儿只斤。[2]可见《蒙古源流》等史籍对孛儿只斤（也速该子孙）地位的强调，并不能反映蒙元时期的旧貌，乃是出于后人的追述。

在元代，孛儿只斤一直未纳入汉人的知识领域。元代汉文史料中，不仅没有提到黄金家族的姓氏是孛儿只斤，而且时人就黄金家族的姓氏产生了不少疑惑。宋末元初的郑思肖云："今鞑主亦无姓，尝遽然僭诳曰：'俺亦姓赵。'"[3]赵姓之说，显然不可信。不过还是能够看出，郑思肖其实并不知晓蒙元帝姓。前引元人王恽《乌台笔补·请明国朝姓氏状》云："盖闻自古有国之君，皆推原世系，以明姓氏。如轩辕以有熊为氏，帝尧以陶唐为氏，夏以姒，商以子，周以姬，亡辽以耶律姓，残金以完颜姓是也。伏惟圣朝奄有区宇六十余载，际天所覆，罔不臣属。而又礼文制度，粲然一新。钦惟国朝姓氏，广大徽赫，远降自天。今辉潜未发，无以启悟臣民视听之愿，兼体知得有亲散赐姓等氏。诚宜区别亲疏，使贵贱之间各有攸序。"[4]类比有熊、陶唐、耶律、完颜

1　乌兰：《从新现蒙古文残叶看罗桑丹津〈黄金史〉与〈元朝秘史〉之关系》，原载《西域历史语言研究集刊》第4辑，科学出版社，2010，第171~180页，后收入《文献学与语文学视野下的蒙古史研究》，第242~254页。

2　罗桑丹津：《蒙古黄金史》，色道尔吉译，蒙古学出版社，1993，第27页。

3　《心史·大义略叙》，《北京图书馆古籍珍本丛刊》第90册，第982页。

4　见前引王恽《乌台笔补》。

等姓氏，可知王恽所谓"国朝姓氏"，指的是作为元代统治者的成吉思汗家族姓氏。"今辉潜未发"，表明当时黄金家族的姓氏并不为人所知。《乌台笔补》汇集了王恽任职御史台时的言事文稿，作为御史台官员的王恽尚无法弄清当朝国姓，可见唯有前文提到的耶律铸这样任大必阇赤、监修国史者，才有机会接触到与国姓有关的信息。

王恽建言将国姓昭告四方，但似乎未被朝廷采纳。元末权衡《庚申外史》云："蒙古以鞑靼氏为父，翁吉剌、伯牙吾氏为母，家法相承至七八传矣。"[1] 这里的"蒙古"，专指元朝帝室。如果时人知晓元朝帝室的姓氏，就不会出现"以鞑靼氏为父"这一并不准确的说法。元末明初成书的《草木子》也记载："达达即鞑靼，耶律即契丹，大金即完颜氏。"[2] 耶律即契丹、大金即完颜，解释的是辽金两政权的帝室姓氏。依此类推，达达即鞑靼，说明在时人看来元朝帝室等同于鞑靼，鞑靼的性质就相当于耶律和完颜。《草木子》又云"元为札剌儿氏"[3]，误把木华黎家族所出之部当作元朝帝姓。这些记载显然与实际不符。从权衡和叶子奇的例子可知，元末人并不知晓本朝帝姓。明初，明太祖朱元璋《与元幼主书》称"尔国之俗，素无姓氏"，[4] 当然包括元朝皇室在内。

1　权衡撰，任崇岳笺证《庚申外史笺证》，中州古籍出版社，1991，第118页。蒙古，《笺证》误作蒙史，据《宝颜堂秘笈》本、《四库全书存目丛书》影印苏州图书馆藏明抄本、《续修四库全书》影印南京图书馆藏清雍正传抄本、《学海类编》本、《海山仙馆丛书》本、《丛书集成初编》排印《学津讨原》本改。

2　叶子奇：《草木子》卷四下《杂俎篇》，中华书局，1959，第83页。

3　《草木子》卷三下《杂制篇》，第63页。

4　钱伯城等主编《全明文》第1册，上海古籍出版社，1992，第403页。

因此，可以明确的是，蒙元时代早期的史料，尚未强调孛儿只斤专指成吉思汗家族的属性，而是以孛端察儿后人的泛称"乞颜"来涵盖黄金家族的范围。此后，专指成吉思汗家族的孛儿只斤被发掘并加以强调，在明清蒙古史籍中大量出现，孛儿只斤氏的天命地位愈加凸显。

部族是蒙古人表明自身何所从来的重要指征，但是从严格意义上讲，蒙元史料只是泛称成吉思汗家族出自蒙古部，并没有具体到蒙古中的哪一部。蒙古社会中并不存在汉文化语境中姓氏的完全对等物，但孛儿只斤却承载着元朝帝室姓氏的实际功能。成吉思汗家族在这些方面表现出种种特殊性，较为合理的解释是，帝姓孛儿只斤并不是蒙古社会习俗影响下的自然衍生物，而是在统治家族的政治需要之下产生的。成吉思汗先祖曾经归属于何部，蒙元史料中已没有踪迹。在成吉思汗家族成为统治家族之后，需要专门的名号来指称自身。将孛端察儿后裔的泛称孛儿只斤作为自己的专称，成吉思汗家族拉近了与传说中的先祖孛端察儿的距离。进一步地，孛儿只斤专指也速该后人，就连成吉思汗的叔伯等家族支脉也与孛儿只斤毫无关系。也速该后裔的范围，即成吉思汗子孙及成吉思汗诸弟的后人，这也是蒙元宗室的范围。孛儿只斤与蒙元宗室范围的重合，更印证了孛儿只斤的"制造"，是出于成吉思汗家族特殊化、神圣化的需要。在蒙元时代之后，对草原上的蒙古人而言，证明成吉思汗后裔身份的需要变得越来越迫切，孛儿只斤的观念也就变得愈加流行。

小　结

蒙元时代人们观察、记录蒙古社会时，常注意到蒙古人"无姓"的现象，与此同时，黄金家族却有自己的姓氏——孛儿只斤。本章的写作，旨在解释这一矛盾。在贵贱有差的草原社会中，尽管每个蒙古人都有自己的家族，但是拥有特定称号的斡孛黑应该仅由统治家族创立。从这个意义上讲，当时的蒙古社会并不存在汉文化语境中姓氏的完全对等概念，因而出现在元代汉文史料中的蒙古人的称呼是多样的。其中，有用部族来比拟姓氏的，还有通过其他方式制造姓氏的，而大多数情况下是有名而无姓的。孛儿只斤成为元代帝室姓氏，需要从其产生与流传的过程来理解。"帝姓"的实质，是黄金家族的身份表征。"制造"孛儿只斤姓氏的目的，是将黄金家族特殊化与神圣化。孛儿只斤与蒙元宗室范围的重合，表明帝姓的制造满足了确定成吉思汗后裔身份的迫切需要。这体现了统治家族定义自我、表达自我的独特路径。

第四章　元代蒙古人的"家史"书写

　　上一章探讨蒙古人的姓氏，涉及成吉思汗家族对历史记忆的改造。蒙元史料中呈现的蒙古人的祖先记忆，当然与统治家族有着密切的关系。苍狼白鹿、感光生子等传说故事广为流传，研究者对这些传说故事十分关注，韩儒林、亦邻真等学者都曾专门撰文分析传说背后的北方草原传统并考辨族源，[1]姚大力、钟焓等学者在综合多语种文献记载的基础上，拆解、追溯传说的不同要

1　韩儒林:《突厥蒙古之祖先传说》，原载《北平研究院史学研究所集刊》第4卷，1940，后收入《穹庐集》，第325~350页；亦邻真:《中国北方民族与蒙古族源》，《亦邻真蒙古学文集》，第544~582页。

素，阐释出蒙古人如何利用这些要素重塑族源观念。[1] 上述故事见载于《元朝秘史》《元史》等史籍中，围绕蒙古人何所从来的问题，以成吉思汗家族为中心视角，提供了官方性质的解释。成吉思汗家族之外，一般的蒙古人对于自身祖先有着怎样的历史记忆，却很少受到关注。这些"个体之声"，常被"集团之声"所埋没，在史料里仅留下零星记载。将这些珍贵的片段搜集起来，与见载于"国史"的祖先传说进行对比，可以揭示出不同于现有认知的历史记忆面貌。在自身何所从来的问题上，具有官方性质的史料中体现的族群历史记忆与更具民间性质的碑传谱牒中的祖源书写呈现出怎样的关系？这是本章试图回答的问题。

一　"家史"中祖源故事的相对独立性

蒙古人的家族历史记忆中，祖源传说和起源地是两大要素。无论是祖源传说还是起源地，元代蒙古人个体的祖先记忆，与为人熟悉的见载于《秘史》等史籍的起源传说，并不总是一致的。广义上讲，为元代蒙古人所熟悉的蒙古开国历史，都可以纳入"国史"的范畴。相较于所谓"国史"而言，"家史"具有相对的独立性，反映出蒙古人祖先记忆的复杂面貌。

根据《元史》等史料记载，成吉思汗的十世祖名曰孛端察儿。这一人名也见于蒙古阿儿剌部博尔朮家族的传记资料。《太

1　姚大力：《"狼生"传说与早期蒙古部族的构成——与突厥先世史的比较》，《北方民族史十论》，第141~163页；钟焓：《中古时期蒙古人的另一种祖先蒙难叙事——"七位幸免于难的脱险者"传说解析》，《历史研究》2016年第3期，第59~76页。

师广平贞宪王碑》记载这一家族"始祖孛端察儿，以才武雄朔方。曾祖纳忽阿儿阑，所居与烈祖神元皇帝接境，素敦仁里之好"。[1] 博尔朮家族尽管将始祖上溯至孛端察儿，但是并未提及孛端察儿同时也是成吉思汗的祖先。这一家族回顾其与成吉思汗的关系，最早起始于曾祖纳忽阿儿阑与成吉思汗之父也速该（即碑中的烈祖神元皇帝）相邻而居。如果说博尔朮家族知晓其与成吉思汗有着共同的祖先，恐怕不会丝毫不提他们与天潢同宗的荣耀。对于这种反常的"沉默"，合理的解释是，在博尔朮家族中，的确流传着先祖是孛端察儿的传说，但是他们并不知晓孛端察儿的祖先传说也为成吉思汗家族所采纳。

回溯部族起源的真实情况，在大蒙古国建立之前，阿儿剌部等蒙古各部有着相对独立的祖源传说，这些传说无疑是以自身先祖为核心的，而不可能以当时尚籍籍无名的成吉思汗家族为叙述中心。我们现在看到的黄金家族的绵长世系，是成吉思汗家族确立统治地位以后，从流传于草原的某些祖源传说中，吸收了种种传说原型，并将传说中的祖先纳入黄金家族先祖序列之中建构出来的，即使到了元代，也并不为蒙古人全部知晓。在博尔朮家族的知识范围之内，孛端察儿仍只是传说中的自家始祖。普通蒙古人并不知晓，在"国史"构筑出的成吉思汗家族绵长世系中，他们可能与成吉思汗家族"共享"某位先祖。

除祖源故事之外，"国史"中的蒙古起源传说，还包含另一要素，那就是祖先起源地。共同祖先起源观念认为，族群的共同

1　《元文类》卷二三阎复《太师广平贞宪王碑》，第 423 页。

祖先发源于某一特定地点，进而这一特定地点具有了祖源之地的神圣意味。[1] 较为知名的例子是，清朝的统治家族自称起源于长白山，受此影响，清代满洲人普遍地将自己的籍贯标注为"长白"。[2] 在蒙元时代，是否也存在类似的情况？《元朝秘史》开篇记载，苍狼白鹿来到不儿罕山，成吉思汗先祖在此繁衍。《史集》则记载蒙古人的祖先，都是在额儿古涅昆避难的两男两女的后代。那么，普通蒙古人观念中的祖源地，与不儿罕山或额儿古涅昆有无关系？

在提及自身籍贯之时，蒙古人多使用北方或北方某一地区的泛称，包括朔方、龙沙、云中等。[3] 只在极少数情况下，蒙古人才会具体地提及自己的祖源地。如木华黎家族自称世居阿难水东，阿难水即斡难河。[4]《忽失歹神道碑》提到忽失歹家族世居龙池河。[5]《爱不哥察儿神道碑》称："若达德履台氏者，在和林之外千余里，以畜牧为富，以力勇为雄，世有都剌合之地，自推其豪为部长。"[6] 乃蛮人关关墓碑记载："若（夫）〔乃〕蛮氏，其先有国在安台，今阴山也。"[7] 这些具体的祖源地，都与我们熟知的蒙古

1　Anthony D. Smith, *The Ethnic Origins of Nations,* Oxford: Blackwell, 1986, p.28.

2　孙静：《"满洲"民族共同体形成历程》，辽宁民族出版社，2008，第 152、186~189 页。

3　参萧启庆《元代进士辑考》，第 311 页。

4　《元史》卷一一九《木华黎传》，第 2929 页。

5　村冈伦「山西省夏県廟前鎮楊村『忽失歹碑』について」『13、14 世紀東アジア史料通信』12 号、2010。《大元增朝列大夫龙兴路富州达花赤口都尉追封陇西郡伯忽失歹公神道碑并铭》，见山西省考古研究所编《山西碑碣》，第 310~312 页。

6　刘岳申：《申斋刘先生文集》卷八《大元宣武将军韶州路达鲁花赤爱不哥察儿公神道碑》，国家图书馆藏陆香圃三间草堂丛书本，善本书号：06199，第 14 页 a~b。都剌合，《元代珍本文集汇刊》影印明抄本作都陕合（第 369~370 页），此抄本中"剌"字多刻作"陕"。

7　顺治《温县志》卷上《元功臣关关墓碑铭》，《清代孤本方志选》第 2 辑第 7 册，线装书局，2001，第 48 页。

起源传说中的祖源地额尔古纳河或者成吉思汗家族的龙兴之地不儿罕山并无关联。

上述事例表明，蒙古人祖源故事的书写，"国史"层面与"家史"层面并不总是同步的。"国史"所记祖源传说，其影响力是有限的。国家层面的祖先世系和部族血缘观念与流行于蒙古社会、具有草根性质的家族起源观念并不一致。这体现了社会对"宏大叙事"的接受限度。从书写到接受、从塑造到认同，蒙古人个体的祖先记忆与国家层面对族群共同起源的追溯并不是步调一致的。

二 "国史"对"家史"的影响

本章所谓"国史"，在狭义上讲，指的是《元朝秘史》《史集》以及反映在明修《元史》中的元朝"国史"等，这些都是蒙元时期具有官方性质的史书。元朝官修史书"脱卜赤颜"深藏宫廷、秘不示人，"国史"所记祖源故事，能够在多大程度上影响普通蒙古人的历史记忆？

首先，蒙古人的祖源故事，直接受到政治社会因素的影响而变化。《元朝秘史》《元史》等史料均记载成吉思汗的祖先中有名为"纳臣"者（此据《秘史》，《元史》译作"纳真"）。此人也是蒙古兀鲁兀部、忙兀部的祖先。[1]元代较为知名的兀鲁兀家族是术赤台家族。《元史·术赤台传》称："其先剌真八都，以材武雄

---

[1] 《〈元朝秘史〉校勘本》第45节，第13~14页；《元史》卷一○七《宗室世系表》，第2706页。

诸部。生子曰兀鲁兀台，曰忙兀，与扎剌儿、弘吉剌、亦乞列思
等五人。当开创之先，协赞大业。厥后太祖即位，命其子孙各因
其名为氏，号五投下。"[1] 剌真，是纳臣的异译。传中提到的元代
历史上著名的"五投下"，指的是归附成吉思汗、分入木华黎麾
下的五个蒙古部族。根据《秘史》《史集》等史料所记祖源传说，
兀鲁兀部与札剌亦儿部、弘吉剌部有着相对独立的起源，远早于
成吉思汗时代。所谓剌真八都的子孙曰五投下，这一认识显然是
受到蒙古开国历史的影响，将五投下的历史附会到兀鲁兀部的起
源上。

　　元末云南有一兀鲁兀家族，其祖源故事的书写可以与上述朮
赤台家族做一对照。大理五华楼所出《瑞岩塔铭》记载瑞岩长
老"本怯薛官兀鲁氏子。其先北庭察罕脑儿人。……父完者，袭
嵩盟州达鲁花赤，娶贡驾剌氏女，生瑞岩"。[2] 这里的北庭，不是
元代史料中对西域的一般性称呼，理解成广义的北方草原地区更
为合适。察罕脑儿这一地名，根据周清澍的研究，常见于元代史
料，所指有二：一是位于大都通往上都路上的察罕脑儿，一是鄂
尔多斯的察罕脑儿。[3] 从兀鲁兀部的驻牧地来看，《塔铭》中的察
罕脑儿指前者的可能性更大，这与大蒙古国时期形成的五投下的
驻牧地较为接近。[4]《塔铭》作于宣光年间，反映的已是明初的兀

1　《元史》卷一二〇《朮赤台传》，第 2962 页。

2　方龄贵、王云选录，方龄贵考释《大理五华楼新出元碑选录并考释》，云南大学出版社，
　　2000，第 64~65 页。

3　周清澍：《从察罕脑儿看元代的伊克昭盟地区》，《元蒙史札》，内蒙古大学出版社，2001，第
　　271~289 页，此文亦见《周清澍文集》上册，广西师范大学出版社，2020，第 220~241 页。

4　方龄贵考释云："察罕脑儿译言白色湖，元人诗文中多称为白海。为元代两京往来必经之
　　地。"（方龄贵、王云选录，方龄贵考释《大理五华楼新出元碑选录并考释》，第 67 页）

鲁兀部人对祖先起源的认识。从起源地的记载能够看出，五投下的历史已经成为家族记忆中的模糊影子。至于"国史"记载的兀鲁兀部与成吉思汗先祖的亲缘关系，则完全不被远在云南的这一兀鲁兀家族所知。

元代蒙古人在讲述祖源故事之时，不乏利用"国史"对"家史"进行改造之例。元代有一著名的忙兀部家族——畏答儿家族。这一家族的传记资料主要有《元史·畏答儿传》以及姚燧为畏答儿的子孙博罗欢所撰神道碑等。[1]《博罗欢神道碑》的撰写基础，应是这一家族后裔提供的资料。根据此碑，该家族的明确世系始于畏答儿，畏答儿以上的祖先则全无记载，很可能畏答儿的后人已经遗忘了畏答儿之前的先祖世系。但《元史·畏答儿传》却记载了不见于家族碑传的祖先世系："其先剌真八都儿，有二子，次名忙兀儿，始别为忙兀氏。畏答儿其六世孙也。"[2]《元史》这条记载的史源为何？可能合理的解释是，元代史官在修撰元朝功臣列传之时，除畏答儿家族自身的传记资料外，还参考了其他史料。我们发现在《秘史》和《元史·宗室世系表》中，从纳真（即剌真八都儿）到成吉思汗之间，恰有六代。[3]考虑到畏答儿是

1 《牧庵集》卷一四《平章政事忙兀公神道碑》，《姚燧集》，第197页。据《姚燧集》第203页校记1，点校者据《元文类》《山左金石志》《泰山大全·泰山历代石刻著录》校勘碑文。但碑中译名仍保留有四库馆臣的改译，未全部回改。《山左金石志》所载碑文中有关博罗欢家族成员的信息更丰富，从官衔上看，上石的碑文要比文集所收晚出，译名也不一致，点校者未注明。参见毕沅、阮元《山左金石志》卷二三《太师泰安武穆王神道碑》，《历代碑志丛书》第15册影印清嘉庆二年仪征阮氏小琅嬛仙馆刊本，江苏古籍出版社，1998，第265页；《岱览》卷一六《圣元故光禄大夫上柱国江浙等处行中书省平章政事忙兀公彰德表勋碑铭并序》，国家图书馆藏清果克山房刻本，索取号：地731.4/36.843，第2页b。
2 《元史》卷一二一《畏答儿传》，第2987页。
3 《〈元朝秘史〉校勘本》第45节，第13~14页；《元史》卷一〇七《宗室世系》，第2706页。

成吉思汗同时代人，那么《秘史》等记载的代际层级就与《元史·畏答儿传》"六世孙"的说法相一致。

《元史·畏答儿传》提供的另一信息，是忙兀部之祖忙兀儿为剌真八都儿的次子。对照蒙元时期其他史料，《元史·宗室世系表》仅记纳真一子兀察兀秃（当即兀鲁兀秃），并无忙兀儿。[1]《史集》记那牙勤、兀鲁兀、忙兀部为出自土屯蔑年之子札黑速的三个儿子，以那牙勤居长，兀鲁兀次之，忙兀最幼。[2]《元史·宗室世系表》和《史集》的说法，均与《元史·畏答儿传》不同。唯《秘史》记纳臣二子，名为兀鲁兀歹、忙忽台，此说与《元史·畏答儿传》相合。[3]《元史·畏答儿传》与《秘史》最为吻合，可能因为元朝史官利用与《秘史》同源的"国史"资料对"家史"作了补充、修正。

元代利用"国史"对"家史"进行改造的例子，还见于兀良合部速不台家族。速不台家族主要由两大分支构成：一是速不台本人的后裔；二是速不台之兄忽鲁浑的后裔。王恽《兀良氏先庙碑》和黄溍《安庆武襄王神道碑》，分别记载了这两支的情况。[4]两碑所记祖先世系信息大体一致，即（捏里必一）折里麻—合赤温—哈班—忽鲁浑、速不台，上溯到速不台的四、五

---

1 《元史》卷一〇七《宗室世系表》，第 2706 页；《南村辍耕录》卷一《大元宗室世系》，第 1 页。

2 《史集》汉译本第一卷第一分册，第 309 页。

3 《〈元朝秘史〉校勘本》第 46 节，第 14 页。

4 《秋涧先生大全文集》卷五〇《大元光禄大夫平章政事兀良氏先庙碑铭》，第 1 页 a~b；《金华黄先生文集》卷二四《江浙行中书省平章政事赠太傅安庆武襄王神道碑》，第 8 页 b，哈班误作险班。

代先祖。《元史·速不台传》所记世系，则比两碑多出以下内容："其先世猎于斡难河上，遇敦必乃皇帝，因相结纳，至太祖时，已五世矣。"[1] 这一信息不见于速不台家族的其他传记资料。敦必乃是成吉思汗的五世祖之说，见于《元史·宗室世系表》《史集》《秘史》等"国史"资料。[2] 根据《秘史》记载，速不台是在成吉思汗征战过程中归附的，并没有资料显示其家族与成吉思汗家族在历史上保持有特殊关系。[3] 因此，《元史·速不台传》的"五世"说，很可能来自黄金家族而非速不台家族的系谱资料。

在蒙元时代蒙古人的"家史"书写中，我们看到了"宏大叙事"对社会层面的渗透。"家史"反映出的祖先记忆，与"国史"共享祖先传说中的若干要素，这反映了后者的影响力和渗透性。上述畏答儿家族和速不台家族的例子，反映了史官利用"国史"所载黄金家族世系，对"家史"进行了改造。改造的结果，是将功臣的先祖与成吉思汗先祖事迹相关联，进而塑造出成吉思汗家族世代统治、众臣辅佐的天命地位。

三　知识的获取与记忆的塑造

蒙古人"家史"中书写的祖源故事，除受到"国史"不同程

1　《元史》卷一二一《速不台传》，第 2975 页。

2　《元史》卷一〇七《宗室世系表》，第 2707~2708 页；《〈元朝秘史〉校勘本》第 48~50 节，第 15~16 页；《史集》汉译本第一卷第二分册，第 36~63 页。

3　《元朝秘史》第 120 节，第 99 页；《蒙古秘史》，余大钧译本，第 139 页。

度的影响之外，还与历史知识的获得密不可分。在政治因素形成的权力话语之外，文化因素尤其是诉诸文字的知识体系，也可称得上是另一套强势的话语。知识权力话语，同样也在潜移默化地影响着蒙古人的祖源记忆。

蒙古捏古思部的祖源传说为观察祖先记忆的层累形成提供了一个比较典型的个案。元代的捏古思部人中，有一名"笃列图"者，是文宗朝的蒙古进士，[1]在虞集为其父所撰墓志铭中，这一家族追溯其祖源如下：

> 太祖皇帝龙兴，初，一旅之众，尝遇侵暴，夜与从者七人，至于大石之崖，解束带加诸领以为礼而祷曰："天生我而受之命，必有来助之兆焉。"俄有十九人者，鼓行以前，请自效，是为捏古台氏。捏古台之人，其族四：曰播而祝吾，曰厄知吾，曰脱和剌吾，曰撒哈儿秃。[2]

墓志铭提及捏古台部有四个分支。伯希和分析了这四分支之名，其中的播而祝吾（Borju'un/Borju'ut），可能与孛儿只斤有词源上的关系；脱和剌吾即《秘史》《史集》中的札剌亦儿分部脱忽剌温。伯希和推测这两个部名可能流行于草原，并不为某一部所独有。[3]除墓志铭之外，《史集》也对捏古思部的起源有所记载。[4]

1　笃列图生平，见萧启庆《元代进士辑考》，第 262 页。
2　《雍虞先生道园类稿》卷四六《靖州路总管捏古台公墓志铭》，《中华再造善本》总第 716 种，第 24 页 a。
3　伯希和、韩百诗注《圣武亲征录：成吉思汗战纪》，第 398~141 页。
4　《史集》汉译本第一卷第一分册，第 308~309 页。

这些材料都表明捏古思部的形成，绝对不会晚至成吉思汗建国之后。

　　但是，在讲述捏古思部的四个分支之前，墓志铭首先描绘了成吉思汗遇险故事。故事的内容，捏合了蒙元时代广为流传的若干传说要素。一是成吉思汗遇险，以十九人追随，这一故事的原型应该是成吉思汗与十九功臣饮浑水这一著名历史事件。[1] 成吉思汗的这段经历，为时人所熟知、乐道，并加以演绎。二是成吉思汗在大石之崖解带告天的情节，脱胎于成吉思汗的个人经历。根据《秘史》的记载，成吉思汗被三姓篾儿乞人追杀逃至不儿罕山，"向日将系腰挂在项上，将帽子挂在手上，捶胸跪了几跪，将马奶子洒奠了"。[2] 三是成吉思汗与从者七人逃难的情节，可以隐约看出与七位逃难者的祖先起源故事有同源关系，体现了数字"七"的象征性意味。[3] 可以看出，这一祖先起源故事，体现了政治社会因素对蒙古人祖先记忆的影响。尽管事实上捏古思部的形成远早于成吉思汗时代，但是墓志铭却将捏古思部的由来与成吉思汗的经历相挂钩。这明显是将捏古思部四分支的祖源传说生硬地嫁接进蒙古开国历史中。

　　祖源传说与开国历史的嫁接，离不开笃列图的知识背景。据墓志铭记载，从笃列图的高祖开始，这一家族一直做东道诸王的

1　钱大昕、贾敬颜、柯立夫、袁国藩、杨志玖等都曾讨论饮浑河水这一著名政治事件，见杨志玖《蒙古初期饮浑水功臣十九人考》对诸说的总结，《内陆亚洲历史文化研究——韩儒林先生纪念文集》，南京大学出版社，1996，第 1~13 页。

2　《〈元朝秘史〉校勘本》第 103 节，第 66 页。

3　钟焓：《中古时期蒙古人的另一种祖先苦难叙事——"七位幸免于难的脱险者"传说解析》，《历史研究》2016 年第 3 期，第 69~71 页。

投下官。笃列图对当朝史的了解，可能来自父祖的口授或书面资料。王逢《故内御史捏古氏笃公挽词》称笃列图"年甫冠，及第，上亲览策，曰：'必世臣佳子弟也，何以知吾家事若是其详耶？'授集贤修撰"。[1]笃列图对于蒙元"国史"的熟悉程度受到了文宗的赞许，得任集贤修撰之职。正是因为对以成吉思汗家族为中心的蒙元"国史"十分熟悉，笃列图才能将成吉思汗遇险故事的细节生动地描绘出来，并将其嵌入部族起源传说之中。

文士塑造和书写祖源记忆，依赖的是其掌握的文化资源。在上述例子中我们看到蒙古文士如何结合其所知的蒙古历史文化知识改造和书写祖源故事。与此同时，汉地的历史知识，也是重塑祖先记忆时可以利用的资源。[2]

《元史·速哥传》称速哥为"蒙古怯烈氏，世传李唐外族"。[3]怯烈，即克烈部，至晚到元代中后期，克烈人已普遍地被元人视作蒙古人。[4]白玉冬分析，《速哥传》对克烈祖源的追述，反映了九姓鞑靼曾经与沙陀突厥保持密切关系，所谓"李唐外族"指的是沙陀后唐。[5]"李唐外族"的说法，体现了蒙古人记忆中的部族历史与中原历史知识的连接。

除克烈部速哥家族外，汪古部阿剌兀思剔吉忽里家族亦将其

1　《梧溪集》卷三《故内御史捏古氏笃公挽词有序》，《元代古籍集成》第 2 辑，第 156 页。

2　艾骛德用 "antiquarian revolution" 的概念来描述蒙古帝国利用历史文献来阐释自身历史的现象，见 Christopher P. Atwood, "Historiography and Transformation of Ethnic Identity in the Mongol Empire: the Öng'üt Case," *Asian Ethnicity*, 2014 (15:4), p.527.

3　《元史》卷一二四《速哥传》，第 3051 页。

4　元人直接将克烈人称作蒙古人的例子，见程钜夫《程钜夫集》卷二二《故炮手军总管克烈君碑铭》，张文澍校点，吉林文史出版社，2009，第 268 页。

5　白玉冬：《九姓达靼游牧王国史研究（8~11 世纪）》，第 185~186 页。

祖先追溯至沙陀。尽管在元代一般被视作色目，但汪古人的个案也有助于分析流传于中原的鞑靼起源说的广泛影响。《驸马高唐忠献王碑》称这一家族"谨按家传，系出沙陀雁门节度之后"。[1]周清澍注意到，《柏林寺晋王影堂碑》提及历代汪古部主将李克用当作远祖崇敬："皇元启祚朔庭……太祖皇帝天兵南征。王之远孙阿剌忽思剔吉忽里……考阅谱牒，知王为远祖，遂主其祭祀。"[2]白玉冬分析，所谓谱牒应指李克用的家系资料，阿剌兀思在此之前并不了解沙陀与汪古之关系。[3]汪古出自沙陀之说，来自何处？《蒙鞑备录》提供了宋人对于蒙古族源的一种解释："鞑靼始起，地处契丹之西北，族出于沙陀别种，故于历代无闻焉。其种有三：曰黑、曰白、曰生。"[4]白鞑靼，是汉人对汪古部的称呼，汪古部被视作鞑靼（蒙古）的一种。白鞑靼（汪古部）出于沙陀别种之说源自汉文文献，反过来又影响、塑造了汪古部人的祖源观念。可见，谱牒不仅是对现实中代际传承的真实记录，而且受到代际传承背后的文化与认同理念的无形影响。[5]

　　不仅蒙古人利用了汉地的历史知识来重塑祖先记忆，汉人文士在面对陌生的蒙古部族信息之时，也会不自觉地将其纳入自身熟悉的知识体系来理解。

1　《元文类》卷二三阎复《驸马高唐忠献王碑》，第 437 页。

2　周清澍：《汪古的族源——汪古部事辑之二》，《元蒙史札》，第 91~92 页，此文亦收入《周清澍文集》上册，第 102~134 页。曹金成兄惠示，碑文以光绪《代州志》卷六《金石志》所录为佳（《中国地方志集成·山西府县志辑》第 11 册，凤凰出版社，2005，第 370~371 页）。

3　白玉冬：《九姓达靼游牧王国史研究（8~11 世纪）》，第 236 页。

4　王国维：《蒙鞑备录笺证》，《王国维遗书》第 13 册，第 1 页 a。

5　将祖源追溯至李克用后，这一汪古家族"自称晋王克用裔孙，为置守冢数十户于雁门，禁民樵牧"（《牧庵集》卷二六《河内李氏先德碣》，《姚燧集》，第 402~403 页），见上引周清澍文。

　　《元史·按扎儿传》称成吉思汗的大将按扎儿为拓跋氏。[1]这一"拓跋"何指？前人提出两种观点。屠寄、贾敬颜都将拓跋氏勘同于秃别干。[2]秃别干，元代有秃伯、土别燕等译法（蒙古语 Tübegen），是克烈部分支之一。[3]伯希和认为，拓跋也可能指西夏之拓跋氏。[4]涂逸珊继承此说，认为克烈之分支秃别干与西夏之拓跋有密切的联系。[5]汤开建所持看法与此相似。[6]白玉冬认为，两者的居地相距甚远，难以赞同涂逸珊之说。[7]这一问题包含两个层面：一是在元人的语境中"拓跋"所指究竟是何部；二是"拓跋"用法的背后反映了怎样的观念。按扎儿家族除见于《元史》外，亦见虞集《蒙古拓拔公先茔碑铭》。《先茔碑》称这一家族为蒙古拓拔氏，其后裔为御史台通事阔阔出。[8]《南村辍耕录》"传国玺"条记有"御史台通事臣阔阔朮"，[9]阔阔出与阔阔朮是同一人。据《辍耕录》，阔阔朮系"蒙古人，不晓文字"，为"拓跋氏"。这两条材料均言"蒙古拓拔（跋）"，可见拓拔（跋）

1　《元史》卷一二二《按扎儿传》，第 3006 页。《元史》卷一一九《木华黎传》作"拓拔按察儿"（第 2932 页）。

2　《蒙兀儿史记》卷五七《按扎儿传》，《元史二种》，第 434 页；柯劭忞：《新元史》卷一三〇《按扎儿传》，《元史二种》，第 564 页，应袭自屠寄。《圣武亲征录（新校本）》，贾敬颜校注，陈晓伟整理，中华书局，2020，第 16 页。

3　见周良霄《元史北方部族表》，《中华文史论丛》2010 年第 1 期，第 109 页。《史集》作土别兀惕（波斯文 Tūbāvūt，汉译本第一卷第一分册，第 214 页）。

4　伯希和、韩百诗注《圣武亲征录：成吉思汗战纪》，第 58 页。

5　Isenbike Togan, *Flexibility and Limitation in Steppe Formations: the Keerait Khanate and Chinggis Khan*, Leiden: Brill, 1998, pp. 64, 77.

6　汤开建：《党项西夏史探微》，商务印书馆，2013，第 12 页。

7　白玉冬：《九姓达靼游牧王国史研究（8~11 世纪）》，第 73 页。

8　《雍虞先生道园类稿》卷四五《蒙古拓拔公先茔碑铭》，《中华再造善本》总第 716 种，第 8 页 a。阔阔出，《元史·按扎儿传》作阔阔朮。

9　《南村辍耕录》卷二六《传国玺》，第 317、321 页。

实属蒙古诸部，应是"秃伯"的异译，与西夏之拓跋并无关系。元人以"拓跋"译"秃伯"的例子，还见于苏若思撰《乐善公墓碑》。[1] 碑主骚马，出自阿里马里，所娶夫人中有"生于望族"的拓跋氏。"拓跋"译法是如何产生的，就元代汉族士人的知识体系而言，"拓跋"之名由鲜卑拓跋而来的可能性更大。

"拓跋"这样的译法，反映了汉人文士在面对陌生的蒙古部族名时，在自身熟悉的历史知识中寻找勘同的可能性。比如1219年成吉思汗赐给丘处机的诏书云："南连蛮宋，北接回纥，东夏西夷，悉称臣佐。念我单于国，千载百世已来，未之有也。"[2] 其中称蒙古为"单于国"，反映了汉人文士用草原政权的历史称呼来指代新兴的蒙古政权，这一做法亦为蒙古人所接受。

类似的情况，不仅见于蒙古诸部。元代西迁而来的哈剌鲁人，时人或称之为葛逻禄。如贡师泰在为哈剌鲁人迺贤《金台集》所作序中称："葛逻禄氏，在西北金山之西，与回纥壤相接，俗相类。"危素的跋文中称："易之，葛逻禄氏也。彼其国在北庭西北，金山之西，去中国远甚。太祖皇帝取天下，其名王与回纥最先来附，至今百有余季。"[3] 王祎也提到"合鲁实葛逻禄，本西

1　黄维翰纂修，袁傅裘续纂修道光《钜野县志》卷二〇《金石》，《中国地方志集成·山东府县志辑》第83册影印清道光二十年修二十六年续刻本，凤凰出版社，2004，第450页。

2　陈垣编纂《道家金石略》，第445页。蔡美彪编著《元代白话碑集录》，第115页。北京图书馆金石组编《北京图书馆藏中国历代石刻拓本汇编》第48册，第15页。刘兆鹤、王西平：《重阳宫道教碑石》，第59页。诏书全文见《南村辍耕录》卷一〇《丘真人》，第120页；谢西蟾、刘天素：《金莲正宗仙源像传》，第397页，均与碑字句有所不同。

3　迺贤：《金台集》卷首"贡师泰序"、卷末"危素跋"，国家图书馆藏毛氏汲古阁刻本，善本书号：12969。

域名国"。[1] 可见时人多将中原文献中的葛逻禄与蒙元时期的哈剌鲁相勘同。

　　源于不同知识体系的历史信息，与现实中的部族情况相联系，结果是蒙元时代草原诸部的身份意识发生了微妙的变化，甚至何所从来的渊源得到重新定义。除了强势的权力话语之外，知识话语也在改变着蒙古人家族记忆的样貌。

小　结

　　本章从国家与社会互动的层面，探讨了有哪些因素影响了元代蒙古人祖源故事的形成与书写。需要指出的是，从总体上看，去今已远的祖源故事，在蒙古人的家史记忆中仅占有很小一部分。作为蒙古人家史记忆主流的，是家族归附成吉思汗及其后人的建功立业的经历，也就是家族"根脚"的由来。几乎所有传记资料中提及的蒙古人的家史记忆，都会对国初的从龙经历有所涉及。这从一个角度体现了政治权力话语对家史记忆的影响。限于篇幅，本章对此并未展开论述，而是将讨论的重点放在祖源故事上。"国史"层面的共同血缘起源与族群间的亲缘关系观念，在一定程度上改写了蒙古人祖源故事的面貌。不过，"国史"与"家史"中的祖先记忆，并不总是一致的，"国史"对"家史"书写的影响是有限的。除了政治权力话语之外，"家史"书写也受到知识背景的影响。无论是蒙古文士还是汉人文士，都从自身的

1　王祎：《王祎集》卷五《河朔访古记序》，颜庆余点校，浙江古籍出版社，2016，第136页。

知识体系出发来有意或无意地改造家族记忆的面貌。蒙古人"家史"中写下的祖源故事，受到上述因素的综合影响。剥离了这些影响因素，我们依然可以从史料之中探索独立于黄金家族之外、更具个体色彩的记忆片段。这些记忆片段，与主流的血缘起源观念有很大不同，反映了蒙古人讲述自身历史的独特方式。

第五章　反思"血缘社会"：蒙古部族"圈层结构"说

第三、四章分析了元朝皇室以及普通蒙古人如何定义自身、讲述家族历史，本章则试图从整体上反思蒙古起源传说。《元朝秘史》和《史集》的记载广为流传，前者记载了苍狼白鹿传说和阿阑豁阿感光生子故事；后者将蒙古人分为三类：现今称为蒙古的突厥诸部落、各有君长的突厥诸部落以及过去就称为蒙古的突厥诸部落。[1] 过去就称为蒙古的突厥诸部落包括两个部分："尼

1　《史集》汉译本第一卷第一分册，"目录"，第2~4页。三类分别指：较为晚近自我认同于蒙古的游牧部族、非蒙古游牧部族、长期以来自我认同为蒙古的游牧部族。

伦”蒙古（阿阑豁阿感光而生后裔）与“迭列列斤”蒙古。《史集》呈现的蒙古部族的起源关系，长期以来受到研究者的广泛关注。陈得芝主编《中国通史》第 8 卷《中古时代·元时期》第四章“蒙古的兴起”整理了《秘史》和《史集》（及《元史》）两个系统的成吉思汗先世世系和部族起源关系。[1] 关于《史集·部族志》记载的部族划分，亦邻真《中国北方民族与蒙古族族源》根据《秘史》的记载，将迭列列勤拟构为 derelekin，意为沿山岭居住的人，这是目前广泛接受的最为合理的解释。[2] 刘迎胜比较详细地分析了不同史料中的蒙古诸部集团划分。[3] 乌兰《蒙古族源相关记载辨析》通贯地梳理了蒙元时代前后蒙古族源的相关记载。[4] 曹金成《政治体视角下的元代蒙古认同》有专门章节分析蒙古氏族谱系的编纂。[5] 如大卫·斯尼思所指出的那样，对内亚游牧社会的研究，容易落入“血缘社会”的陷阱之中，将“单系继嗣”的群体结构等同于真实存在的历史。[6] 一旦抛弃“血缘社会”的解释模式，而采用政治体的视角来分析蒙古诸部，自然就能发现作为历史“事实”的蒙古部族“圈层结构”，其血缘属性的不合理之处。张帆总结，以成吉思汗家族为核心，从尼伦蒙古

1　白寿彝总主编，陈得芝主编《中国通史》第 8 卷《中古时代·元时期（上）》，上海人民出版社，2015，第 268~279 页。

2　亦邻真：《中国北方民族与蒙古族族源》，《亦邻真蒙古学文集》，第 572 页。

3　刘迎胜：《西北民族史与察合台汗国史研究》，南京大学出版社，1994，第 25~26 页。

4　乌兰：《蒙古族源相关记载辨析》，汪立珍主编《蒙古族及呼伦贝尔诸民族族源关系研究》，中国社会科学出版社，2014，第 3~12 页。

5　曹金成：《政治体视角下的元代蒙古认同》第四章。

6　David Sneath, *The Headless State: Aristocratic Orders, Kinship Society and Misrepresentations of Nomadic Inner Asia*, pp. 46-50.

到迭列列斤蒙古再到其他蒙古人，呈现出由中心到边缘的"圈层结构"。[1] 为何史料中会出现"圈层结构"的描述？其背后反映出蒙元时代部族观念的何种特点？

一　"圈层结构"文本辨析

《史集》与《元朝秘史》等史料所载部族亲缘关系，既有一致的地方，也有矛盾之处。按照《元朝秘史》的记载，图 5-1 所示诸部有着密切的亲缘关系。[2] 这一亲缘关系与《史集》中的"圈层结构"相冲突。在《史集》中，别速惕、巴鲁剌思、兀鲁兀惕、忙兀惕属尼伦蒙古（在图 5-1 中用椭圆形表示），斡罗那儿、晃豁坛、阿鲁剌惕属迭列列斤蒙古（在图 5-1 中用三角形表示），雪尼惕属现今称为蒙古的突厥诸部落（在图 5-1 中用心形表示）。

《秘史》所记蒙古先世世系，与《史集》尼伦－迭列列斤分类相矛盾，还有其他例子。如朵儿边部在《秘史》中并不出自阿阑豁阿感光而生诸子后裔，却在《史集》中被列入尼伦蒙古；兀良合部在《秘史》里不是苍狼白鹿的后裔，在《史集》中却属迭列列斤蒙古；雪尼惕部在《秘史》里属于孛儿只斤氏，在《史集》中却属现今称为蒙古的突厥诸部落；斡罗那儿、晃豁坛诸部在《秘史》里属于孛儿只斤氏，在《史集》中却属迭列列

1　张帆：《圈层与模块：元代蒙古、色目两大集团的不同构造》，《西部蒙古论坛》2022 年第 1 期。

2　《元朝秘史〉校勘本》第 45~47 节，第 13~15 页；《蒙古秘史》，余大钧译本，第 33~36 页。

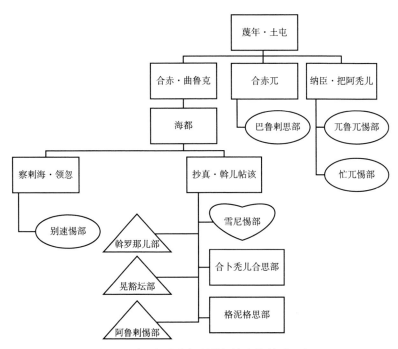

图 5-1　《元朝秘史》所载部族亲缘关系示意

说明：本图仅列举了一部分传说中的祖先与蒙古部族。

斤蒙古。

　　《史集》的记载，除与《秘史》存在矛盾之外，还与其他史料存在矛盾。《史集》将阿儿剌部划入迭列列斤蒙古，而《秘史》记载阿儿剌部出自阿阑豁阿之子孛端察儿的后人，应该属于尼伦蒙古。阎复的《太师广平贞宪王碑》记载了阿儿剌部博尔朮家族世系："始祖孛端察儿，以才武雄朔方。"[1] 根据阿儿剌部人中流传

1　《元文类》卷二三阎复《太师广平贞宪王碑》，第 423 页；《元史》卷一一九《博尔朮传》，第 2945 页。

的祖先传说，始祖是孛端察儿。这与《史集》相矛盾，而与《秘史》相合。此外，其他史料也有与《史集》一致，而与《秘史》相矛盾的地方。根据《史集》，昔只兀惕出自海都之子抄真。[1] 此说与《元史》《南村辍耕录》大致相合。[2] 而《秘史》的记载与此不同，失主兀歹（《史集》昔只兀惕）是纳臣·把阿秃儿之子。[3] 可见《史集》的记载虽与《秘史》相矛盾，但与《元史》《辍耕录》一致。

　　《史集》不仅与《秘史》等史料的记载存在矛盾，而且《史集》本身还提到部族分类的一种异说。《史集》"那牙勤、兀鲁惕、忙忽惕"云：

　　　　根据一种传说，以下所详列的部落自古以来彼此即为亲属并同出一源：晃豁坛、雪你惕、合儿合思、八鲁剌思、八邻－亦邻古惕、额勒只惕、客窟蛮、兀鲁惕、忙忽惕、斡罗纳兀惕、阿鲁剌惕、别速惕。[4]

　　这显然与我们熟悉的尼伦－迭列列斤分类不同，以往的研究并未对《史集》的这段记载加以重视。有必要将这一异说与尼伦－迭列列斤分类以及《秘史》的记载进行对照。

　　上述部族，按照尼伦－迭列列斤划分，晃豁坛、斡罗纳兀

1　《史集》汉译本第一卷第一分册，第303页。
2　《元史》卷一〇七《宗室世系表》，第2709页；《南村辍耕录》卷一《大元宗室世系》，第2页。
3　《〈元朝秘史〉校勘本》第46、47节，第14~15页；《蒙古秘史》，余大钧译本，第34~35页。
4　《史集》汉译本第一卷第一分册，第310页。

惕和阿鲁剌惕属迭列列斤蒙古，额勒只惕可能是指迭列列斤蒙古
中的额勒只斤部，雪你惕属现今称为蒙古的突厥诸部落，兀鲁
惕（兀鲁兀）、忙兀、八邻、别速惕属尼伦蒙古，合儿合思（Qa-
rqas）可能是合卜秃儿合思或格泥格思的讹误，客窟蛮则仅见于
此。这些部族分属不同部族集团，可知这一异说与《史集》尼
伦－迭列列斤分类有较大差异（见图5-2）。

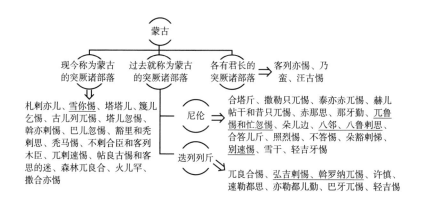

图5-2 《史集》不同部族分类法对比

说明：依据尼伦－迭列列斤分类法制作，有下划线的部族名属于"异说"中的
同源部族。

进一步可以发现，《史集》的这一异说，恰恰与《秘史》相
吻合（见图5-3）。《秘史》在起源传说部分提到的同源部族，皆
见于这一异说。余下八邻－亦邻古惕、额勒只惕、客窟蛮诸部，
八邻据《秘史》记载为孛端察儿之子，而额勒只惕和客窟蛮的族
源则在《秘史》中无载。合儿合思在《史集》中只此一见，可能
是《秘史》中的合卜秃儿合思。

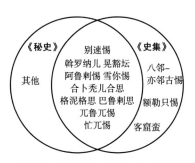

图 5-3　《秘史》所载部族起源与《史集》异说对比

可见尼伦－迭列列斤二分法，并不是蒙元时代人们对蒙古诸部族源关系的唯一解释。《史集》呈现的部族血缘关系和集团分类，是拉施特在诸种不同来源传说和文本的基础之上，进行增删、整合的结果。《秘史》和《史集》记载的成吉思汗先祖的绵长世系，应该是尽可能利用了当时在蒙古社会中流传的起源传说，将不同来源的起源世系熔于一炉而生成的。这一绵长世系的一端是具有神祇身份的先祖，另一端则贯通至成吉思汗本人，中间将各色部族串联起来。蒙古人中间流传的各种对部族起源关系的解释，为《秘史》和《史集》的修撰提供了素材。不同的素材可以形成多种组合，导致不同文本的产生。

二　"圈层结构"的要素：绵长世系与亲疏关系

《史集》《秘史》等史料所载蒙古部族"圈层结构"的特点，是以成吉思汗直系先祖绵长世系为核心，依据与成吉思汗直系先祖亲疏远近的血缘关系，把不同部族编织进从中心到边缘的"圈层结构"当中。把"圈层结构"看作蒙元时代对早期蒙古历史的阐释，下一步就要追问这种阐释反映出怎样的历史"事实"。本节聚焦于"圈层结构"的两大要素——绵长世系与亲疏关系，分别分析这两大要素的形成。

关于成吉思汗先祖的绵长世系，前人研究的重点在于苍狼白鹿传说与阿阑豁阿感光生子传说形成世系在不同史料中的差异。[1]除此之外，另一个需要研究者留意的问题则是，流传于蒙古诸部的起源传说，并非只有父子相承的绵长世系。如朵儿边部，《秘史》和《史集·成吉思汗纪》分别记载朵儿边部出于都蛙·锁豁儿和塔马察的四个儿子。[2]朵儿边在蒙古语中的意思是"四"，不难理解时人会从语源角度来阐释部族源流，于是产生出朵儿边部来自四兄弟的传说。除"四兄弟"之外，《史集》还记载朵儿边、八邻、速合讷惕的"三兄弟"起源传说。[3]此外，据《史集》记载，克烈部起源于古代一位君王的七个儿子；斡罗纳兀惕部有三个分支——晃豁坛、阿鲁剌惕和乞里克讷惕，来源于三兄弟；弘吉剌部起源于一个金器里生出的三个儿子。[4]这些部族都流传着"弟兄祖先故事"。

1　亦邻真：《〈元朝秘史〉及其复原》，《亦邻真蒙古学文集》，第724页。陈得芝：《藏文史籍中的蒙古祖先世系札记》，《中国藏学》2014年第4期。艾骛德：《蒙古帝国成吉思汗先世的六世系》，罗玮译，《元史及民族与边疆研究集刊》第31辑。曹金成：《政治体视角下的元代蒙古认同》第四章第二节第二部分。曹金成：《〈雅隆尊者教法史〉蒙元史事考辨》，《史林》2020年第1期。刘迎胜：《有关早期蒙古史料中的"苍狼白鹿"、阿阑豁阿和孛端察儿叙事》，《清华元史》第7辑，商务印书馆，2022。

2　《元朝秘史》校勘本第11节，第4页；《蒙古秘史》，余大钧译本，第12页；《史集》汉译本第一卷第二分册，第7页。

3　《史集》汉译本第一卷第一分册，第315页。

4　《史集》汉译本第一卷第一分册，第213、279、268~269页。

　　兄弟起源或兄弟相争，是广泛存在于民族起源传说中的一类传说模式。[1] 在兄弟祖源传说中，我们难以看到核心与边缘的区别。与兄弟祖源模式的"去核心化"相比，"圈层结构"所代表的父子相承、支脉旁出的祖源模式，呈现出鲜明的核心—边缘的区别。这一模式，应和了统治家族神授君权的自我神圣化需要，自然而然成为政权重塑历史记忆的选择。

　　具体到成吉思汗家族的世系，不同史料记载的关键性差异在于阿阑豁阿感光生子的范围。《秘史》和《史集》记载了神授三子（不忽合塔吉、不合秃撒勒只、孛端察儿）与凡人二子（别勒古讷台、不古讷台）。[2] 参考过元代实录文献的《通鉴续编》，只记神授三子（孛完合答吉、孛合撒赤、孛敦察儿），未记凡人二子。[3]《元史》和以《红史》为代表的藏文史料，均记神授一子，即孛端察儿。而且相较于《红史》，《元史》还提到非神授二子博寒葛答黑与博合睹撒里直，《红史》则未提及此二子。[4] 可见感光生子的范围逐渐缩小，孛端察儿以外的其他支裔的重要性不断降低，成吉思汗先祖孛端察儿的神圣事迹被凸显出来。这一变化过程，与上述史料修撰的时间顺序是一致的。与兄弟祖源传说相比，父子祖源传说成为"国史"修撰的主流。蒙元时代的史家，通过嫁接与整合等手段，建构出父子相承的绵长世系，进而通过

1　　王明珂：《英雄祖先与弟兄民族：根基历史的文本与情境》，中华书局，2009，第28~30页。

2　　《〈元朝秘史〉校勘本》第17、18节，第5~6页；《史集》汉译本第一卷第二分册，第14~15页。

3　　《通鉴续编》卷一九，日本内阁文库藏元刻本，第21页a。

4　　《元史》卷一《太祖纪》，第1页；卷一〇七《宗室世系表》，第2706页；蔡巴·贡嘎多吉著，东嘎·洛桑赤列校注，陈庆英、周润年译《红史》，西藏人民出版社，1988，第26页。

对世系的编辑、改造，达到黄金家族神圣化的目的。

蒙古人中间曾经流传的兄弟祖源传说，相比于蒙元时代的主流祖源传说，就显得边缘化与异质化。同样是弘吉剌部的祖源传说，到了 19 世纪初，乌兹别克的弘吉剌部在希瓦建立王朝，察合台文《幸福天堂》(*Firdaws al-Iqbāl*) 一书记录了流传于弘吉剌王朝中的弘吉剌部起源传说。据此书，弘吉剌部起源于 Gūlā 河（土剌河之讹）上，在朵奔伯颜时代，全体弘吉剌人的首领为合勒只歹汗。从合勒只歹汗传承至蒙哥汗，弘吉剌部迁徙至哈剌沐涟河畔，蒙哥汗传位于其子阿儿思兰汗，阿儿思兰汗再传位于其子德那颜。[1] 这一祖先传说，完全不同于蒙元时代初期的金器生三子的弘吉剌部兄弟祖源传说，反而出现了类似《秘史》的绵长先祖世系，并且将弘吉剌部的先祖与黄金家族的先祖朵奔伯颜挂钩，使这一起源传说具备了典型的父子祖源模式的特征，并暗示弘吉剌部与黄金家族古已有之的密切联系。

绵长世系将不同部族按亲疏远近编织进"圈层结构"中，《史集》所载尼伦－迭列列斤分类最为著名。

尼伦与迭列列斤的字面意义，上文提到亦邻真的解释最为合理，被广为接受：尼伦的意思是腰脊，引申为山腰；迭列列斤的意思是"沿着山岭"。[2]《史集》解释尼伦的由来，出于阿阑豁阿

1　Yuri Bregel, "Tribal Tradition and Dynastic History: The Early Rulers of Qongrats According to Munis," *Asian and African Studies* 16 (1982), pp.357-398.《幸福天堂》所载始祖合勒只歹汗以降世系，由于篇幅限制，本章没有全部引用，参见 Shir Muhammad Mirab Munis and Muhammad Riza Mirab Agahi, *Firdaws al-Iqbāl: History of Khorezm*, translated from Chaghatay and annotated by Yuri Bregel, Leiden · Boston · Köln: Brill, 1999, pp. 82-83。

2　亦邻真：《中国北方民族与蒙古族族源》,《亦邻真蒙古学文集》, 第 572 页。

圣洁之腰的是尼伦蒙古。[1]《秘史》记载相关情节时，用的是"客额里"一词，旁译"肚皮"。[2]《通鉴续编》记载阿阑豁阿"有光明照其腹"，"腹"与《秘史》之"肚皮"相对应，皆与《史集》不同。这种差异是如何造成的？尼伦和迭列列斤的字面意思，即山腰和山岭之义，放置在阿阑豁阿感光生子的故事中显得格格不入，但是对蒙古人走出额儿古涅昆的传说而言，也就是在蒙古人走出群山的情景中却毫无违和感。拉施特对尼伦和迭列列斤分类的集中记述，也正是在讲额儿古涅昆传说之时。这样，在蒙古人走出额儿古涅昆与阿阑豁阿感光生子这两个独立的传说故事之间，尼伦（"腰"）成为连接二者的关键点。可以推测，这两个独立的传说故事，之所以能够被拉施特编织进连贯的起源故事中，关键在于用额儿古涅昆传说中的尼伦（"腰"），替换掉阿阑豁阿感光生子传说中的"腹"。这样，两个独立的传说故事就结合起来，通过"值得信赖的贵人们"之口，为《史集》记录下来。[3]

　　尼伦与迭列列斤，从字面意义上看，很可能是由地形而衍生出来的概念，最初与血缘没有关系。那么尼伦是如何与成吉思汗先祖世系挂钩的？值得注意的是，尼伦诸部呈现出两种不同的面貌。一种是散只兀、合答斤、札只剌等部，皆是蒙古草原东部的强部，见载于辽金史料，并在蒙元时代被不同程度地排除出以成吉思汗家族为核心的神圣起源的范围（见本书第一章）。除此之

1　《史集》汉译本第一卷第二分册，第 14 页。感光生子故事在马穆鲁克史家乌马里的讲述中有所变形，见华涛《乌马里〈眼历诸国行纪〉关于阿阑豁阿"腰"的记载》，《西部蒙古论坛》2022 年第 1 期。

2　《〈元朝秘史〉校勘本》第 21 节，第 7 页。

3　《史集》汉译本第一卷第一分册，第 257 页。

外的尼伦蒙古中剩余的大部分部族，被认为与成吉思汗家族有着密切的亲缘关系，却在辽金史料中几乎没有记载。依据《秘史》《史集》等史料的记载，到了成吉思汗时代前后，这些尼伦蒙古中的其他部族才强盛起来。但论规模与地位，仍不能与西边以王汗为首的克烈诸部和东边以札木合为首的札只剌等部相比。何以成吉思汗家族的亲缘部族，在辽金时代大多默默无闻，而传统的草原强部大多与成吉思汗家族并无亲缘关系？思路恐怕应该颠倒过来。传统的草原强部，长期保持独立，很晚才臣服于成吉思汗家族的统治。这些草原强部，在族源阐释上有着较强的话语权，更容易确立一套以自身统治家族为核心的祖源传说体系。因而反映在蒙元时代的部族亲缘观念中，这些部族与成吉思汗家族的关系较为疏离，被认为与以成吉思汗家族为核心的蒙古诸部有着不同的祖源。尼伦与迭列列斤作为传说概念，其范围不能完全等同于任何一个历史时期真实存在的部族集团边界，只能说不同历史时期的部族集团边界影响了部族起源传说，或者说影响了尼伦与迭列列斤概念的传播范围。随着成吉思汗的崛起，越来越多的蒙古部族服膺于其统治之下。政治上蒙古共主地位的争夺，伴随着话语权上蒙古"正统"地位的争夺。尼伦与迭列列斤的概念在流传与被统治集团吸收利用的过程中，内涵较其字面意思发生了变化，被赋予了建构血缘系谱的功能。

三 "共同血缘"观念与蒙古婚姻禁忌

"共同血缘"观念在一些人类学家看来，是族群心理的特质之一。"在分析各种社会政治状况时，最基本的问题未必是事实究竟如何，而是人们相信那事实是怎么样的。"[1] 因此，需要关注的，不仅是"圈层结构"的生成过程，还有观念上的"共同血缘"在多大程度上影响了人们对自身和群体的认识？"观念"上（而非"事实"上）的"共同血缘"，对蒙古社会的婚姻习俗是否造成影响？

　　蒙古社会的婚姻形态，在蒙元史研究领域中受到的关注相对较少。现有对蒙元时期蒙古人婚姻形态的讨论，多将曾经流行的氏族社会理论作为依据。符拉基米尔佐夫认为："古代蒙古氏族是实行族外婚制的。"[2] 受符氏学说的影响，研究者认为"在一些蒙古部族之间，往往保持着比较固定的相互通婚关系"；同源部族，如散只兀、主儿勤、泰赤乌部与成吉思汗家族之间，恪守婚姻禁忌；尼伦和迭列列斤蒙古是由内而外的婚姻集团；等等。[3]

　　前述研究者的观点，倾向于把婚姻集团理解为血缘上真实存

1　康诺尔：《民族·国家·种族集团及其他》，转引自姚大力《"回回祖国"与回族认同的历史变迁》，《追寻"我们"的根源：中国历史上的民族与国家意识》，第 358 页。

2　符拉基米尔佐夫：《蒙古社会制度史》，第 74 页。

3　亦邻真：《中国北方民族与蒙古族族源》，《亦邻真蒙古学文集》，第 572~573 页；刘迎胜：《西北民族史与察合台汗国史研究》，第 23~26 页；姚大力：《"狼生"传说与早期蒙古部族的构成》，《北方民族史十论》，第 149 页；袁国藩：《十三世纪蒙人之婚姻制度及其有关问题》，《宋辽金元史研究论集》，《大陆杂志史学丛书》第 3 辑第 3 册，大陆杂志社，1970，第 303~310 页；王明荪：《早期蒙古游牧社会的结构——成吉思可汗前后时期的蒙古》，第 49 页；札奇斯钦：《蒙古文化与社会》，台湾商务印书馆，1987，第 231 页；哈丽娜：《试探古代蒙古社会婚姻制度》，《内蒙古社会科学》1989 年第 5 期；史卫民：《元代社会生活史》，中国社会科学出版社，1996，第 54 页（《中国风俗通史·元代卷》的论述与此类似）；George Qingzhi Zhao, *Marriage as Political Strategy and Cultural Expression: Mongolian Royal Marriages from World Empire to Yuan Dynasty*, New York:Peter Lang Publishing , 2008, pp.16-18。

在的事实，而不是脱离于事实之上的观念。但是实际上，相对于前者而言，后者才应该被视作问题的焦点。血缘系谱作为观念，多大程度上在蒙古社会中间传播？在蒙元时人看来，迭列列斤与尼伦能否被视作两个相对的外婚集团？尼伦蒙古内部又是否存在通婚禁忌？《秘史》记载的出自阿剌豁阿圣洁之腰的同源部族之间，是否也确实存在通婚禁忌？下面就从零星见于蒙元史料中的蒙古人婚姻实例出发，来对上述问题一一进行解答。

如果蒙元时人将迭列列斤与尼伦视作两个相对的族外婚集团，那么集团内部就会存在通婚禁忌。事实上，史料中常见迭列列斤蒙古相互通婚的例子。如铁木真的母亲月伦太后是弘吉剌分部斡勒忽讷兀惕人，在丈夫也速该死后嫁给晃豁坛部人蒙力克。按照《史集》，斡勒忽讷兀惕与晃豁坛均属迭列列斤蒙古。[1] 兀良合部人速不台娶晃忽台（即晃豁坛）氏，[2] 兀良合部与晃豁坛部同属迭列列斤蒙古。出自斡罗那儿部的元代名相哈剌哈孙，有夫人曰孙都氏（即逊都思）。[3] 按照《史集》，斡罗那儿部与逊都思部同属迭列列斤蒙古。许慎部塔剌海的夫人木忽里，是宿敦官人的孙女。[4] 宿敦官人，即逊都思部赤老温后人宿敦。许慎部与逊都思部同属迭列列斤蒙古。根据《元统元年进士录》，进士和里互达是"燕只吉台氏"，"母许实歹氏"。[5] 燕只吉台，指的是《史集》中的额勒只斤部；许实歹，指的是《史集》中的许慎部，均为迭

1　《史集》汉译本第一卷第一分册，第269、280页；汉译本第一卷第二分册，第404页。

2　《程钜夫集》卷二《故曾祖母晃忽台氏追封河南郡王夫人制》，第13页。

3　《元文类》卷二五刘敏中《丞相顺德忠献王碑》，第465页。

4　《元文类》卷二三元明善《太师淇阳忠武王碑》，第433页。

5　萧启庆：《元代进士辑考》，第74页。

列列斤蒙古。

接下来来看尼伦蒙古内部通婚的例子。由于成吉思汗家族被认为是孛端察儿的直系后裔，也属尼伦蒙古，所以下面的例子中，包括其他尼伦蒙古部人与黄金家族通婚的情况。八鲁剌思部属尼伦蒙古，《史集》记载阿里不哥有一妾为八鲁剌思部人。[1] 札只剌惕部也属尼伦蒙古，《史集》记载术赤之孙、斡礼答之子撒儿塔黑台的第四位后妃是札只剌惕氏塔儿忽真。[2] 据《史集》，合不勒汗后裔被称为乞牙惕，属于尼伦蒙古。金帐汗国月即别汗的女婿亦撒台出于乞牙惕部。[3] 忙兀部也属尼伦蒙古，出自忙兀部的忽都鲁沙那颜成为伊利汗的驸马。[4] 这都是尼伦蒙古人与黄金家族通婚的例证。

除《史集》的尼伦－迭列列斤划分之外，《秘史》等史料记载出自孛端察儿的诸部族与《史集》不尽相同。照烈部、斡罗那儿部都出自孛端察儿的后裔，[5] 元代史料中斡罗那儿部哈剌哈孙有

1　《史集》汉译本第二卷，第 379 页；*Shu'ab-i Panjgāna*, f.136b。

2　《史集》汉译本第二卷，第 119 页。

3　ウテミシュ・ハージー著、川口琢司、長峰博之編、菅原睦校閲『チンギス・ナーマ　解題・訳註・転写・校訂テクスト』東京外国語大学アジア・アフリカ言語文化研究所、2008、10 頁，注释提到 "亦撒台" 在《伊本·白图泰游记》中作 "亦撒"，见 *The Travels of Ibn Baṭṭūṭa*, A. D. 1325-1354, translated with revisions and notes from the Arabic text edited by C. Defrémery and B. R. Sanguinetti, Vol. II, London, N. W.: Cambridge University Press, 1962, reprinted 1995, p. 489。

4　根据《史集》的记载，阿鲁浑之女完者－帖木儿嫁给了出自忙兀部的异密忽都鲁沙那颜，嫁给他的还有乞合都之女亦里忽都鲁。《贵显世系》也记载忽都鲁沙娶的是亦里忽都鲁，《五世系》则记载他娶的是乞合都的另一个女儿忽都鲁灭里。见《史集》汉译本第三卷，第 192、224 页；*Shu'ab-i Panjgāna*, f. 145b；*Mu'izz al-Ansāb*, Bibliothèque Nationale de France, Persan 67, f. 70b。

5　《〈元朝秘史〉校勘本》第 41、47 节，第 12、15 页；《蒙古秘史》，余大钧译本，第 29、36 页。

夫人昭列氏（异译：照烈）。[1]根据《秘史》，阿鲁剌惕（阿儿剌）部与黄金家族同出一源。在伊利汗国，有阿儿剌人与伊利汗通婚的例子。[2]

如果所谓同源部族的通婚禁忌真实存在的话，那么在蒙元时代史料中，不可能出现上述情况。蒙元时代之后，也并没有所谓同源部族通婚禁忌的迹象。帖木儿帝国的缔造者帖木儿，曾是察合台后王的驸马，自称出自蒙古八鲁剌思部。[3]八鲁剌思部，属于尼伦蒙古，根据《秘史》等记载，与成吉思汗先祖同出一源。不管帖木儿实际上的祖先是谁，在当时人的观念中，八鲁剌思部人与黄金家族的驸马，这两种身份并不矛盾。又如，《赖世德史》的作者米尔咱·穆罕默德·海答儿，自称出于朵豁剌惕部。海答儿之祖、父，因娶成吉思汗后裔大汗之女为妻，而拥有了古列坚的称号。[4]朵豁剌惕部，《秘史》记载为成吉思汗先祖纳臣后裔，《史集》记载为成吉思汗先祖屯必乃第八子不勒札儿后裔，17世纪成书的《突厥世系》延续了朵豁剌惕人出于屯必乃的说法。[5]可见在当时人的观念中，朵豁剌惕人与成吉思汗家族同源，这并不妨碍二者的通婚。

蒙元时期的文献中，明确地将不同蒙古部族之间的关系解释为

1 《元文类》卷二五刘敏中《丞相顺德忠献王碑》，第465页。

2 《史集》汉译本第三卷（第224页）记载乞合都汗有妃子为阿儿剌部人，亦见《五世系》f. 144b。

3 巴托尔德：《中亚突厥史十二讲》，罗致平译，中国社会科学出版社，1984，第217页。

4 米尔咱·海答儿：《赖世德史》第一章第二部分卷首，王治来译注，上海古籍出版社，2013，第153~154页。

5 《元朝秘史〉校勘本》第46节，第14页；《蒙古秘史》，余大钧译本，第34页。《史集》汉译本第一卷第一分册，第325页。阿布尔－哈齐－把阿秃儿汗：《突厥世系》，罗贤佑译，中华书局，2005，第66页。

婚姻集团关系的，目前所见唯有波斯文史籍《瓦萨夫史》，据此，组成鞑靼的诸部有："兀鲁、忙兀、合塔斤、散只兀、速合讷惕、秃马惕、别速、八邻、赤那思、不答惕、八鲁剌思、阿答儿斤、朵豁剌惕，[他们之间] 有血缘关系。斡亦剌、弘吉剌、豁罗剌思、塔塔儿、克烈、札剌亦儿、伯岳吾、逊都思、土别燕、KŪĪNKŪT、阿儿剌，是姻亲关系。"[1]《瓦萨夫史》的纂修年代和《史集》相去不远。对比《瓦萨夫史》与《史集》的部族划分，《瓦萨夫史》所谓存在血缘关系的部族，除秃马惕外，其余均对应于《史集》的尼伦蒙古。《瓦萨夫史》厘定为甥舅关系的诸部，以斡亦剌、弘吉剌为首，这两部的若干贵族家庭恰是蒙元皇室的主要通婚对象。其他甥舅关系的部族，大致相当于迭列列斤蒙古与其他蒙古诸部。可以推测，《瓦萨夫史》这段记载与《史集》同源，但是对甥舅关系的描述，来自作者从个例出发的推演，并不能反映蒙古人自身对部族关系的认识。在贵族色彩浓厚的政治文化中，时人倾向于用一两个显贵家族的个案来概括其所在部族的整体情况。

　　实际上，古代蒙古社会实行严格的族外婚制的观点与史实不符。元代史料中，不乏同部人自相嫁娶的例子。[2] 不仅如此，家

1　Shihāb al-Dīn 'Abd Allāh Sharaf Shīrāzī, *Tārīkh-i Vaṣṣāf al-Ḥaẓrat*, Vol. 4, ed. by Alī Riżā Ḥājyān Nizhād, Tihran: Intishārāt-i Dānishgāh-i Tihrān, 2009, pp.375-376; Vaṣṣāf al-Ḥaẓrat, *Tārīkh-i Vaṣṣāf al-Ḥaẓrat*, Bombay: Muḥammad Mahdī Iṣfahānī, 1853, p.558; *Taḥrīr-i Tārīkh-i Vaṣṣāf*, digested by 'Abd al-Muḥammad Āyatī, Tihrān: Pizhūhishgāh-i 'Ulūm-i Insānī va Muṭāli'āt-i Farhangī, 1967, p. 291.

2　《关关神道碑》记载，乃蛮部人关关的曾祖父和关关本人都娶乃蛮氏为妻。见顺治《温县志》卷上《元功臣关关墓碑铭》(《清代孤本方志选》第 2 辑第 7 册，第 48~52 页)。考古工作者对现存的关关神道碑进行了录文，见李建兴、罗火金、王再建、陈秀敏《河南温县元代关关墓地及神道碑考》，河南省博物馆学会编《博物馆学论丛》(5)，中州古籍出版社，2003，第 361~369 页。

族内部婚姻的禁忌也是比较有限的。[1]

13 世纪中叶，教皇先后派遣多批使节出使蒙古汗廷，使节们对蒙古人的社会生活诸方面进行了观察、记录。其中，加宾尼注意到"按照他们的通常风俗，可以同任何亲戚结婚，但他们的母亲、女儿和同母姐妹除外。不过，他们可以和同父异母的姐妹结婚，甚至在他们的父亲去世以后，可以同父亲的妻子结婚；弟弟也可以在哥哥去世以后同他的妻子结婚，或者，另一个较年轻的亲戚也视为当然可以娶她。此外的一切其他妇女，他们都可以娶作妻子，没有任何区别"。[2] 与加宾尼几乎同时出使的教皇使节西蒙·圣宽庭称："鞑靼人只要能够供养，就可以想娶多少妻子就娶多少妻子，不顾血亲关系。因为，在鞑靼人的妻子死后，他娶她的所有姐妹或者她们的女儿为妻，只要她们让他满意，或是一个接着一个，或是一起娶。不婚的只有三种女人：他们的母亲、女儿和姐妹。但是此外他们可以随意娶其他所有人为妻，包括他的亲属、他的妻子们的亲属和前妻们的亲属。"[3] 稍后出使蒙古汗廷的鲁布鲁克记述道："他们遵守一亲等、二亲等以内之血亲不得结婚的风俗，但是不遵守姻亲之间不得结婚的风俗；因此，一

---

1 类似近亲结婚的现象也见于女真人中，《金史》记载金太祖"诏自收宁江州已后同姓为婚者，杖而离之"（《金史》卷二《太祖纪》，第 30 页）。

2 道森编《出使蒙古记》，吕浦译，周良霄注，中国社会科学出版社，1983，第 8 页。

3 西蒙·圣宽庭：《鞑靼史》，让·里夏尔法译、注释，张晓慧汉译，周思成校，《西域文史》第 11 辑，科学出版社，2017，第 250 页。可资佐证的是，伊利汗完者都的蒙古异密忽都鲁沙认为，伊斯兰教允许与女儿结婚、与母亲和姐妹通奸这类可耻行为，违反了成吉思汗的札撒和约孙，见 Abū al-Qāsim 'Abd Allāh b. Muḥammad Qāshānī, *Tārīkh-i Ūljāytū*, p.98；大塚修、赤坂恒明、髙木小苗、水上遼、渡部良子訳註『カーシャーニー オルジェイトゥ史』，201 頁。参彼得·杰克森《蒙古帝国与伊斯兰世界：从征服到改宗的历史大变局》，廖素珊、王紫让译，广场出版，2022，第 405 页。

个人可以同时或先后娶两个姐妹为妻。"[1] 根据这些记录，蒙古人的通婚范围相当广泛，除三代直系血亲、亲兄弟姐妹之外，可以与其他亲属通婚。这一通婚范围，无疑与前述同源部族之间存在严苛的婚姻禁忌的观点形成了强烈的反差。

《完者都史》记载笃哇与海都之子察八儿之间遵循"安达忽答"之约。[2] "忽答"，《秘史》旁译"亲家"。[3] 在蒙元时代安达忽答专指义结姻亲。[4] 笃哇与察八儿之间的安达忽答之约，表明安达忽答的约定并不局限于所谓异姓氏族之间，成吉思汗的不同支脉之间也可存在亲家关系。尽管尚未找到笃哇与察八儿两支相婚娶的史料，但是可以找到其他黄金家族的支脉相通婚的事例。《史集》记载海都之女忽秃仑－察合向伊利汗表示："我要做你的妻子，我不出嫁给别人。"[5] 她与伊利汗同为成吉思汗子孙，这一身份却并不妨碍她向伊利汗示以婚姻之意。更有甚者，合赞汗的女儿完泽忽都鲁先后嫁给了宗王巴思塔木和不赛因汗。[6] 不赛因汗是完者都汗

1　道森编《出使蒙古记》，第 121 页。

2　参见邱轶皓《〈完者都史〉"704 年纪事"译注》，《暨南史学》第 17 辑，暨南大学出版社，2018，第 97 页。

3　《〈元朝秘史〉校勘本》第 62 节，第 21 页。

4　安答忽答，见《元文类》卷二三阎复《驸马高唐忠献王碑》，第 438 页；《史集》汉译本第一卷第一分册，第 171、279 页。

5　《史集》汉译本第二卷，第 17~18 页。

6　合赞汗的女儿完泽忽都鲁先嫁给了宗王巴思塔木，见《史集》汉译本第三卷，第 343 页；Abū al-Qāsim ʿAbd Allāh b. Muḥammad Qāshānī, *Tārīkh-i Ūljāytū*, pp. 42, 82.《贵显世系·不赛因汗后妃》记载："不赛因算端的大哈敦是合赞汗的女儿，由卜鲁罕哈敦所生。"(*Muʿizz al-Ansāb*, f. 78a)。类似的记载亦见 Fakhr al-dīn Dāvūd Banākatī, *Tārīkh-i Banākatī*, ed. by Jaʿfar Shiʿār, Tehran: Intishārāt-i Anjuman-i Āsār-i Millī, 1969, p. 478; Abū Bakr al-Quṭbī al-Ahrī, *Taʾrīkh-i Shaikh Uwais (History of Shaikh Uwais): An Important Source for the History of Ādharbaijān in the Fourteenth Century*, by Door Johannes Baptist van Loon, ʾs-Gravenhage: Uitgeverij Excelsior, 1921, p. 51。

之子，完者都与合赞是兄弟，完泽忽都鲁与不赛因是堂兄妹关系。此外，《史集》记载伊利汗阿合马娶了勤疏之女亦里忽都鲁，阿合马是旭烈兀之子，而勤疏是旭烈兀之孙，也就是说阿合马娶了自己的侄孙女为妻。[1] 可见伊利汗国的成吉思汗子孙不仅自相婚嫁，而且关系较近的父系亲属之间也可通婚。

总之，史料中可见同为迭列列斤、尼伦蒙古的部族之间相互通婚的例证，以及孛端察儿后裔诸部通婚的例证。不仅如此，还存在同一部族中间以及父系家族内部自相婚姻的情况。这些例子恰恰印证了欧洲使节对普通蒙古人婚姻选择范围广泛的观察。虽然黄金家族在传统上有着固定的通婚家族，但是这并不等同于对通婚部族有着严苛的限制。抛开现实政治的考量，单就婚姻习俗角度上讲，蒙古人保持着较为广泛的通婚选择范围。观念上的血缘谱系，并没有对社会婚姻习俗产生实际的影响。

四 释"亲连天家，世不婚姻"

研究者注意到，在"圈层结构"中，札剌亦儿部的位置比较特殊。以木华黎家族为代表的札剌亦儿人，被认为与黄金家族之间有着不可逾越的婚姻鸿沟，即所谓"亲连天家，世不婚姻"。[2] 钱大昕认为，这是因为札剌儿（札剌亦儿）是元之同族。[3] 现代学者大多解释为，札剌亦儿人对黄金家族而言，属于斡脱古·孛

1　《史集》汉译本第三卷，第22、165页。

2　《元文类》卷二四元明善《丞相东平忠宪王碑》，第443页。

3　刘砚月：《钱大昕〈元史氏族表〉研究与校注》，博士学位论文，南京大学，2016，第86页。

斡勒（老奴婢），身份地位高下有别，因而不能通婚。[1] 这一情况，与上文论述的蒙古人通婚范围之广形成矛盾。那么，木华黎家族与黄金家族究竟是什么关系？札剌亦儿部人是否遵循同样的婚姻习俗？斡脱古·孛斡勒的身份与婚姻禁忌之间的联系是否真的成立？

札剌亦儿木华黎家族的确不与黄金家族联姻，以致木华黎家族出身的拜住，在元英宗"诏姻宗室女"之时特意辞谢之。[2] 如何解释这一现象？时人以"亲连天家，世不婚姻"来描述木华黎家族与黄金家族的关系。所谓"亲连天家"，往往被理解为对曾经主仆关系的溢美之词。《秘史》记载，铁木真战胜主儿勤部之后，原在主儿勤部那里的古温·兀阿（即孔温窟哇）将己子木华黎献与铁木真作门限内奴婢。[3] 但是有史料表明，木华黎家族与成吉思汗之间的关系比《秘史》记载的更为亲密。罗鹭揭示，中国国家图书馆藏明抄本《揭文安公集》附有不见于揭傒斯文集通行版本的佚文四篇，其中《忽速忽尔神道碑》的碑主是木华黎曾孙、嗣国王忽速忽尔。碑中提到木华黎的父亲孔温兀曷（即孔温窟哇）是"神元皇帝之母之妹之子"，[4] 也就是说孔温兀曷与成吉思汗的父亲也速该是表兄弟，木华黎的祖先与黄金家族确实是姻亲关系。除了"亲连天家"这样的表述之外，黄溍撰《命相诏》（命拜住为相）云："念其帝室之勋臣，赐以国人之氏

1　参见谢咏梅《蒙元时期札剌亦儿部研究》，辽宁民族出版社，2012，第 207~210 页。

2　《金华黄先生文集》卷二四《中书右丞相赠孚道志仁清忠一德功臣太师开府仪同三司上柱国追封郓王谥文忠神道碑》，第 5 页 a。

3　《蒙古秘史》，余大钧译本，第 175 页。

4　罗鹭：《揭傒斯〈忽速忽尔神道碑〉考释》，《元史及民族与边疆研究集刊》第 42 辑，第 210 页。

族。"[1]广义上的国人，是指蒙古人，但是札剌亦儿人早已被视作蒙古人，其国人身份何须元朝皇帝特意赐予？因此这里的"国人之氏族"，应当理解为狭义的概念，即统治家族。木华黎家族区别于其他札剌亦儿人，被黄金家族视作家人，用元人的话讲，是"戚里"[2]的关系。

　　除木华黎家族之外的札剌亦儿人，在元朝史料中尚未找到与黄金家族通婚的例证，但在其他汗国却屡见不鲜。在拖雷系后王中，阿里不哥之子明里铁木儿，娶了札剌亦儿部落的兀勒都忽儿那颜的孙女。明里铁木儿的异密中，有札剌亦儿部人名叫章吉古列坚，从"古列坚"的名号可以看出此人是黄金家族的驸马。[3]窝阔台之子合剌察儿的女儿秃剌、也速迭儿先后嫁给了札剌亦儿部人也可－也速古儿。[4]窝阔台的孙子、合丹之子睹儿赤，其女兀鲁，嫁给了札剌亦儿人兀鲁思。[5]察合台重孙八撒儿之女嫁与札剌亦儿人也速不花。[6]伊利汗国也不乏皇室与札剌亦儿部人通婚的例子。[7]伊利汗乞合都之后妃爱舍哈敦和董迪哈敦（后为合

1　《金华黄先生文集》卷七《命相诏》，第1页a。

2　苏天爵辑撰《元朝名臣事略》卷一《太师鲁国忠武王》，姚景安点校，中华书局，1996，第1页。

3　《史集》汉译本第二卷，第381、383页。

4　*Shu'ab-i Panjgāna*, f. 126a.

5　*Shu'ab-i Panjgāna*, f. 127a.

6　*Shu'ab-i Panjgāna*, f. 119b.《史集》察合台子孙世系图，汉译本失载，见乌兹别克斯坦科学院东方抄本部1620号《史集》抄本 ff. 141b-142a、土耳其伊斯坦布尔托普卡帕·萨莱图书馆1518号《史集》抄本 ff. 170b-171b。

7　伊利汗与札剌亦儿人的通婚关系，参见志茂硕敏『モンゴル帝国史研究 正篇』東京大学出版会、2013、541、550頁；Christopher P. Atwood, "Ulus Emirs, Keshig Elders, Signatures, and Marriage Partners: the Evolution of a Classic Mongol Institution," in David Sneath ed., *Imperial Statecraft: Political Forms and Techniques of Governance in Inner Asia, Sixth-Twentieth Centuries,* Bellingham:Center for East Asian Studies, Western Washington University for Mongolia and Inner Asia Studies Unit, University of Cambridge, 2006, pp.162-163.

赞收继）均出自札剌亦儿部。[1] 阿鲁浑之女完者台嫁与札剌亦儿部人阿黑不花。[2] 完者都的后妃阿迪勒沙哈敦、锁咬儿哈的迷失均出自札剌亦儿部。[3] 可见札剌亦儿人在蒙元时代初期直到伊利汗末期，一直有与黄金家族通婚的例子。

亦邻真指出斡脱古·孛斡勒即汉文语境的元勋世臣，因而在《史集》中几乎所有蒙古官员都是斡脱古·孛斡勒。[4] 其后艾骛德发表了类似的见解，《史集》中功勋世臣家族长期从属于成吉思汗先祖的情况，常常出于拉施特对斡脱古·孛斡勒的理解，实际上这种长久的依附关系并不存在。[5]《史集》"塔塔儿部"明确表示："有一些人成为尊贵的大异密和斡耳朵里的国家当权人物；斡脱古 - 孛斡勒的地位适用于他们。"[6] 被称为"斡脱古 - 孛斡勒"的塔塔儿人曾是成吉思汗的劲敌，显然在成吉思汗统一草原之前与成吉思汗家族之间并不存在从属关系，也并不存在婚姻禁忌。[7] 又如《史集》记载成吉思汗命令伯岳吾部"称为斡脱古。他们拥有习惯所规定的可从 [成吉思汗] 氏族中聘娶姑娘的权利"。[8] 表明作为老奴婢的伯岳吾部贵族，依

1　《史集》汉译本第三卷，第 224 页；*Shu'ab-i Panjgāna*, f. 144b；*Mu'izz al-Ansāb*, ff. 69a-69b.

2　《史集》汉译本第三卷，第 191 页；*Shu'ab-i Panjgāna*, f. 147b；*Mu'izz al-Ansāb*, f. 73b.

3　Abū al-Qāsim 'Abd Allāh b. Muḥammad Qāshānī, *Tārīkh-i Ūljāytū*, pp. 7-8. *Mu'izz al-Ansāb*, ff. 76a-76b. 锁咬儿哈的迷失之父忽辛驸马、阿迪勒沙哈敦之父撒儿塔黑见《史集》汉译本第一卷第一分册，第 154、159 页。

4　亦邻真：《关于十一十二世纪的孛斡勒》，《元史论丛》第 3 辑，中华书局，1986，第 28 页。

5　艾骛德：《蒙古人、阿拉伯人、库尔德人和法兰克人：拉施德丁的部落社会比较民族学研究》，贾衣肯译，李鸣飞校，《欧亚译丛》第 1 辑，第 134 页。

6　《史集》汉译本第一卷第一分册，第 175 页。

7　除成吉思汗娶塔塔儿部人也速干、也遂为妃之外，还有塔塔儿部人与伊利汗家族互相聘娶，参见志茂硕敏『モンゴル帝国史研究 正篇』，853-857 页。

8　《史集》汉译本第一卷第一分册，第 295~296 页。

据祖宗之法可以娶黄金家族的公主为妻。事实上，伯岳吾部不合家族、锁儿罕家族与拖雷后人和伊利汗保持通婚关系，[1] 蒙哥和忽必烈都有妻子曰伯要兀真，出自伯岳吾部。[2] 以上诸例证明，斡脱古·孛斡勒因身份地位卑于黄金家族而不能与后者通婚的观点，与史实不符。姚大力指出："很普遍地存在于 13 世纪初叶被成吉思汗统一的蒙古草原社会内部的那种主奴关系，给元代社会关系的某些领域，包括君臣领域关系在内，带来一种主奴观念泛化的趋向。"[3] 既然普天之下莫非王臣，那么强调某一氏族因是黄金家族的老奴婢而身份卑下不得与黄金家族通婚，这一逻辑显然有内在的矛盾。不妨举元末权臣篾儿乞氏伯颜的例子加以说明。伯颜辅佐文宗即位，文宗"特命尚世祖阔〔阔〕出太子女孙曰卜颜的斤"。[4] 他"本郯王家奴也，谓郯王为使长。伯颜至是怒曰：'我为太师，位极人臣，岂容犹有使长耶？'遂奏郯王谋为不轨，杀郯王并杀王子数人"。[5] 伯颜对曾是郯王家奴的这一段经历颇为敏感，但是郯王家奴的身份并没有妨碍他娶元朝宗室之女为妻。

　　总之，"亲连天家""赐以国人之氏族"的木华黎家族，不与

1　邱轶皓：《见诸波斯史料的一场元代宫廷政变》，《蒙古帝国的权力结构（13~14 世纪）：汉文、波斯文史料之对读与研究》，博士学位论文，复旦大学，2011，第 198 页。志茂碩敏『モンゴル帝国史研究　正篇』、579~591 頁。

2　《史集》汉译本第一卷第一分册，第 298 页；汉译本第二卷，第 240、294 页。《元史》卷一〇六《后妃表》，第 2699 页。

3　姚大力：《论蒙元王朝的皇权》，《蒙元制度与政治文化》，北京大学出版社，2011，第 170 页。

4　《元史》卷一三八《伯颜传》，第 3337 页。亦见马祖常《石田先生文集》卷一四《敕赐太师秦王佐命元勋之碑》，《北京图书馆古籍珍本丛刊》第 94 册影印后至元五年刊本，书目文献出版社，1998，第 297 页。

5　《庚申外史笺证》，第 17~18 页。

黄金家族通婚，根源于木华黎家族在元朝的重要而特殊的地位，而不是地位高下之别。不能以木华黎家族的个案来推衍整个札剌亦儿部的情形，进而影响我们对斡脱古·孛斡勒与黄金家族关系的理解。

小　结

《史集》对蒙古诸部"圈层结构"的记载，不仅与《元朝秘史》等史料存在差异，而且尼伦－迭列列斤分类并不是唯一的版本，《史集》本身还记载了不同的部族分类，恰与《秘史》相合。这启发我们，《秘史》中成吉思汗先祖的绵长世系，与《史集》所载部族血缘关系一样，都是在不同传说文本的基础上，进行拼接整合的结果。蒙古社会流传的诸多口述材料，只有那些能够被加以改造、利用，纳入"国史"修纂逻辑之中的故事才能被采纳。"国史"的修纂逻辑，一方面是要彰显黄金家族君权神授的天命观，另一方面是要使"国史"文本逻辑自洽、整饬完备，把几乎每个部族恰当地"安排"进血缘世系当中。当然这种圈层式的血缘观念，并不是蒙元时代独有的。一些人类学研究显示，血缘谱系观念在人类社会中普遍存在，祖先崇拜往往与神祇崇拜相等同，在这样的谱系结构中，人的地位是根据与始祖关系的亲疏远近来决定的。[1] 林林总总的血缘起源传说在成吉思汗建国之

1　易建平：《部落联盟与酋邦——民主·专制·国家：起源问题比较研究》，社会科学文献出版社，2004，第186~199页。

前的蒙古社会并存，这些观念又为新一轮的系谱生成提供了素材。政权的起灭兴替，为血缘系谱的不断生成、固化与遗忘提供动力。然而，这种观念上的"共同血缘"，在一般的蒙古社会中间并未流行开来。建构出来的"圈层结构"，没有从观念上导致部族间的婚姻禁忌。史料中对部族之间婚姻关系的提及，反映出在贵族色彩浓厚的政治文化影响下，若干世家大族的个案被用来概括整个部族的情况。

第六章　多语史料中的蒙古开国时间

　　前述五章围绕成吉思汗家族史如何影响整个蒙古早期史的面貌这一问题展开。接下来两章聚焦于成吉思汗本人，对蒙古开国史的讲述方式进行个案分析。

　　1206 年，铁木真在征服克烈等部族之后，基本完成了蒙古草原的统一，聚会于斡难河，建号"成吉思"汗。丙寅建号，历来被视为成吉思汗御极的标志性事件。不过，丙寅之外，中外史料在追溯成吉思汗崛起历程之时，对另一个时间节点格外强调。

　　在伊利汗国宰相拉施特所著《史集》的《蒙古史》部分中，

有两节专门记载成吉思汗登临大位。一在猪年，即伊斯兰教历599 年（相当于公元 1202~1203 年）。一在虎年，即伊斯兰教历602 年（相当于公元 1205~1206 年）。前者是铁木真战胜克烈部王汗之后的称帝之年，后者是建号成吉思汗之年。对于这两个年份，拉施特本人特作一番考辨，铁木真"称帝的那年是个猪年，他的死年也是个猪年。在蒙古编年史上，则认为他御极之年是他杀死乃蛮王太阳汗后、[群臣]向他献上成吉思汗尊号（laqab）之年"。[1] 在铁木真御极之年这一重大问题上，《史集》同时存在猪年与虎年两种说法。这种情况是如何造成的，尚未引起研究者足够的重视。

　如何定义蒙古开国的时间？这一问题已经超出单纯的历史"事件"层面，涉及怎样讲述历史，即在将"事件"纳入"叙事"的过程中，如何通过为"事件"赋予意义，来达到"宏大叙事"的目的。在这一研究思路之下，蒙元史尚存在一些问题值得探索。例如邱轶皓重新解读成吉思汗与群臣饮班朱泥河水的故事，揭示出蒙古历史"纪元"在不同史料中，从"十三翼之战""击败泰赤乌诸部"后移到"共饮河水"之时。[2] 本章将以成吉思汗御极为研究对象，通过分析中外史料对标志性事件的不同讲述方式，探讨蒙古开国"叙事"的不同生成路径。

1　《史集》汉译本第一卷第二分册，第 202~203、227~228、379 页。
2　邱轶皓：《如何"进入"蒙古历史——两则与"共饮班朱泥河水"相并行的故事及其传播》，《文史》2019 年第 3 辑。

一 "事件"与蒙古开国"叙事"

本节以大蒙古国为考察时段，探讨这一时期成书的史料在讲述蒙古历史时，赋予哪些历史事件以蒙古开国的关键意义。

在成吉思汗的同时代人对蒙古历史和成吉思汗生平经历的讲述中，尚未出现开国御极的标志性事件。1219 年《盩厔重阳万寿宫圣旨碑》刻录成吉思皇帝赐丘处机手诏，提到"七载之中成大业，六合之内为一统"。[1] 此诏虽出自汉人文臣之手，但可以反映大蒙古国的官方立场。诏中的"七载"，指的是 1211 年成吉思汗伐金以来。[2] 成吉思汗帝业的起点，既不是灭王汗后御极的猪年，也不是建号成吉思的虎年。1220 年前后耶律楚材制《西征庚午元历》，"中元岁在庚午，天启宸衷，决志南伐。……上元庚午岁，天正十一月壬戌朔，夜半冬至，时加子正，日月合璧，五星联珠，同会虚宿五度，以应我皇帝陛下受命之符也"。[3] 郭津嵩分析，庚午年（1210）的政治意义难以与战胜王汗的猪年、建号的虎年和出兵伐金的辛未年（1211）相提并论，选取庚午为历元是因为制历之法的限制。[4] 这至少说明耶律楚材制历之时，官

1　陈垣编纂《道家金石略》，第 445 页；蔡美彪编著《元代白话碑集录》，第 115 页，"大业"作"帝业"；北京图书馆金石组编《北京图书馆藏中国历代石刻拓本汇编》第 48 册，第 15 页；刘兆鹤、王西平：《重阳宫道教碑石》，第 59 页。诏书录文见《南村辍耕录》卷一〇《丘真人》，第 120 页；谢西蟾、刘天素：《金莲正宗仙源像传》，第 397 页，均与碑字句有所不同。

2　韩儒林认为"七载"指 1200 年消灭塔塔儿部以后，见《元史讲座》，北京出版社，2020，第 21 页。感谢李鸣飞老师惠示。

3　耶律楚材：《湛然居士文集》卷八《进西征庚午元历表》，《四部丛刊初编》影印元钞本，商务印书馆，1922，第 15 页 b~16 页 a。感谢邱轶皓老师惠示。

4　郭津嵩：《撒马尔干的中国历法：耶律楚材的"西征庚午元历"及其"里差"法考辨》，《中华文史论丛》2021 年第 1 期。

方尚未确定成吉思汗应天受命的年份。1221 年出使蒙古的南宋使节赵珙讲述"鞑主始起"，只提到成吉思汗少被金人所虏、尽知金国事宜。[1] 生活在毛夕里（Mosul）的历史学家伊本·阿昔儿（1160~1233）称，鞑靼人从乞台边境崛起之后，锋镝西指河中地区。[2] 供职于花剌子模王朝的奈撒维，亲历了蒙古人在河中地区的战争。1241 年他写成《札兰丁传》，回顾成吉思汗的崛起，围绕着阿勒坛汗与成吉思汗之间的关系展开。[3] 赵珙、伊本·阿昔儿和奈撒维，都是成吉思汗的同时代人，亲历或听闻了成吉思汗的崛起与征战。他们对成吉思汗崛起历程的讲述，尽管在细节上各有侧重，但共同点是都涉及成吉思汗的崛起与金朝的关联，而并没有具体地将某一事件作为他御极的标志。彼得·杰克森注意到，在最早一批提到蒙古入侵西亚的史家里，有一位埃及的科普特基督徒编年史家，将蒙古人的领袖称为"中国国王"。[4]

　　成吉思汗之后到忽必烈即位之前，时人对成吉思汗经历的表述中，有两个时间点逐渐得到重视。即本章开头提到的战胜克烈王汗的 1202~1203 年和建号成吉思的 1206 年。这两大事件开始

1　王国维：《蒙鞑备录笺证》，《王国维遗书》第 13 册，第 3 页 a。

2　Ibn al-Athīr, *The Chronicle of Ibn al-Athīr for the Crusading Period from al-Kāmil fī'l-ta'rīkh, Part 3: The Years 589-629/1193-1231, The Ayyūbids after Saladin and the Mongol Menace*, D. S. Richards trans., Farnham, Surrey: Ashgate, 2008, pp. 204-205.

3　Mohammed en-Nesawi, *Histoire du Sultan Djelal ed-Din Mankobirti, Prince du Kharezm*, traduit de l'arabe par O. Houdas, Paris: Ernest Leroux, Éditeur, 1895, pp. 7-10. 伊本·阿昔儿和奈撒维的记载，为马穆鲁克历史学家诺外利所吸收，参见 Anna Katharina Angermann, *Das Unfassbare fassen und zu Geschichte formen: An-Nuwayrīs Ḏikr aḫbār ad-dawla al-ǧinkizḫānīya*, Bonn: Inaugural-Dissertaton zur Erlangung der Doktorwürde der Philosophischen Fakultät der Universität Bonn, 2020, p. 159。

4　彼得·杰克森：《蒙古帝国与伊斯兰世界：从征服到改宗的历史大变局》，第 101 页。

被赋予开国御极的意义。需要指出的是，一些史料直接提及"即位"事件，还有一些史料尽管没有用"即位"一词，但是对这两大事件有着不同形式的强调。有的虽讲述了成吉思汗生平的许多故事，但以某个事件为叙事重点，点明了事件发生的时间；有的只讲述成吉思汗的一个事件，来概括他的生平经历。这些史料间接地显示出不同事件的开国意味。

1247 年出使蒙古的教皇使节西蒙·圣宽庭称鞑靼人在 1202 年杀死他们的君主，即曾经的印度君主长老约翰的儿子，随后选举成吉思汗为首领。[1] 长老约翰的传说，可能与有景教信仰的克烈部有关。与西蒙类似，另一教皇使节鲁布鲁克于 1253 年出使蒙古，也以战胜王汗为成吉思汗崛起之始。[2] 1245~1247 年，教皇使节加宾尼出使蒙古汗廷。他称蒙古人已战斗四十二年，他们预定还要统治十八年。推算其起始时间约在 1204 年，其依据不明，可能因为 1204 年是甲子年，加宾尼对干支纪年产生了误解。[3] 13 世纪 60 年代成书的《世界征服者史》中，有一节是关于成吉思汗兴起的简要纪事。其中讲述了伊斯兰教历 599 年成吉思汗与王汗进行的战争，尤其是两答剌罕告变和班朱泥河大战，成为此后波斯文史籍讲述蒙古历史的一个重要母题。这段纪事中并未出现建号成吉思之事及其年份。唯一标志着成吉思汗达到事业鼎盛的年份即是伊斯兰教历 599 年。此后对成吉思汗经历

1　西蒙·圣宽庭：《鞑靼史》，《西域文史》第 11 辑，第 246 页。

2　道森编《出使蒙古记》，第 141 页。

3　道森编《出使蒙古记》，第 25 页。

的叙述都较为简略。[1] 成吉思汗在猪年达到事业鼎盛的说法，也能在汉文史料中间接地找到踪迹。伊斯兰教历 676 年（相当于公元 1277~1278 年）抄成的《伊利汗天文表》提及班朱泥河之战，成吉思汗战胜了克烈部主亦剌合·鲜昆。这一年是猪年"癸亥"（gūy khāy），也是"中元"（jūng ūn）的最后一年，此后成吉思汗陆续征服了乞台和突厥诸君主。[2]《伊利汗天文表》的相关内容，其源头应该是某种汉文史籍。拉施特在《史集·中国史》"前言"中提到，根据《伊利汗天文表》所载乞台学者讲述的中国历史分期，从中国历史开端到成吉思汗杀死王汗、自立为王的猪年，已过去八千多万年。[3] 可见在汉文史料中，曾经存在成吉思汗猪年开国的说法。尽管现存的汉文史料中，找不到直接以猪年为成吉思汗开国之年的说法，但是汉文史料编年记事的开始时间，与猪年御极说有一定关系。《元史》《圣武亲征录》《通鉴续编》都以壬戌（泰和二年，1202）为编年记事的开端。[4] 这一年成吉思汗与王汗开始交恶，次年（即猪年）成吉思汗战胜王汗。《元史》1202~1203 年间的记事，相比之后数年篇幅更长、叙述更详。

在同一时期，猪年说并不是成吉思汗御极的唯一说法。波斯

---

1 志费尼：《世界征服者史》上册，J. A. 波伊勒英译，何高济译，商务印书馆，2004，第35~37 页。

2 John Andrew Boyle, "The Longer Introduction to the *Zij-i Ilkhani* of Nasir-ad-Din Tusi," *Journal of Semitic Studies*, 1963: 8, p.250；汉译见黄时鉴《〈伊利汗积尺〉的长序》，收入《黄时鉴文集》第 2 册《远迹心契》，中西书局，2011，第 340~347 页。

3 王一丹：《波斯拉施特〈史集·中国史〉研究与文本翻译》，昆仑出版社，2006，第 121 页。邱轶皓老师惠示，《瓦萨夫史》中亦有这段记载，所记年份更为准确。

4 《元史》卷一《太祖纪》，第 8 页；《圣武亲征录（新校本）》，第 84 页；《通鉴续编》卷一九，日本内阁文库藏元刻本，第 22 页 b。

史家尤兹札尼的《纳西里史话》，成书于 1259~1260 年，与《元朝秘史》《世界征服者史》的成书年代相近，有其独立史源。在讲述成吉思汗经历时，尤兹札尼提到的唯一一个时间点，并不是伊斯兰教历 599 年，而是 602 年，这一年成吉思汗崛起于秦和桃花石之地。[1] 可见，分别以猪年和虎年为成吉思汗御极时间的两种不同的说法，几乎在同一时期产生。只不过并非所有这一时期的史书都明确了成吉思汗的御极时间。稍晚于《世界征服者史》成书的《历史的秩序》（1275 年），涉及成吉思汗经历的部分，只提到他进攻花剌子模的年份。[2]

总之，在大蒙古国时人看来，建号成吉思并不总是铁木真生平经历中具有特殊意义的关键事件。战胜王汗的猪年和建号称汗的虎年，都曾被当作蒙古开国的时间。这两种说法几乎同时产生，在中西史料中都有不同程度的记载。不过，在大蒙古国时期之后，伊利汗国和元朝史料中的成吉思汗御极叙事呈现出较大的差异，下文分别加以分析。

二　波斯文史书中的猪年御极说

分别以战胜克烈部王汗和建号成吉思这两大事件为标志，蒙元时代的多语种史料围绕成吉思汗御极，形成了两种"叙事"模

1　Juzjani, *Tabakat-i Nasiri: A General History of the Muhammadan Dynasties of Asia*, tr. by H. G. Raverty, London: Gilbert & Rivington, 1881, Vol. 2, p. 935.

2　'Abdallāh ibn 'Umar Bayżāvī, *Niẓām al-tawārīkh*, ed. by Muḥammad Afshār, digitalized by www. Ghaemiyeh.com, p. 107.

式。本章开头提到的《史集·蒙古史》的记载，同时体现了这两种"叙事"模式的影响。拉施特一方面说铁木真称帝的那年是猪年，另一方面说是在杀死乃蛮王、建号成吉思之年。后一种说法的依据是"蒙古编年史"（Tārīkh-i Mughūlī），该词在《史集·蒙古史》中仅此一见，难以判断具体所指。只能说在铁木真御极之年问题上，所谓"蒙古编年史"的记载与拉施特依据的主要史源存在差异。[1]

通观《史集》的相关记事，拉施特兼采猪年和虎年御极说，其原因除了史源差异之外，可能还与编纂流程有关。[2] 由于卷入政争被杀等原因，拉施特未能完成《史集》的统稿工作，全书存在很多自相矛盾之处。根据最新的研究，《史集·成吉思汗纪》的初稿可能是最早完成的。在《部族志》完成后，《成吉思汗纪》又根据编纂前者时获得的资料有所增补。而《成吉思汗纪》的"编年纪要"部分则晚于传记主体编成。[3]《史集》层累的编纂过

1　《史集》抄本众多，"伊朗国民议会本"和"伊斯坦布尔本"是两个独立的抄本系统。"议会本"可能来自拉施特后人保存的初稿，而"伊斯坦布尔本"中则插入了可能非拉施特本人所作异文。参见 Stefan Kamola, *Making Mongol History Rashid al-Din and the Jami'al-Tawarikh,* Edinburgh: Edinburgh University Press, 2019, p. 138；C. P. Atwood, "Rashīd al-Dīn's Ghazanid Chronicle and Its Mongolian Sources," in Timothy May, Dashdondog Bayarsaikhan, Christopher P. Atwood eds., *New Approaches to Ilkhanid History,* Leiden: Brill, 2021, pp. 53-62. 猪年和虎年登基这两节，均包含在两个抄本系统中。但《史集》的早期阿拉伯语译本（Ayasofya 3034）中，《部族志》部分并无虎年登基的内容，这反映了拉施特草稿本的面貌。感谢邱轶皓老师惠示！

2　邱轶皓：《帖卜·腾格里所传神谕考》，《世界历史评论》2021 年第 4 期。邵循正、周清澍则认为拉施特的记述受到星占学说的影响，见邵循正《成吉思汗生年问题》，《历史研究》1962 年第 2 期；周清澍《成吉思汗生年考》，《内蒙古大学学报》1962 年第 1 期，此文亦收入《周清澍文集》中册，第 3~19 页。

3　邱轶皓：《帖卜·腾格里所传神谕考》，《世界历史评论》2021 年第 4 期，第 57~59 页。

程反映在猪年和虎年御极的问题上，呈现出以下矛盾。关于猪年，《史集》将成吉思汗的一生划分为以下几个阶段：1155~1167年、1168~1194 年、1195~1203 年、1204~1210 年、1211~1219年、1219~1227 年。可见 1203 年（猪年）具有划分时代的意义。在《史集》的一些抄本中（如伊斯坦布尔本、塔什干本），猪年登临汗位一节附有画像（或存或残），虎年建号一节并无画像。鉴于《史集》在关键之处配有画像的一般情况，可以推测猪年的登临汗位，被视作成吉思汗事迹中较关键的情节。关于虎年，《史集》总目录中说成吉思汗在位 23 年，《成吉思汗纪》的"编年纪要"也以取得成吉思尊号为界，将铁木真的主要生平经历划分为两部分，建号之前共 11 年，建号之后共 22 年。[1] 可能的情况是，《史集》在初撰时采用猪年御极说，在最后的增补定稿阶段参酌"蒙古编年史"增入虎年御极说。

　　拉施特的另一部著作《五世系》简述成吉思汗生平如下："征服了克烈部的君王王汗后，被称为'成吉思'，意为'伟大的君王'。此后当他杀死乃蛮部君王太阳汗，他的王位确立和稳固了，并立起了九斿大旗，尊号为'成吉思汗'。"[2] 建号成吉思、立九斿大纛的时间，被分别放置在战胜王汗和太阳汗之时，这两个时间节点都得到强调。成书于帖木儿王朝的《贵显世系》，部分以《五世系》为蓝本。《贵显世系》在《五世系》成吉思汗生平简述的基础上，增加如下内容：成吉思汗在伊斯兰教历 599

1　《史集》汉译本第一卷第一分册，第 98 页；汉译本第一卷第二分册，第 374~380 页。
2　*Shu'ab-i Panjgāna*, f. 105b.

年，即 50 岁之时即位，在 624 年死于乞台边境，统治了 25 年。[1]
可见到了《贵显世系》那里，只采用了成吉思汗御极于猪年的
说法。

拉施特《史集》中的《中国史》，在概述成吉思汗生平时，
只提到 602 年建号成吉思汗一事，并未提及 599 年铁木真战胜
王汗后即位一事。[2]《史集·中国史》的同源文献《五世系·乞台
君主世系》也只记载铁木真于 602 年即位，建号成吉思汗。[3]《史
集·中国史》的史源，与《史集·蒙古史》不同，来自留居波斯
的中国学者提供的资料。在成吉思汗御极问题上，此资料与《元
朝秘史》等汉文史料保持一致。

可见拉施特《史集》中的成吉思汗御极，体现了两种"叙
事"模式的影响。拉施特依据的主要史料记载了猪年御极说，而
虎年御极说则来自所谓"蒙古编年史"和传入伊利汗国的汉文
史料。

在成吉思汗御极叙事上，《世界征服者史》《史集》等著作对
伊利汗国及其后的波斯文史籍产生了广泛的影响。一些史学著作
承袭了《世界征服者史》和《史集》的主要情节，既提到猪年
铁木真战胜王汗后即位，又提到虎年建号称帝。如《瓦萨夫史》
（1312 年成书）提到伊斯兰教历 599 年成吉思汗与王汗在班朱泥
发生战事，成吉思汗获胜，宣谕诸部归顺。同时，书中也述及

1　*Mu'izz al-Ansāb*, f. 13b.

2　王一丹：《波斯拉施特〈史集·中国史〉研究与文本翻译》，第 178 页。

3　*Shu'ab-i Panjgāna*, f. 227b.

"癸亥"年帖卜·腾格里上尊号。[1] 又如《班那卡提史》（截止到1317 年的通史）在讲述成吉思汗经历时，没有给出确切的年份，只是笼统地提到铁木真战胜王汗后被尊为成吉思，杀死乃蛮部太阳汗后当上了君主。[2] 上述两大事件在托名帖木儿王朝兀鲁伯写成的《四兀鲁思史》（已佚，部分内容见《突厥系谱》与《人类个人历史的传记之友》）中都有提及。[3] 莫卧儿王朝史书《阿克巴志》也是如此。[4]

　　还有一些波斯史书，在 599 年和 602 年的两大事件之间，更强调和重视前者。《世系汇编》（1333 年成书）只提到 599 年成吉思汗战胜王汗，登上王位，没有记载帖卜·腾格里上尊号一事。[5] 穆思妥菲的《武功纪》（1335 年成书）对599 年和 603 年（可能是 602 年之讹）两个年份都有提及，称前者是成吉思汗即位的时间，后者是帖卜·腾格里上尊号的时间。[6] 可资对比，同作者的《选史》（1334 年成书），只记载 599 年铁木真战胜王汗，登

1　Shihāb al-Dīn 'Abd Allāh Sharaf Shīrāzī, *Tārīkh-i Vaṣṣāf al-Ḥażrat*, Vol. 4, ed. by Alī Riżā Ḥājyān Nizhād, Tihrān: Intishārāt-i Dānishgāh-i Tihrān, 2009, pp. 377-378. 参见邱轶皓《帖卜·腾格里所传神谕考》,《世界历史评论》2021 年第 4 期，第 67~72 页。

2　Dāvūd ibn Muḥammad Banākatī, *Tārīkh-i Banākatī*, ed. by Ja'far Shi'ār, Tihrān: Intishārāt-i Anjuman-i Āṣār-i Millī, 1969, p. 363.

3　*The Shajrat ul Atrak: Or the Genealogical Tree of the Turks and Tatars*, translated and abridged by Miles, London: Allen, 1838, pp. 69-72; Khwandamir, *Habibu's-Siyar, Tome Three, The Reign of Mongol and the Turk*, translated and edited by W. M. Thackston, Dept. of Near Eastern Languages and Civilizations, Harvard University, 1994, pp. 11-12.

4　Abūl-Fażl Mubārak, *Akbar Nāma*, Tihrān: Anjuman-i Āṣār va Mafākhir-i Farhangī, 1966, p. 118. 此条史料系邱轶皓老师提示。

5　Muḥammad ibn 'Alī ibn Muḥammad Shabānkāra'ī, *Majma' al-Ansāb*, ed. by Mīr Hāshim Muḥaddiṣ, Tihrān: Amīr Kabīr, 1984, p. 228.

6　Ḥamd Allāh Mustawfī Qazvīnī, *Ẓafarnāma*, Fātima 'Alāqa(ed.), Tihrān: Pazhuhishgāh-i 'Ulūm-i Insānī va Mutāli'āt-i Farhangī, 2011, v. 7, pp. 163, 185.

上王位（没有提到班朱泥之战）。尽管书中也提到战胜太阳汗和建号成吉思之事，但并未记载这些事件发生的时间。[1]

相对而言，猪年战胜王汗的故事，得到更广泛的接受和传播。一些波斯史书对猪年战胜王汗故事的讲述，比虎年上尊号要生动详细得多。这表现为，一些史书形成了高度相似的叙事模式，大致都包含"闻谋告变""班朱泥之战""饮浑水"这三个关键情节，只是详略不一。《世界征服者史》并没有提到饮浑水之事，只是提到班朱泥之战，反而对闻谋告变着墨颇多。《伊利汗天文表》（1278 年成书）在讲述班朱泥之战时也没有提及饮浑水之事（见上一节）。《蒙古消息》（1281~1285 年成书）讲述成吉思汗生平的唯一事件，就是猪年建立功业，在班朱泥河君臣共享食物。[2] 到了《史集》中，三个情节齐备，只是对饮浑水着墨不多。

铁木真战胜克烈人的故事，也是同时期其他语种史书讲述成吉思汗经历的主题。叙利亚史家把·赫卜烈思（1226~1286）对成吉思汗建国经历的记载中，只提到 599 年成吉思汗战胜王汗一事，无建号成吉思一事。[3] 在亚美尼亚史籍中，乞剌可思的

1　Ḥamd Allāh Mustawfī Qazvīnī, *Tārīkh-i Guzīda*, ed. by 'Abd al-Ḥusayn Navāyī, Tihrān: Amīr Kabīr, 1960, p. 581.

2　Maḥmūd ibn Mas'ūd Quṭb al-Shīrāzī, *Akhbār-i Mughūlān dar anbāna-yi Mullā Quṭb*, ed. by Īraj Afshār, Qum: Kitābkhāna-yi Buzurg-i Ḥaẓrat Āyat Allāh al-'Uẓmā Mar'ashī Najafī, 2009, pp. 19-21. 汉译见马海若《伊利汗国早期史料〈蒙古消息〉译注》,《西域文史》第 17 辑，科学出版社，2023，第 229 页。参见邱轶皓《帖卜·腾格里所传神谕考》,《世界历史评论》2021 年第 4 期，第 65 页。

3　Bar Hebraeus, *The Chronography of Gregory Abû'l Faraj (the son of Aaron the Hebrew physician commonly known as Bar Hebraeus being the first part of his political history of the world)*, translated by Ernest A. Wallis Budge, Piscataway: Gorgias Press, 2003, p. 352.

《亚美尼亚史》（成书于 13 世纪 60 年代），在讲述成吉思汗经历时，只提到他是生活在哈剌和林的鞑靼人的君主。[1] 稍晚成书的瓦尔旦（Vardan）所撰通史和葛里高尔（Grigor of Akanc'）的《弓手国族史》，都没有成吉思汗崛起的相关情节，只是提到鞑靼人从秦等地区西侵。[2]《东方史菁华》（1307 年成书）只讲述了成吉思汗神授汗权的传说故事。[3] 上述著作，都没有提到成吉思汗御极的历史事件。根据邱轶皓的研究，直到成书于 14 世纪的格鲁吉亚《百年纪》（1212~1318 年编年史），才开始记载班朱泥之战后，成吉思汗战胜王汗，登上王位。[4] 埃及马穆鲁克王朝的史家乌马里（Al-Ūmarī，1301~1349），参考了《世界征服者史》的记载，讲述成吉思汗的崛起经历，也只是提到战胜王汗一事。[5] 马格里奇（Al-Maqrīzī，1364~1442）在引述乌马里记载的基础上，也讲述了成吉思汗在战胜王汗之后建立国家、颁布札撒。[6]

1　Kirakos Gandzaketsi, *History of the Armenians*, tr. by Robert Bedrosian, New York, 1986, Chapter 20, Online version: http://www.attalus.org/armenian/(accessed 2022-6-22).

2　M. Éd. Dulaurier, *Les mongols d'après les historiens arméniens; extrait de l'histoire universelle de Vartan,* Paris: Imprimerie Impériale, 1858, p. 197;《弓手国族（蒙古）史》，札奇斯钦译，《宋辽金元史研究论集》，第 287 页。

3　Het'um, *History of the Tartars (The Flower of Histories of the East),* tr. by Robert Bedrosian, New Jersey, 2004, chapter 16, Online version: http://www.attalus.org/armenian/ (accessed 2022-6-22).

4　*The Georgian Chronicles of Kartlis Tskhovreba: A History of Georgia,* Stephen Jones (ed.), Tbilisi: Artanuji Publishing, 2014, p. 319. 参见邱轶皓《如何“进入”蒙古历史——两则与“共饮班朱泥河水”相并行的故事及其传播》，《文史》2019 年第 3 辑，第 238 页。

5　Klaus Lech, *Das Mongolische Weltreich: Al-'Umarī's Darstellung der Mongolischen Reiche in seinem Werk Masālik al-abṣār fī mamālik al-amṣār,* Wiesbaden: Otto Harrassowitz, 1968, p. 94.

6　David Ayalon, "The Great Yāsa of Chingiz Khān: A Reexamination (Part C2). Al-Maqrīzī's Passage on the Yāsa under the Mamluks," *Studia Islamica,* 1973, No. 38, p.111.

总体来看，伊利汗国的波斯文史籍和除此之外的蒙元时代多语史料，在战胜王汗和建号这两大具有御极意义的事件之间，更加强调前者。这与元代汉文史料呈现的面貌有着很大的差异。

三　元代史料中丙寅建号说的流行

有别于波斯文献，元代汉文史料以丙寅建号说为主流。与成吉思汗生平经历中的其他关键时间节点相比，丙寅建号说如何通过"叙事的竞争"成为主流？

如前文所述，大蒙古国时期，人们讲述成吉思汗的事迹时，往往会提及征讨金朝的情节。根据曹金成的研究，到中统初年（1260~1261），耶律楚材之子耶律铸仍重申耶律楚材的"庚午受命"说："金大安元年，河清上下数百里。次年庚午，我太祖皇帝经略中原。……河清之征，太祖皇帝受命之符也。"[1] 中原士人对征金事件的重视源于以自我为中心的叙事视角。不过，前述成吉思汗同时代的伊本·阿昔儿和奈撒维，均提及蒙金战事。这显示出无论东西，蒙古锋镝所到之处，时人都将征金视作成吉思汗崛起的关键时间节点。

与耶律铸同时代的郝经，在讲述本国历史时，多次提到两个时间节点。一是"国家光有天下""本朝立国""国家建极开

1　耶律铸：《双溪醉隐集》卷二《取和林》，《景印文渊阁四库全书》第 1199 册，台湾商务印书馆，1986，第 386 页。类似说法亦见同书卷一《龙和宫赋》，第 371 页。参见曹金成《元朝德运问题发微：以水德说为中心的考察》，《中国史研究》2021 年第 3 期。

统"，[1] 均指 1206 年。1206 年为开国历史之始这也被元人普遍接受。[2] 二是"有中国"，是从蒙古占领燕京算起。[3] 略晚于郝经的王恽，将"有天下""有区夏"的时间都认定为蒙古占领燕京。[4] 从王恽的例子来看，并不是所有汉人知识分子的"天下观"都随着蒙古人的世界征服而拓展。尽管如此，在元人的普遍意识中，1206 年一般被视为"国家有天下"的时间节点。从事件叙述上看，丙寅建号逐渐固化为成吉思汗御极的标志，得到广泛的传播。如称太祖皇帝"肇启土宇，建帝号""方尊位号，始定教条"，[5] 类似的看法成为时人的普遍认知。元人对于成吉思汗御极的看法，从源头上讲出于蒙古统治者对于自身历史的讲述和定义，《秘史》对建号成吉思的重视，反映了大蒙古国时期蒙古统治者就已经将建号视为开国御极的标志性事件。不过，虽然称汗建号被视作统治合法性的来源，这一传统在元代汉文史料中延续下来，但与《秘

1　郝经撰，张进德、田同旭编年校笺《郝经集编年校笺》卷二四《上赵经略书》，人民文学出版社，2018，第 638 页；卷三二《东师议》，第 822~823 页；卷三二《河东罪言》，第 843 页；卷三七《宿州与宋国三省枢密院书》，第 981 页；卷三七《上宋主请区处书》，第 1000 页。

2　《胡祇遹通集》卷一二《又上宰相书》，第 297 页；魏初：《青崖集》卷四《奏议》，《景印文渊阁四库全书》第 1198 册，台湾商务印书馆，1986，第 744、747 页。

3　《郝经集编年校笺》卷三九《上宋主陈请归国万言书》，第 1040 页。

4　王恽论述"国家有区夏"等语，见《秋涧先生大全文集》卷三五《上御史台书》，第 13 页 b；卷八六《建国号事状》，第 9 页 a；卷八五《请论定德运状》《请明国朝姓氏状》，第 3 页 b~4 页 a；卷九二《郊祀圆丘配享祖宗奏状》，第 1 页 a。此外，王恽还多次表达"今国家有天下六十余年"，皆是从至元十八年前后算起，见卷九〇《便民三十五事·定法制》，第 3 页 a；卷三五《上世祖皇帝论政事书》，第 2 页 a；卷七九《元贞守成事鉴》，第 16 页 a。参植松正《汇辑〈至元新格〉及解说》，郑梁生译，《食货月刊》1975 年第 7 期；夏令伟《〈元史·王恽传〉勘误》，《内蒙古农业大学学报》2010 年第 2 期；毛海明《〈元史·王恽传〉行年订误》，《元代文献与文化研究》第 2 辑，中华书局，2013，第 62~69 页。

5　余阙：《青阳先生文集》卷九《元统癸酉廷对策》，《四部丛刊续编》影印明刻本，商务印书馆，1934，第 4 页 b；《元史》附录《进元史表》，第 4673 页。

史》的不同之处在于，元代汉文史料没有将建号与首次称汗挂钩，不排除《秘史》修成之后经历了修订、改写的可能（详见下一节）。《圣武亲征录》等史料未记阿勒坛等上尊号成吉思汗事，唯强调丙寅年建号成吉思。元文宗命修《经世大典》，将帝号放在开篇的位置。《序录》中云"君临天下，名号最重，作帝号第一"，《帝号》篇提到"至我太祖皇帝而大命彰，大号著，大位正矣。于是东征西伐，莫敢不庭，大王小侯，稽首奉命"。[1] 体现出天命之下建号正位，然后征服世界的逻辑，统治合法性并非来自征服。

　　元代修撰实录，开始采用汉式的皇帝纪元，追述祖宗事迹。根据成吉思汗同时代人的观察，当时的大蒙古国尚未采用成吉思汗纪元。《蒙鞑备录》记载："珙每见其所行文字，犹曰大朝，又称年号曰兔儿年、龙儿年，至去年方改曰庚辰年，今曰辛巳年是也。"《黑鞑事略》称："其正朔，昔用十二支辰之象，如子曰鼠儿年之类。今用六甲轮流，如曰甲子年正月一日或卅日，皆汉人、契丹、女真教之。若鞑之本俗，初不理会得，但是草青则为一年，新月初生则为一月。人问其庚甲若干，则倒指而数几青草。"[2] 上述情况反映在《元朝秘史》当中，《秘史》采取的是十二生肖纪年。与之类似，《史集》也采用生肖纪年（同时还有伊斯兰教历纪年）。《圣武亲征录》采用的是干支纪年。由此可见，大蒙古国时期普遍采用生肖和干支纪年。太祖纪元的采用，应源自

1　赵世延、虞集等撰，周少川、魏训田、谢辉辑校《经世大典辑校》，中华书局，2020，"总序"第2页、"第一帝号"第1页。

2　王国维：《蒙鞑备录笺证》《黑鞑事略笺证》，《王国维遗书》第13册，第4页b、第7页b。

入元之后人们对成吉思汗时代的追溯。由于成吉思汗的早年经历缺乏编年记录，其首次称汗的时间在元代修撰国史时已难以确知。丙寅建号则在史籍中班班可考，可作太祖纪元之始。《通鉴续编》中已经开始采用太祖纪元，起点正是丙寅建号。《通鉴续编》虽为元末南人陈桱编修，但书中有不少独家史料，很可能来自元廷流出的《实录》。[1] 这反映出元修《太祖实录》对太祖建号纪元的采用。元代文献中，常见太祖某年、太祖建帝号之某年、太祖皇帝正大位之某年这样的表述。在这些表述中，纪元的起点都是建号成吉思的丙寅年。太祖纪元的采用，强化了丙寅年的开国御极意义。可资对比的是，波斯文历表中也曾出现一种成吉思汗纪元，以 1203 年为元年，是以铁木真战胜王汗之后的年份，而不是以建号成吉思的年份为起点。[2]

　　铁木真战胜王汗的事件，在元人的讲述中，一般并不具有标志成吉思汗御极的特殊意义。时人或将征服克烈一事与征服乃蛮、西夏、金源、西域等并称，[3] 或称"王可罕败走死，诸部以次服"，[4] 将征服克烈作为平定诸部中最重要的一环。马可波罗在其行纪中讲述，1200 年成吉思汗与长老约翰（指王汗）交恶，发

1　《通鉴续编》卷一九，日本内阁文库藏元刻本，第 21 页 a。

2　S. H. Taqizadeh, "Various Eras and Calendars Used in the Countries of Islam," *Bulletin of the School of Oriental Studies*, Vol. 9, No. 4 (1939), p. 118. 文中提到伊斯兰历表中的另一种成吉思汗纪元，以 1206 年为元年，显然受到了元代丙寅建号说的影响，见元末永昌府写就的 Sanjufini《天文表》（Herbert Franke, "Mittelmongolische Glossen in einer arabischen astronomischen Handschrift von 1366," *Oriens*, 1988: 31, pp. 95-118 ）。

3　《元文类》卷二三元明善《太师淇阳忠武王碑》，第 428 页；戴良：《九灵山房集》卷二一《鹤年吟稿序》，《四部丛刊初编》影印明刻本，商务印书馆，1922，第 1 页 a；等等。

4　《元文类》卷二四元明善《丞相东平忠宪王碑》，第 444 页。

生大战，成吉思汗获胜，逐渐占领其全境。[1]1200 年的传闻，可能是成吉思汗和王汗之间战事的一种讹说。无论如何，其重要性与丙寅建号不可同日而语。

对成吉思汗生平经历的讲述，与统治合法性的塑造息息相关。大蒙古国的建立与扩张依赖于军事征服，但是按照塑造统治合法性的逻辑，军事征服是天授汗权的结果。正如《经世大典》所云，先"著号""正位"，后东征西伐。称汗和建号，才得以从战胜克烈、讨伐金朝、灭花剌子模乃至征服世界等一系列事件中"胜出"，成为统治合法性的基础。

四 《元朝秘史》中的两次称汗

蒙古人自身怎样讲述成吉思汗的生平经历？《元朝秘史》成书于大蒙古国时期，一定程度上反映了官方立场。《秘史》第202节记载虎儿年（1206）铁木真在斡难河源建九斿白纛称汗，大封开国功臣。[2]在《秘史》撰写者的眼中，这是否标志着成吉思汗御极呢？

早在《秘史》第123节中就已经记述，铁木真与札木合交恶、众人归附铁木真麾下之后，阿勒坛等人拥立铁木真为汗。值得注意的是，《秘史》将建号成吉思汗的时间提前至此时。[3]并且以第123节为界，《秘史》对成吉思汗的称呼呈现出明显不同的体

1　《马可波罗行纪》，第137~145页。

2　《〈元朝秘史〉校勘本》，第256~258页。

3　《〈元朝秘史〉校勘本》，第104页。

例。第 123 节之前，《秘史》直呼其名铁木真。第 123 节之后，《秘史》一律称其尊号成吉思汗，只有在记述别人的对话时才照录铁木真一名。这表明《秘史》的撰写者通过体例的区别，刻意强调铁木真第一次称汗之时就已建号成吉思汗。当然，《秘史》在第 202 节记载成吉思再次即位，成为有毡帐的百姓之汗。不过，相比于其他史料仅强调丙寅建号，《秘史》反而对铁木真第一次称汗一事颇为偏重。

《秘史》的记载，与《史集》《元史》等其他史料大相径庭，不排除入元之后经过改写的可能。沈曾植等学者已注意到，《重修文殊寺碑》汉文部分（1326 年）记载："成吉思汗皇帝，即位之年，降生察合歹。"[1] 察合台之弟窝阔台的生年有确切记载，可据以推测这次称汗应在 1186 年前。可资佐证的是，马可波罗一行于 1275 年到达忽必烈汗廷，与《秘史》的修撰时间相去不远，马可波罗提到"1187 年时，鞑靼人推选一大勇大智大有手腕之人为王，其名曰成吉思汗"。[2] 马可波罗提示的这一时间，与《秘史》所载铁木真第一次称汗的时间颇为相近。这显示至元朝建立之后，人们追溯成吉思汗开国时间，才开始出现 1180 年代铁木真即位的说法。

1　沈曾植：《元秘史补注》卷四，《民国丛书》第五编影印北平古学院 1945 年版，上海书店出版社，1996，第 3 页 b；贾敬颜、洪俊：《关系成吉思汗历史的几个问题》，《社会科学辑刊》1981 年第 3 期；余大钧：《一代天骄成吉思汗——传记与研究》，内蒙古人民出版社，2002，第 76 页。不过，《重修文殊寺碑》的回鹘文部分仅记载成吉思汗生察合台，并未提及即位之事，见耿世民、张宝玺《元回鹘文〈重修文殊寺碑〉初释》，《考古学报》1986 年第 2 期，感谢曹金成兄惠示！
2　马可波罗：《马可波罗行纪》，冯承钧译，上海书店出版社，2001，第 137 页。

到了明清时期，蒙古文史籍罗桑丹津的《黄金史》继承了《秘史》将建号成吉思提前的做法，对应于《秘史》第 123 节的部分，记事与《秘史》大体一致，但在结尾增添了一段话："丙寅年帖木真四十五岁，于斡难河上游，设九游白纛，即可汗之大位。"[1] 将《秘史》第 202 节建号的内容提前至此，保留了丙寅这一时间。[2]《蒙古源流》和《阿萨剌黑齐史》则改换了即位的具体时间，分别是己酉年（1189 年）和水虎年（1182 年）。[3] 就即位时间而言，除《黄金史》沿袭《秘史》之外，《蒙古源流》和《阿萨剌黑齐史》虽然具体年份各不相同，但大致都记载铁木真称汗在 12 世纪 80 年代。马可波罗和明清蒙古史籍所记时间，可能是对铁木真第一次称汗时间的不同讹记。

以《秘史》为代表的 12 世纪 80 年代建国的记载，尽管与铁木真建号的史实并不相符，但通过将称汗建号的时间提前，突显了成吉思汗早早统率诸部的天命地位。更为重要的是，《秘史》等史料的记载，反映出蒙古人自身对统治合法性的独特理解。邱轶皓的研究指出，蒙古人是在击败花剌子模之后，产生出全新的

1　罗桑丹津：《蒙古黄金史》，第 69 页。参札奇斯钦译注《蒙古黄金史译注》，联经出版事业公司，1979，第 22 页。

2　《黄金史》在细节上和《秘史》稍有不同。《秘史》中的"虎"年，在《黄金史》中作"丙虎"（bing bars）年；《秘史》"成吉思合罕 罕名 与了"，《黄金史》作"合罕 大位 坐了"；《黄金史》后文称铁木真为"天子"（tngri yin köbegün），《秘史》无此称号；等等。见《〈元朝秘史〉校勘本》，第 256 页；Sh. Bira, *The Golden Summary Which Relates Briefly the Deeds of Civil Governing Established by Ancient Emperors*, Ulan-Bator, 1990, f. 33r；乔吉校注《黄金史》，内蒙古人民出版社，1999，第 172 页。《黄金史》的这些异文，是反映了脱卜赤颜的原貌还是出于明清时代对脱卜赤颜的修订，未知。

3　乌兰：《〈蒙古源流〉研究》，第 150、192~193 页。不过，蒙古史籍中也存在丙寅建号的记载，见朱风、贾敬颜译《汉译蒙古黄金史纲》，第 18 页。

天命征服世界的观念。[1] 而蒙古人眼中成吉思汗统治合法性的来源，依照《秘史》等史料反映的情况来看，既不是战胜克烈和金朝，也不是击败花剌子模之后的世界征服，而是首次称汗和建立汗号（提前至首次称汗之时）。第二次（丙寅年）即位称汗，则是因为平定了有毡帐的百姓，扩大了蒙古政治集团的范围。

小　结

　　如何讲述开国史，这是不同地域不同时代的政权普遍需要面对的问题。与蒙元类似，辽金也是入主中原的北方草原政权。在辽金开国史问题上，苗润博揭示辽朝本来明确的开国年代遭到史官的全面改写，形成了常见的 907 年建国说，这根源于王朝汉化渐深以后对正统性、合法性的强烈诉求；[2] 邱靖嘉认为阿骨打于 1117 年称帝建国，国号"大金"，建元"天辅"，《金史》所记1115 年建国说乃是出于金修《太祖实录》时的系统建构。[3] 上述认识都暗含了一个前提，那就是开国年代本来是明确清晰的，只是经历了后世的改写。本章研究表明，史事的改写在蒙元时代同样存在，例如《秘史》对建号时间的改写。但是，在改写之前，首先得为"开国"做出定义。"开国"本身并不是确定不易的事件，而是具有政治意味的叙事。事件并不天然地具有意义，关键在于如何为事件赋予意义。大蒙古国建立之前，北方草原长期以

1　邱轶皓：《帖卜·腾格里所传神谕考》，《世界历史评论》2021 年第 4 期，第 62 页。
2　苗润博：《被改写的政治时间：再论契丹开国年代问题》，《文史哲》2019 年第 6 期。
3　邱靖嘉：《改写与重塑：再论金朝开国年代及其相关问题》，《文史哲》2022 年第 2 期。

来诸部并立，未形成统一的政权观念和族群认同。铁木真在崛起之初被拥立为汗，克烈部王汗表示赞许："您达达每若无皇帝呵，如何过？"[1] 可见此时铁木真作为蒙古之汗，仅局限于若干部族范围之内，并不包括以王汗为首的克烈部等后来被视为蒙古的诸部族。随着铁木真的东征西讨，越来越多的草原部族被纳入蒙古旗帜之下。在蒙古扩张的过程中，统治者并未有意识地通过某一具体的"开国"事件来获取政治合法性。在成吉思汗开启征服世界的进程之后，不同地域出身、文化背景和政治立场的人，对蒙古开国有着不同的看法和选择，基于不同心态的叙事因而产生。围绕着如何讲述成吉思汗御极，不同的历史事件形成了"叙事的竞争"。在成吉思汗同时代人的意识中，尚无成吉思汗御极的标志性事件。在成吉思汗时代之后，如何选择那些有"意义"的事件来完整地讲述这位世界征服者的生平故事，成为蒙古历史的讲述者们面临的问题。以《秘史》为代表的铁木真首次称汗说与分别以战胜王汗、建号成吉思这两个事件为标志的猪年御极和虎年御极说等不同说法在蒙古社会中产生。上述说法在不同语言文化环境中，呈现不同的流行程度。猪年战胜王汗而即位的叙事，先后为《世界征服者史》和《史集》所记录。由于《世界征服者史》和《史集》对波斯文历史写作的巨大影响，尽管虎年建号说亦有记载，但相对而言猪年说在伊利汗国的史籍中更加流行。从正统性的角度来理解，相比于战胜王汗，称汗和建号，其象征意义不在于政权从何人手中及何处夺取，"成吉思"的称号显示了强大

1　《〈元朝秘史〉校勘本》，第 107 页。

汗权的普适性，更符合"正名"的政治习惯。丙寅建号与太祖纪元相结合，成为汉文史料中元人对蒙古开国史的普遍认识。《秘史》中首次称汗、建号成吉思的说法，可能反映了更晚出的蒙古官方立场，并为明清蒙古史籍继承。铁木真首次称汗即建号成吉思的说法，当然并不符合史实。其作用在于，通过将建号时间提前，巩固成吉思汗长期以来就是蒙古诸部统治者的正统地位，这体现出称汗建号对构建统治合法性的重要意义。蒙古开国史的书写，经历了选择、流传、改写、定型的复杂过程。

第七章　四怯薛长的承袭与太祖旧制

成吉思汗给后世留下了丰富的政治遗产，成吉思汗时代确立的政治制度之一怯薛制，在元朝继续发挥重要作用。怯薛即轮番守卫，作为蒙元时代草原色彩浓郁的政治制度，广受学者关注。以怯薛轮值问题为核心，诸多学者对怯薛制度的各方面展开探研。早在 1916 年，日本学者箭内亘就对四怯薛长的承袭问题进行考察；之后萧启庆、叶新民专门研究了蒙元时期四大功臣家族承袭怯薛长的情况；洪金富、刘晓对怯薛轮值问题的研究和陈新元对怯薛官与元代政治的研究，均对怯薛长的承袭问题有所揭示。[1] 值得注意的是，研究蒙元历史的基础文献《元朝秘史》和《元史》，均对怯薛制度有所记载，但在制度创设和长官任命等方面记述颇有不同。相比于怯薛轮值等热点议题，研究者对《秘史》和《元史》所记史事的差异措意较少。[2] 近年来，艾骛德提出：四怯薛长由"四杰"家族承袭之制，首创于元世祖忽必烈时期，《元史》编纂者基于流传广泛的"四杰"事迹，错误地认为是由成吉思汗创立；在伊利汗国，四怯薛长制衍生为四兀鲁思异密（兀鲁思意为国，异密意为官长）制。[3] 该观点质疑了成吉思汗创立怯薛长承袭制一说，而这一成说究竟正确与否，又是如何产生、定型的？要解决这些问题，就需要准确解读《秘史》与《元史》的相关记载，对二者之间的差异给出合理解释，并进一步挖掘相关多语种史料，全面分

1　箭内亘：《元朝怯薛及斡耳朵考》，陈捷、陈清泉译，商务印书馆，1933，第18~26页；萧启庆：《元代的宿卫制度》，《台湾政治大学边政研究所年报》1973年第4期，后收入《内北国而外中国：蒙元史研究》，第216~255页；萧启庆：《元代四大蒙古家族》，《台湾大学历史系学报》1983年第9期，后收入《内北国而外中国：蒙元史研究》，第509~578页；叶新民：《关于元代的"四怯薛"》，《元史论丛》第2辑，中华书局，1983，第77~86页；洪金富：《元代怯薛轮值史料考释》，《中央研究院历史语言研究所集刊》第74本第2分，2003，第325~388页；刘晓：《元代怯薛轮值新论》，《中国社会科学》2008年第4期；刘晓：《"南坡之变"刍议》，《元史论丛》第12辑，内蒙古教育出版社，2010，第47~66页；刘晓：《〈珰溪金氏族谱〉所见两则元代怯薛轮值史料》，《西北师大学报》2015年第2期；陈新元：《元代怯薛制度新探》，博士学位论文，北京大学，2019，第111~119页。其他相关研究参见陈新元《元代怯薛制度新探》，"绪论"，第3~10页。

2　此系党宝海老师在授课过程中指出。

3　Christopher P. Atwood, "Ulus Emirs, Keshig Elders, Signatures, and Marriage Partners: the Evolution of a Classic Mongol Institution," in David Sneath ed., *Imperial Statecraft: Political Forms and Techniques of Governance in Inner Asia, Sixth-Twentieth Centuries*, Bellingham: Center for East Asian Studies, Western Washington University for Mongolia and Inner Asia Studies Unit, University of Cambridge, 2006, pp.141-174.

析怯薛长家族承袭的演变过程，进而阐释其在蒙元政权建立、发展中发挥的作用。本章写作的目的，是以四怯薛长承袭为个案来探讨蒙元时代的祖制想象，从一个侧面揭示成吉思汗的历史遗产如何形成。

一　《元朝秘史》与《元史》所记怯薛长官之制

《元史·兵志》是探讨怯薛制度的基本史料，其中记：

> 太祖功臣博尔忽、博尔术、木华黎、赤老温，时号掇里班曲律，犹言四杰也，太祖命其世领怯薛之长。怯薛者，犹言番直宿卫也。凡宿卫，每三日而一更。申、酉、戌日，博尔忽领之，为第一怯薛，即也可怯薛。博尔忽早绝，太祖命以别速部代之，而非四杰功臣之类，故太祖以自名领之。其云也可者，言天子自领之故也。亥、子、丑日，博尔术领之，为第二怯薛。寅、卯、辰日，木华黎领之，为第三怯薛。巳、午、未日，赤老温领之，为第四怯薛。赤老温后绝，其后怯薛常以右丞相领之。[1]

据此可知，成吉思汗任命"四杰"为四怯薛长，并由其家族世袭，第一、第四怯薛长的人选此后有所调整。四怯薛长领四番怯薛，每番三日一换。

---

[1]　《元史》卷九九《兵志》"宿卫"，第 2524 页。

　　除《元史》以外，《秘史》也记载了成吉思汗、窝阔台汗两朝怯薛制度创设与完善的过程。从中可以看出大蒙古国建立后，怯薛制度的架构如何搭建并从功臣集团中选任长官。

　　《秘史》第 124~125 节讲述了铁木真首次被拥立为汗并开始委任怯薛执事，包括箭筒士（火儿赤）、司膳（保儿赤）、牧羊人（火你赤）、佩刀卫士（云都赤）、掌骟马者（阿塔赤）、牧马人（阿都兀赤）、急使和整治房、车者，并以孛斡儿出、者勒篾二人为长。[1] 从这一系列任命可以看出，尽管职能划分清晰，但是怯薛如何轮值、换班，尚未明确。

　　铁木真称汗之后，逐步统一蒙古各部、完善草原官制，功臣集团规模也不断扩大。《秘史》第 225~227、278 节记载了成吉思汗建号之后及窝阔台汗在位期间怯薛制的情况，其架构较铁木真首次称汗时更为整饬，任职人员也有迭代。怯薛是轮值守卫人员的总称，轮值时主要分为三大部分。据《秘史》的记载，怯薛（蒙古语 kešig，译作"护卫"）由宿卫（蒙古语 kebte'ül，夜间入值）、箭筒士（蒙古语 qorčin）和散班（蒙古语 turqa'ut）构成。[2] 任职人员方面，宿卫、箭筒士和散班各有其长官，参见表 7-1。

1　《〈元朝秘史〉校勘本》第 124~125 节，第 104~107 页；《蒙古秘史》，余大钧译本，第 151~154 页。

2　《〈元朝秘史〉校勘本》第 278 节，第 390~391 页。

表 7-1　《秘史》所记轮值长官情况

成吉思汗时期轮值长官			窝阔台汗时期轮值长官		
宿卫长	箭筒士长	散班长	宿卫长	箭筒士长	散班长
也客·捏兀邻	也孙帖额	斡格列·扯儿必	合答安、不刺合答儿	也孙脱额	阿勒赤歹、晃豁儿塔孩
	不吉歹	不合*	阿马勒、察纳儿	不乞歹	帖木迭儿、者古
	火儿忽答黑	阿勒赤歹*	合歹、豁里合察儿	豁儿忽答黑	忙忽台
	刺卜刺合	朵歹·扯儿必*	牙勒巴黑、合刺兀答儿	刺巴勒合	
		朵豁勒忽·扯儿必*			
		察乃			
		阿忽台			
		阿儿孩·合撒儿			

注：乌兰校勘本中的"者古"，余大钧译本作"者台"。表中的也孙帖额（蒙古语 Yisün Te'e）与也孙脱额（蒙古语 Yisün Tö'e）应为同一人；不吉歹即不乞歹，本章统称不乞歹；火儿忽答黑即豁儿忽答黑；刺卜刺合即刺巴勒合。后缀*者表示其总领诸位散班长。
资料来源：《〈元朝秘史〉校勘本》，第 292~297、390~395 页；《蒙古秘史》，余大钧译本，第 373~378、485~488 页。

　　《秘史》上述记载，可以部分还原大蒙古国建立之初的怯薛轮值制度。《秘史》以怯薛官人（kešig-ün noyan）来称呼诸位轮值长官，[1]有的轮值长官之名在《秘史》中缺载，且存在同一职位同时任命两人的情况。尽管如此，仍可依据四番乘三班推算，轮

1　《〈元朝秘史〉校勘本》第 227 节，第 296 页。

值长官员额总数至少为十二人。轮值长官从成吉思汗、窝阔台汗
的功臣集团中选任而来，其中一部分在铁木真称汗之初就已担任
怯薛。[1]另外，负责白天的散班长、负责夜间的宿卫长，其本人
的怯薛执事也不尽相同，包括侍从（扯儿必）、营盘官（嫩秃兀
赤）、箭筒士、执法官（札撒兀勒）、司膳等。[2]箭筒士既有归属
于本怯薛执事者，也有归属于散班者，这表明箭筒士在诸怯薛
执事中具有特殊地位。[3]在元朝官方文书的御前陪奏怯薛名单中，
箭筒士往往排在最前面，[4]这种较为固定的排名次序，应是受到大
蒙古国时期轮值传统的影响。[5]

　　《秘史》与《元史》所记怯薛制度的差异主要体现在两方面：
其一，在制度设计上，《秘史》分别记载了宿卫、箭筒士和散班
的长官，而《元史》中的四怯薛长不见于《秘史》；其二，在长
官任命上，《元史》中的"四杰"，只有博尔术（又作孛斡儿出）
是《秘史》中铁木真称汗之初任命的两位怯薛长官之一，而其他

1　据《秘史》记载，铁木真首次称汗时任命的怯薛与成吉思汗、窝阔台汗时期轮值长官重合者
　　有：斡格列（斡歌来）·扯儿必、朵豁勒忽（多豁勒忽）·扯儿必、朵歹（多歹）·扯儿必、
　　阿儿孩·合撒儿、合答安（合答安·答勒都儿罕），参见表7-1及《〈元朝秘史〉校勘本》，
　　第104~107页；《蒙古秘史》，余大钧译本，第151~154页。
2　成吉思汗任命阿儿孩·合撒儿"如远箭、近箭般做者"，余大钧认为指急递使臣；成吉思汗
　　任命斡格列和朵豁勒忽两位扯儿必为散班长；曾任成吉思汗散班长的察乃是窝阔台汗时期的
　　嫩秃兀赤；窝阔台汗时期的散班长帖木迭儿（详下）等为箭筒士；晃豁儿塔孩是札撒兀勒；
　　合答安在铁木真称汗之初担任司膳，后任窝阔台的宿卫长。具体见表7-1，并参见《蒙古秘
　　史》，余大钧译本，第151~153、485~489页。
3　箭筒士在军队中的特殊地位，参见陈新元《大蒙古国火儿赤领兵制度钩沉》（未刊稿）。
4　刘晓：《元代怯薛轮值新论》，《中国社会科学》2008年第4期，第204页。
5　陈元靓《事林广记》戊集卷上《官制门》的"皇元朝仪之图"中，箭筒士亦有一席之地，参
　　见《纂图增新群书类要事林广记》，《中华再造善本》总第645种影印北京大学藏后至元六年
　　郑氏积诚堂刻本，北京图书馆出版社，2005，第5册，第4页。

"三杰"都不是。那么，在大蒙古国时期，四怯薛长之职是否存在，其与"四杰"家族有何关系，元朝建立后是否继续设置十二位轮值长官？这些问题都需要进一步明确。

波斯文《五世系》是伊利汗国宰相拉施特所编《史集》的一部分，其中的《蒙古世系》是专门记录成吉思汗家族世系的官方谱牒。《蒙古世系》中有"成吉思汗异密名录"，记录了成吉思汗诸功臣的名字和主要事迹，其中一位"不乞歹（波斯语 بوغیدای，Būqīdāy），出自札剌亦儿部，是第三怯薛异密"。[1] 这是除《元史》之外，明确提到成吉思汗四怯薛长的记录。

担任第三怯薛长的不乞歹，不见于《五世系》的同源文献《史集·蒙古史》，但与《秘史》的记载有相合之处。《秘史》第137等节记载札剌亦儿部兄弟二人古温·兀阿、赤剌温·孩亦赤投奔成吉思汗，其中古温·兀阿之子为"四杰"之一的木华黎，赤剌温·孩亦赤之子为秃格（又译作"统格"）。秃格在《秘史》第202节成吉思汗功臣名录中，是第十位功臣千户。《秘史》记载成吉思汗任命的四番箭筒士长之一，就是秃格之子不乞歹，他在窝阔台汗时期续任。[2] 除《秘史》外，《贵显世系》也记有成吉思汗的箭筒士不乞歹。[3] 结合这些记载可见，不乞歹不仅是四番箭筒士的长官之一，同时也是第三怯薛长。这表明，四怯薛长很可能选自轮值长官。

《秘史》中成吉思汗、窝阔台汗两朝的十二轮值长官之制，

1　*Shu'ab-i Panjgāna*, f. 106a.

2　《蒙古秘史》，余大钧译本，第 175、325、373、486 页。

3　*Mu'izz al-Ansāb*, f. 16a.

也可以从蒙元时代的其他史料中找到踪迹。《元史》记载跟随元明宗和世㻋返回元朝登基的怯薛官有十二人，[1]与怯薛长官十二人的员额一致。同时，波斯文史书《瓦萨夫史》记述仁宗爱育黎拔力八达在登基后任命了十二位中书省长官和十二位怯薛长官，[2]并且该书提及的仁宗诸臣，可以在汉文史料中找到相应记载。[3]因此《瓦萨夫史》的十二位怯薛长官之说，应有其依据。上述材料可以证明，十二轮值长官之制在元朝仍然存在。此外，宿卫长亦见载于《秘史》之外的史料。《五世系》记载，成吉思汗和窝阔台汗两朝的司膳、宿卫长合答安，分封给拖雷汗，仍管辖宿卫（波斯语 kābtāūlī）。[4]著名的孛罗丞相从元朝来到伊朗，奉合赞汗之命组建宿卫，担任长官。[5]

总之，随着大蒙古国的建立与扩张，从铁木真任命若干怯薛执事和两位长官开始，怯薛制度逐步完善。轮值的基本形式可以概括为：四番轮值，三日一轮，每番三班，四番三班共约十二

1　《元史》卷三三《文宗纪》，第739页。

2　Vaṣṣāf al-Ḥażrat, *Tārīkh-i Vaṣṣāf al-Ḥażrat*, Bombay: Muḥammad Mahdī Iṣfahānī, 1853, p. 504（以下简称"《瓦萨夫史》石印本"）; Shihāb al-Dīn 'Abd Allāh Sharaf Shīrāzī, *Tārīkh-i Vaṣṣāf al-Ḥażrat*, Vol. 4, ed. by Alī Riżā Ḥājyān Nizhād, Tihrān: Intishārāt-i Dānishgāh-i Tihrān, 2009, pp. 253-254（以下简称"《瓦萨夫史》校勘本"）; Vaṣṣāf al-Ḥażrat, *Geschichte Wassaf's*, Vol. 4, translated and edited by Hammer-Purgstall, Wien: Verlag der Österreichischen Akademie der Wissenschaften, 2016, p. 281（以下简称"《瓦萨夫史》德译本"）; *Taḥrīr-i Tārīkh-i Vaṣṣāf*, digested by 'Abd al-Muḥammad Āyatī, Tihrān: Pizhūhishgāh-i 'Ulūm-i Insānī va Muṭāli'āt-i Farhangī, 1967, p. 260.

3　元武宗海山即位后规定宰相员额为十二人，参见《元史》卷二二《武宗纪》，第488页。仁宗对铁木迭儿、铁木儿不花、月鲁铁木儿等宰相的任命，参见《元史》卷二四《仁宗纪》，第537、541页。

4　*Shu'ab-i Panjgāna*, f. 129a.

5　《史集》汉译本第三卷，第508页。

长，由四怯薛长总负责。轮值长官之制和四怯薛长之制，都创设于大蒙古国时期，并沿用至元朝，只不过《秘史》和《元史》的记载各有侧重。

二 怯薛长官的承袭与"四杰"家族

《元史》对四怯薛长之制的记载，强调从成吉思汗时代开始，"四杰"就垄断怯薛长之职，并由其家族世袭。这一描述是否准确反映了怯薛长选任与家族传承情况，需要结合大蒙古国、元朝及其他汗国情况综合判断。

《秘史》中成吉思汗、窝阔台汗两朝的轮值长官不限于"四杰"，而是广泛选自蒙古开国功臣集团，并出现了家族世袭的情况。以者勒篾家族为例，《秘史》记载铁木真第一次称汗时，任命博尔朮和者勒篾二人为诸怯薛之长，《史集》也记载者勒篾属于怯薛长之列。[1] 据《秘史》记载，者勒篾之子也孙帖额在成吉思汗和窝阔台汗两朝均为四番箭筒士长官之一。余大钧赞同那珂通世的观点，认为此人即《元史·宪宗纪》中的叶孙脱，后因支持窝阔台系后人争夺大汗之位被蒙哥处死。[2]

有研究者进一步认为，叶孙脱被杀后，者勒篾家族散亡。[3] 此说并不准确。叶孙脱的被杀并不代表者勒篾家族政治命运的

---

1 《史集》汉译本第一卷第一分册，第263页。

2 余大钧：《一代天骄成吉思汗——传记与研究》，第182页。

3 志茂碩敏『モンゴル帝国史研究 正篇』、622頁。

终结。《史集》《五世系》记载者勒篾的继承人是其子也孙不花太师，任左翼千户。[1]《元史》载，在蒙哥即位之际，"西方诸大将班里赤等，东方诸大将也速不花等，复大会于阔帖兀阿阑之地，共推帝即皇帝位于斡难河"。[2]《世界征服者史》也记载异密也速不花参加蒙哥即位的忽里勒台。[3] 上述两条史料中的东方大将也速不花，可与者勒篾之子、左翼千户也孙不花勘同。在贵由死后的汗位争夺中，者勒篾家族内部发生分裂，叶孙脱和也速不花分别支持窝阔台系与拖雷系。叶孙脱失败被杀之后，怯薛长官职位似由其他家族成员承袭。《五世系》记载也速不花火儿赤是"怯薛家族异密"（波斯语 amīr-i ūlūq-i kīshīk），意味着也速不花家族世袭怯薛。[4] 其家族所世袭的，应该不是一般的怯薛执事，而是怯薛长官之职。从太祖朝到宪宗朝，受汗位争夺中所在派系影响，轮值怯薛长官之职在者勒篾家族的不同后裔中辗转承袭。[5]

　　事实上，元朝建立之后的四怯薛长，并非被"四杰"家族垄断世袭。出身于燕只吉部的阿忽台，是世祖和成宗两朝的重臣。作为丞相，他和成宗皇后卜鲁罕联手，操纵成宗死后的汗位继

1　《史集》汉译本第一卷第一分册，第 264 页；*Shu'ab-i Panjgāna*, f. 106a。《元史》卷九五《食货志》"岁赐"列有也速不花等四千户（第 2432 页），可能是此人。

2　《元史》卷三《宪宗纪》，第 44 页。

3　志费尼：《世界征服者史》下册，第 623 页。波伊勒注误将也速不花注为别里吉台子（第 661页），但《世界征服者史》已言明此人为异密。

4　*Shu'ab-i Panjgāna*, f. 106a.

5　《中堂事记》提到元世祖忽必烈任命世臣不花为右丞相，"时三十三岁，宪宗朝怯薛丹长，领断事官。其祖太祖神元皇帝朝功臣，父也孙秃花，宪宗朝万夫长"（《秋涧先生大全文集》卷八一《中堂事记中》，第 14 a 页）。不花之父也孙秃花，能否与《史集》所载者勒篾之子也孙秃阿勘同（《史集》汉译本第一卷第二分册，第 404 页），待考。

承，失败后作为首恶被诛。[1]《史集》和《五世系》都记载他是忽
必烈的四怯薛异密即四怯薛长之一。[2] 阿忽台虽被诛，但其子孙
仍活跃在元朝政治舞台上。刘晓指出，后至元元年（1335），在
第四怯薛长、出自博尔忽家族的完者帖木儿罢职失势后，阿忽台
之子别儿怯不花出任第四怯薛长，博尔忽家族承袭怯薛长的情
况就此终结。[3] 下一任第四怯薛长脱脱最早的任职记录是在至正
十二年（1352），由此可知，别儿怯不花在任时间较长，表明其
怯薛长之任并非临时顶替。[4] 因此，阿忽台与别儿怯不花父子应
存在世袭怯薛长的情况。

　　《元史・兵志》所记除赤老温家族外的其余"三杰"家族世
袭怯薛长，大致符合入元后怯薛长承袭情况。但由于史料缺乏，
元朝一些怯薛长出身不明。

　　首先考察担任第二怯薛长的博尔朮家族。早在铁木真即汗位
之初，博尔朮就担任诸怯薛执事之长。据《史集》，蒙哥汗时期，
出身于这一家族的巴勒赤黑成为右翼万户长。[5] 伯希和将其勘同

1　参见邱轶皓《见诸波斯史料的一场元代宫廷政变》，《蒙古帝国的权力结构（13~14 世纪）：
　　汉文、波斯文史料之对读与研究》，"附录"，第 200 页。

2　《史集》称阿忽台是"四宫巡逻的异密"（《史集》汉译本第二卷，第 363 页），原意即四怯薛
　　异密，与 Shu'ab-i Panjgāna, f. 132b 记载相同。

3　刘晓：《〈珰溪金氏族谱〉所见两则元代怯薛轮值史料》，《西北师大学报》2015 年第 2 期，第
　　45 页。

4　洪金富：《元代怯薛轮值史料考释》，《中央研究院历史语言研究所集刊》第 74 本第 2 分，第
　　372 页。刘晓指出："在至正七年升任中书右丞相后，别儿怯不花依然在内朝兼领怯薛，直到
　　后来遭弹劾罢相为止。"（《〈珰溪金氏族谱〉所见两则元代怯薛轮值史料》，《西北师大学报》
　　2015 年第 2 期，第 45 页）

5　《史集》汉译本第二卷，第 274 页。

为《元史》中的班里赤。[1] 前引《元史·宪宗纪》提到，在即位仪式上带头拥戴蒙哥的就是"西方诸大将班里赤"。班里赤既是拥戴蒙哥即位的西方大将之首，又是跟随蒙哥攻宋的右翼异密之首，地位应该极为显赫。但至忽必烈朝，史料中却再无班里赤的记载。考虑到博尔朮之子察兀答儿系阿里不哥之子灭里帖木儿倚重之异密，[2] 不排除班里赤也一道卷入阿里不哥与忽必烈的汗位之争。[3] 博尔朮家族担任怯薛长的记载在元朝存在缺失，可能与此有关。据刘晓研究，元朝建立后担任第二怯薛长的有：世祖朝八鲁、忽都答儿，成宗朝忽都答儿，武宗朝只儿哈郎，仁宗朝木剌忽（后略）。[4] 其中，除木剌忽出自博尔朮家族外，八鲁、忽都答儿和只儿哈郎没有家族出身的确凿证据。[5] 世祖、成宗、武宗三朝的第二怯薛长，是否出自博尔朮家族，还有待进一步研究。

接下来分析博尔忽家族。顺帝即位后，出身于博尔忽家族的怯薛长完者帖木儿遭夺爵流放，理由为他是弑杀英宗的"贼臣也

1　屠寄率先将《元史》中的班里赤与随蒙哥伐宋的阿儿剌部人八里赤勘同，伯希和赞同此说，并进一步指出此人即《史集》中的 Bālčīq，参见伯希和、韩百诗注《圣武亲征录：成吉思汗战纪》，第 355 页。

2　《史集》记载察兀答儿为"阿鲁剌惕部落的断事官不儿忽赤的儿子"（《史集》汉译本第二卷，第 384 页）。不儿忽赤，土耳其伊斯坦布尔托普卡庇·萨莱图书馆 1518 号《史集》抄本（以下简称"伊本"）f. 214a 与乌兹别克斯坦科学院东方抄本部 1620 号抄本（藏于塔什干，以下简称"塔本"）f. 184b 作بورغوحی（Būrghūjī），系博尔朮（بوغورحی Būghūrjī）的讹写。

3　杉山正明认为，忽必烈在与阿里不哥的争位中，得到了成吉思汗诸弟合撒儿、合赤温、斡赤斤后王和左翼诸将支持，而右翼诸将多支持阿里不哥，参见《忽必烈政权与东方三王家——再论鄂州之役前后》，刘俊文主编《日本中青年学者论中国史（宋元明清卷）》，上海古籍出版社，1995，第 233~297 页。

4　刘晓：《元代怯薛轮值新论》，《中国社会科学》2008 年第 4 期，第 200 页。

5　英宗朝有一位只儿哈郎担任丞相、御史大夫、知枢密院事等职（《元史》卷二七、卷二八《英宗纪》，第 602、622、626 页），至于其是否出自博尔朮家族，待考。

先铁木儿骨肉之亲"。[1] 但元末权衡《庚申外史》中的一则传闻，透露出完者帖木儿的失势可能与权臣伯颜有关："阿叉赤大夫、完者帖木儿王二人，颇有气节，见伯颜私通太后，杀郯王，窃相议曰：'此人有无君心，不除之，必为国家患'"。伯颜"即并杀二人而籍其家。"[2] 阿叉赤大夫，即第二怯薛长阿察赤，"完者帖木儿王"应为第四怯薛长完者帖木儿。[3]《庚申外史》所记传闻，虽时间线索时有混乱，但情节往往有所本。"贼臣之亲"的说法，很可能是伯颜除掉政敌的托词。博尔忽后人因政治上失势，在元后期长时间未再出任怯薛长。

总之，博尔尤和博尔忽家族后裔担任怯薛长的情况，并非伴随元朝之始终。在排除出身不明者并有明确史料记载的前提下，这两大家族成员同时担任怯薛长的时间很短。这应是政治斗争的结果，并非有意为之的制度设计。

元朝以外，其他汗国和蒙古诸王处的怯薛长之职，也并非由四大家族所垄断。阿里不哥败亡后，其子灭里帖木儿依附中亚的窝阔台后王。灭里帖木儿的怯薛长，见于《史集·忽必烈合罕纪》。[4] 赤老温后人"合丹掌一怯薛及武备"。"还有钦察，为晃豁坛部的蒙力克－额赤格之孙，其父为阔阔出。他是万户异密，

1　《元史》卷三八《顺帝纪》，第 829 页。萧启庆认为这是博尔忽家族失势的原因，参见《元代四大蒙古家族》，《内北国而外中国：蒙元史研究》，第 555 页。

2　《庚申外史笺证》，第 33 页。

3　后至元元年，阿察赤、完者帖木儿在伯颜除其势力之后，分别于七月、十月被杀、被流，参见《元史》卷三八《顺帝纪》，第 828~829 页。

4　《史集》汉译本译自俄译本，俄译本相关内容存在一些错误，下文引文均系作者自译。

右翼中的察兀儿赤，掌一怯薛及武备。"[1]"还有撒合迷，出自晃豁坛部，是怯薛长。还有速哥，出自晃豁坛部，掌一怯薛。"[2]可见灭里帖木儿处也实行四怯薛长制，其怯薛长主要由逊都思部赤老温家族和晃豁坛部蒙力克家族成员担任。[3]这与元朝怯薛长的出身差异较大，反映出赤老温和蒙力克家族与依附在窝阔台汗国的阿里不哥后王关系极为密切。蒙力克诸支子孙中，有一支仕于元朝，即《元史》中的万户伯八。《元史》记载灭里帖木儿之子昔里吉叛元，袭杀伯八，伯八之子八剌和不兰奚为敌所掳，"分置左右，居岁余，待之颇厚"。[4]伯八之子之所以能够在敌营得到厚待，离不开蒙力克家族在阿里不哥后王处的庞大势力。

从伊利汗国史料中可以发现，成吉思汗功臣者台后裔有承袭怯薛长官的情况。早在铁木真初次称汗之时，者台就担任箭筒士，[5]前文提到，其兄弟朵豁勒忽·扯儿必在大蒙古国时期任散班

1　译自《史集》伊本 f.213b。察兀儿赤（波斯语حاقورجى，jāqūrjī），《史集》汉译本译作"饲鹰者"（汉译本第二卷，第383页），波义耳（即波伊勒）本作 chaqurchi（察忽儿赤），认为俄译之"鹰人"一说系 ghajarchi"响导者"之讹（剌失德丁：《成吉思汗的继承者》，波义耳英译，周良霄译注，天津古籍出版社，1992，第391页）。萨克斯顿英译本未注明此词含义 [W. M. Thackston translated and annotated, *Rashiduddin Fazlullah's Jami‹u't-Tawarikh* (*Compendium of Chronicles*), Part Two, Cambridge, MA: Harvard University, 1999, p. 462]。《秘史》第236、255节有 ča'uraǰu（察兀舌剌周）一词，旁译为出征着、征进着，词根 ča'ur（察兀儿）见第254、255节，旁译为征、征进（见《元朝秘史》校勘本，第312、349、355页）。《至元译语》"巢剌赤"（ča'urči）汉译为"出军人"（贾敬颜、朱风辑《蒙古译语女真译语汇编》，天津古籍出版社，1990，第15页）。推测حاقورجى（jāqūrjī）一词可能源于蒙古语 ča'ur（征），在波斯语文献中是一怯薛执事之名，职能与征伐有关。

2　《史集》伊本 f.214a。

3　在《史集》所列灭里帖木儿19位异密中，逊都思和晃豁坛两部异密的数量远多于其他部族，分别有3位和4位（其中，异密阿剌忽出自晃豁坛部，汉译本第二卷第383页、周良霄译波义耳本第391页、萨克斯顿英译本第二卷第462页均误作合答斤部）。

4　《元史》卷一九三《伯八传》，第4384页。

5　《元朝秘史（校勘本）》第124节，第105页，作"哲台"。

长。该家族的后裔随蒙古西征来到伊朗，箭筒士忽勒忽秃、忽都孙和帖木儿，都担任过伊利汗的怯薛异密。[1] 可见这一家族在伊利汗国延续了任怯薛长官的传统。不过承袭的究竟是不是四怯薛长，难以确定。陈新元指出，元代史料中的怯薛官，广义上是怯薛头目的泛称，包括四怯薛长在内，但范围大于四怯薛长。[2] 相对应地，其在波斯文史料中也应存在广义、狭义之别。前文提到波斯文史料中的（一位）"四怯薛异密"（amīr-i chahār kishīk），是对四怯薛长（之一）的准确翻译。"第三怯薛异密""掌一怯薛"之类的表述，也与四怯薛长的概念相对应。同时，波斯文史料中也存在仅称 amīr-i kishīk 的情况，直译为"怯薛异密"，意译为"怯薛官"。尚难确定 amīr-i kishīk 是指广义的怯薛长官还是狭义的四怯薛长。

　　纵观蒙元时代，无论是在大蒙古国还是之后的诸汗国中，轮值长官和怯薛长都曾在不同的功臣家族中选任，并不限于"四杰"家族，足以证四大家族垄断怯薛长说之误。

三　怯薛长官的承袭与蒙元时代汗位之争

　　不论是轮值长官还是四怯薛长，怯薛长官之职在蒙元时代广泛存在家族承袭的情况。但具体到某一家族，能否顺利延续任怯薛长官的传统，受到多种因素的影响。由于蒙元时代汗位继承问

1　《史集》汉译本第一卷第一分册，第 311 页。

2　陈新元：《元代怯薛制度新探》，第 116 页。

题始终没有得到很好解决，与之伴生的派系斗争使异姓功臣家族的权力格局一轮轮洗牌。

《秘史》所记怯薛长官群体，在汗位之争中产生了派系立场的分化。贵由汗暴毙后，蒙哥、拔都与窝阔台、察合台后王围绕着大汗之位展开争夺。关于窝阔台时期轮值长官之一的散班长晃豁儿塔孩，伯希和认为可以与《史集》中贵由死后窝阔台后王派出的谈判代表晃兀儿－塔海相勘同。[1] 晃豁儿塔孩作为窝阔台汗时期的轮值长官，继续站在窝阔台后王阵营。而同样担任窝阔台汗散班长的帖木迭儿，在《五世系》中被列入"拖雷异密名录"。[2] 拖雷死后，帖木迭儿继续支持拖雷之子蒙哥争夺汗位。《元史·宪宗纪》记载了诸王大臣拥戴蒙哥的情景，"诸王拔都、木哥、阿里不哥、唆亦哥秃、塔察儿，大将兀良合台、速你带帖木迭儿、也速不花，咸会于阿剌脱忽剌兀之地"。[3] 研究者认为帖木迭儿是塔察儿大王之弟，[4] 但此处帖木迭儿名列大将之中，显然不可能是宗王。《史集》记载箭筒士帖木迭儿出自蒙古诸部族之雪泥部，[5] 与《元史》"速你带（蒙古语 Sönidei，雪泥部人之意）帖木迭儿"的记载相合。支持蒙哥即位的速你带帖木迭儿，就是窝阔台汗时期的散班长帖木迭儿。帖木迭儿和晃豁儿塔孩虽然同为窝阔台的散班长，但在蒙哥即位风波中站

1   Paul Pelliot, *Notes sur l'Histoire de la Horde d'Or*, Paris: Librairie d'Amérique et d'Orient, 1949, p. 91.

2   *Shu'ab-i Panjgāna*, f. 129a.

3   《元史》卷三《宪宗纪》，第 44 页，点校本将速你带、帖木迭儿点断作二人。

4   刘迎胜：《阿剌脱忽剌兀忽里台大会考》，《西域研究》1995 年第 4 期。

5   《史集》汉译本第一卷第一分册，第 166 页。

在不同的阵营。

　　汗位争夺导致功臣集团派系立场分化，对怯薛长官选任和承袭也产生影响。前文提到木华黎之兄秃格的儿子不乞歹担任第三怯薛长，与蒙元时期流传的木华黎家族世掌第三怯薛的传统一致。元代汉文史料详细记载了木华黎家族世系，却不见不乞歹一系，与其在大蒙古国时期的显贵地位不符。不乞歹为何在元代史料中湮灭无闻，《世界征服者史》提供了线索。围绕蒙哥即位风波，《世界征服者史》提及与蒙哥对立的忽察阵营，包含不见于其他史料的丰富细节。支持窝阔台之孙忽察争夺汗位、最终被蒙哥处死的异密之一，名曰"不合台火儿赤"。波伊勒将此名校勘为 BΓTAY，并将其勘同为《秘史》第 168 节的不合台。[1] 但不合台在《秘史》(《圣武亲征录》作不花台) 中仅出现一次，箭筒士身份则未见记载。不合台无论从地位还是从年龄上讲，都无法勘同为忽察的异密。实际上，波斯语بغتای (BΓTAY) 既可读作 Buqatāy，也可读作 Buqitāy。后者与《五世系》中的不乞歹 (Būqīdāy) 显然是对同一人名的译写。根据《秘史》，不乞歹不仅出身于显贵的木华黎家族，而且是成吉思汗与窝阔台汗两朝的箭筒士长。因此，《世界征服者史》中的箭筒士 BΓTAY，应该与箭筒士不乞歹相勘同。担任第三怯薛长的不乞歹，作为窝阔台后王的肱股之臣，卷入到汗位之争中而被蒙哥诛杀，导致秃格一系未能将怯薛长之职承袭下去。

　　赤老温作为成吉思汗的"四杰"之一，其后裔后来在元代没

---

[1]　志费尼：《世界征服者史》下册，第 648、668 页。

能够世袭怯薛长,《元史·兵志》称"赤老温后绝"。[1]叶新民指出,
窝阔台即位后擅自将逊都思等千户归为己有,从此赤老温后人归
属于窝阔台之子阔端,不再担任大汗的怯薛。[2]萧启庆从封建与
婚宦等角度,揭示了赤老温家族远不及其他三大家族显扬,可能
是由于赤老温早卒。[3]黄时鉴将《通鉴续编》中征金战败的赤老
温与"四杰"赤老温相勘同,推测这是赤老温后来权位不重的原
因,但据曹金成研究,前者实际上是木华黎家族的察剌温,而不
是"四杰"赤老温。[4]总之,对于赤老温家族在元代没有世袭怯
薛长的原因,目前学界未有一致意见。事实上,赤老温家族在元
朝的没落,也与汗位之争有密切联系。

　　赤老温后人中继承其政治地位的,并不是见载于汉文史料
的赤老温之子阿剌罕与纳图儿,[5]而是《史集》记载较多的宿敦
一支。[6]宿敦诸子中,孛里察在蒙哥汗时期已任万户,并坚定支
持忽必烈与阿里不哥争夺汗位。[7]孛里察在《元史·世祖纪》中

1　此系刘晓老师惠示。

2　叶新民:《关于元代的"四怯薛"》,《元史论丛》第 2 辑,第 79~80 页。

3　萧启庆:《元代四大蒙古家族》,《内北国而外中国:蒙元史研究》,第 525 页。

4　黄时鉴:《〈通鉴续编〉蒙古史料考索》,《黄时鉴文集》第 1 册《大漠孤烟——蒙古史　元
　　史》,第 143 页。曹金成:《史事与史源:〈通鉴续编〉中的蒙元王朝》,第 69~70 页。

5　阿剌罕,参见虞集《道园类稿》卷三九《孙都思氏世勋碑》,《元人文集珍本丛刊》第 6 册影
　　印明初覆刊本,新文丰出版公司,1985,第 214 页;纳图儿,参见《金华黄先生文集》卷
　　三五《明威将军管军上千户所达鲁花赤逊都台公墓志铭》,第 5 页。

6　《史集》关于赤老温后裔,只提及宿敦一支,参见汉译本第一卷第一分册,第 293 页;《五
　　世系》中的成吉思汗、窝阔台两朝异密名录,宿敦都位列其中,其后人仕宦不绝,参见
　　Shu'ab-i Panjgāna, f. 105b、124a。

7　《史集》记载宿敦之子孛里察拥立忽必烈,邵循正指出此即《元史·宪宗纪》之"博里叉万
　　户",参见《史集》汉译本第二卷,第 303~304 页。

被称为"宿卫将军"，疑似继承了赤老温家族在怯薛中的职务。[1]
但除了孛里察之外，宿敦后人大部分是阿里不哥一系的支持者。
《史集》提到，宿敦的族人札兰是蒙哥合罕（即蒙哥汗）的司膳，
后因党附阿里不哥，被忽必烈处死。[2]《五世系》"蒙哥合罕异密
名录"中，札兰是唯一一位出自逊都思部的异密，且担任札鲁忽
赤一职。《五世系》"阿里不哥异密名录"，将札兰列入仅有的两
位阿里不哥异密之中。[3]《史集·忽必烈合罕纪》所记阿里不哥之
子灭里帖木儿诸异密中，亦有灭里帖木儿的同乳兄弟（乳母之
子）、逊都思部的怯台，掌管斡耳朵等事务。这里的怯台，可以
勘同为《史集·部族志》中的宿敦之子怯台。[4]还有出自逊都思
的秃里牙之子脱斡里勒，[5]应为《史集·部族志》中的宿敦族人脱
斡里勒。[6]灭里帖木儿处还有必阇赤（典书记者）长奎带，逊都
思部人，不知是否亦出自赤老温家族。[7]

　　除了仕宦之外，宿敦后人还与阿里不哥后王保持了密切的通

1　《元史》卷四《世祖纪》，第 71 页。

2　《史集》汉译本第一卷第一分册，第 293 页。

3　*Shu'ab-i Panjgāna*, f.136b.

4　《史集》译作"他在帐殿中掌管食物"（汉译本第二卷，第 384 页），系"掌管斡耳朵等事务"
　　的误译，参见伊本 f.213b、塔本 f.183b。宿敦之子怯台，参见《史集》汉译本第一卷第一分
　　册，第 293 页。赤老温后裔中，怯台是阿里不哥后王的同乳兄弟，锁兀都则是窝阔台后王只
　　必帖木儿的同乳兄弟，参见《道园类稿》卷三九《孙都思氏世勋碑》，《元人文集珍本丛刊》
　　第 6 册，第 215 页。

5　《史集》汉译本第二卷（第 385 页）译作"秃黑鲁勒，速勒都思［部落］的不儿塔黑的儿
　　子"。其中的"秃黑鲁勒"，应译作"脱斡里勒"。"不儿塔黑"，伊本 f.214a、塔本 f.184a 写
　　作 توریاق（Tūryāq），译作"秃里牙"更妥。

6　《史集》汉译本第一卷第一分册，第 293 页。

7　奎带，《史集》汉译本译作"乞里带"（第二卷，第 384 页），伊本 f.213b、塔本 f.184a 写作
　　کویدای（Kūydāy）。

婚关系。《史集》提到，阿里不哥之孙兀儿剌·忽都鲁娶宿敦的孙女为妻；[1] 阿里不哥的一个孙女，嫁给了宿敦的曾孙合丹。[2] 上述材料表明，在忽必烈与阿里不哥的汗位之争中，赤老温的一些后人站在了阿里不哥阵营，不再为忽必烈所用，以至于赤老温家族在元朝地位衰落，无法与其他三杰家族比肩。与之形成鲜明对比的是，赤老温后裔在伊利汗国保持了显赫的家族地位。赤老温四世孙出班在伊利汗国后期专秉国政，其子孙成为伊利汗国分裂之后地方政权的掌控者，史称"出班王朝"。以往对赤老温家族走向没落的讨论，局限于中国史范畴，忽略了这一家族对世界历史的影响。

从整体上看，赤老温家族不仅没有走向没落，而且延续了担任怯薛长的传统。在伊利汗国，宿敦之子孙札黑那颜担任怯薛长官。[3] 孙札黑的儿子合丹为灭里帖木儿执掌一怯薛。[4] 赤老温之子阿剌罕一系则世袭阔端裔诸王的怯薛。[5] 刘晓指出，赤老温后人失烈门在忽必烈朝担任太子真金的怯薛。[6] 这表明赤老温家族世袭怯薛长的情况的确存在，并作为传统在黄金家族其他支脉中保

1　《史集》汉译本第二卷，第 380 页。汉译本漏译忽都鲁一词，此据伊本 f.213a 补。宿敦之子察普，伊本 f.213b 作 حابو（Hābū），塔本 f.183b 写作 جابو（Jābū）。

2　《史集》汉译本第二卷，第 383 页。

3　《史集》载孙札黑那颜"曾任右翼异密们和怯薛长的断事官［札鲁忽赤］"（汉译本第一卷第一分册，第 293 页），实则应译作"曾任札鲁忽赤、右翼异密和怯薛长官"，类似记载亦见 Shu'ab-i Panjgāna, f.138b。孙札黑事迹参见陈新元《速混察·阿合伊朗史事新证——兼论伊利汗国的畏兀儿人》，《西域研究》2019 年第 1 期；陈春晓《伊利汗国法儿思总督万家奴史事探赜》，《民族研究》2021 年第 2 期。

4　《史集》汉译本第二卷，第 383 页。

5　《道园类稿》卷三九《孙都思氏世勋碑》，《元人文集珍本丛刊》第 6 册，第 215 页。

6　刘晓：《元代怯薛轮值新论》，《中国社会科学》2008 年第 4 期，第 197 页。

持下去。

上述诸例表明，怯薛长家族世袭传统的形成和延续，受到一时一地具体的政争形势的左右。可见，所谓成吉思汗订立的、由"四杰"家族垄断怯薛长的"祖制"，并不是蒙古立国之初的制度创设，而是对蒙古开国功臣集团世卿世禄这一历史现象的不准确概括。

四　伊利汗国的四怯薛长

为了全面考察四怯薛长制的流变，有必要将元朝与伊利汗国的四怯薛长制进行对比研究。研究者普遍视四怯薛长制为蒙元时代重要的政治传统，据以解释伊利汗国的某些政治现象。伊利汗国中权力仅次于大汗的部分贵族大臣被称为兀鲁思异密。艾骛德将四兀鲁思异密制与元朝的四怯薛长制进行对比分析，梅勒维认为握有军政大权的四异密之长被赋予四怯薛长之职，帕特里克·温也将伊利汗完者都时期的四位显贵异密默认作四怯薛长。[1]上述观点的提出基于对若干怯薛史料的关键性解读，然而这些解读是否准确，尚需要重新审视。

现存伊利汗国史料中，直接反映怯薛轮值的内容，目前所见仅有一例，最早由柯立夫从伊利汗给教皇的信件中发现。在1302

1　Christopher P. Atwood, "Ulus Emirs, Keshig Elders, Signatures, and Marriage Partners: the Evolution of a Classic Mongol Institution," pp.141-174. Charles Melville, "The Kesig in Iran: The Survival of the Royal Mongol Household," in Linda Komaroff ed., *Beyond the Legacy of Genghis Khan*, Leiden: Brill, 2006, pp.135-165. Patrick Wing, *The Jalayirids: Dynastic State Formation in the Mongol Middle East*, Edinburgh: Edinburgh University Press, 2016, p. 66.

年合赞汗致教皇信件（下文简称"合赞信件"）背面，写有回鹘体蒙古文一行，柯立夫转写为：üjig inu Üredün kesigün ekin ödür Qutluγ Š-a Erisidküle. Iramadan，并指出，Üredün kesigün ekin ödür，即元代汉文文书中"某某（Üred，人名）怯薛第几（ekin，一）日"的蒙古语表达。[1] 艾骛德和梅勒维均认为，此条史料是四怯薛长连署文书制度的反映。他们将这条史料中出现的四人（Üred、Qutluγ Ša 忽都鲁沙、Erisidküle 拉施特、Iramadan 剌马赞），视作四怯薛长，亦即兀鲁思异密。[2] 在此基础之上，他们将这条史料与伊利汗国四兀鲁思异密合署文件的制度相联系，后者见于埃及马穆鲁克王朝史家乌马里的记录。艾骛德将这条史料与同时期的若干文书相对照，进一步认为，这些文书均反映了三位蒙古怯薛长和波斯宰相合署的制度，且鉴于《元史》中有元后期右丞相兼任怯薛长的记载，像拉施特这样的波斯宰相兼任怯薛长也就不难理解了。[3]

　　需要指出的是，元代汉文文书所载"某某怯薛第几日"中，"某某怯薛"的确指四怯薛长中的某一位，但"某某怯薛第几日"之后列举的在场人员，或是本轮怯薛中的若干具体怯薛执事，或是当时参与议事的朝官，不可能同时出现其他三位怯薛长之名。合赞信件中出现在"Üred 怯薛第一日"之后的是忽都鲁沙、拉

1　Francis Woodman Cleaves, "A Chancellery Practice of the Mongols in the Thirteenth and Fourteenth Centuries," *Harvard Journal of Asiatic Studies*, Vol. 14, No. 3/4, 1951, p. 516.

2　Christopher P. Atwood, "Ulus Emirs, Keshig Elders, Signatures, and Marriage Partners: the Evolution of a Classic Mongol Institution," p.144; Charles Melville, "The Kesig in Iran: The Survival of the Royal Mongol Household," p. 157. Erisidküle 是否确能与拉施特勘同，待考。

3　Christopher P. Atwood, "Ulus Emirs, Keshig Elders, Signatures, and Marriage Partners: the Evolution of a Classic Mongol Institution," p.145.

施特和剌马赞。忽都鲁沙可以称得上是合赞汗朝最位高权重的蒙古贵族，被乌马里称为众异密之长；[1] 拉施特是合赞汗朝的波斯宰相，主持修撰了《史集》；蒙古人剌马赞在乞合都汗到完者都汗时期一直是必阇赤长。[2] 此三人作为信件的合署者，其身份或是本轮怯薛中的具体执事，或是参与议事的朝官，不可是现有研究认为的其他三怯薛长。

如果说合赞信件中只出现了一位怯薛长的名字，那么其他三位怯薛长究竟是谁？这需要从波斯文史料中进一步找寻线索。对合赞信件中的 Üred 怯薛，前述研究者未深究其人。Üred 是柯立夫对回鹘体蒙古文的转写，他认为这是一个柔性词。不过鉴于蒙元时代经常仅用一个"牙"来标记蒙古语中的复合元音，与其后通行的蒙古文正字法有所差异，这一人名也可转写成刚性的 Oirad 或 Uirad。[3] 波斯史籍《瓦萨夫史》记载，1304 年合赞汗去世，完者都汗登基，此时的四怯薛长为："??ldūz、Ūyrād、火儿赤、帖木儿。"[4]《瓦萨夫史》中的 Ūyrād（波斯语 اویراد）可以与合赞信件中的 Oirad 勘同。四位怯薛长，均没有出现在《贵显世系》《瓦萨夫史》《完者都史》《世系汇编》等史料所记完者都汗异密

1　乌马里著，劳斯·列赫编译《眼历诸国记（选译）》，李卡宁汉译，《民族史译文集》1987 年第 1 期，第 112 页。

2　*Shu'ab-i Panjgāna*, ff.145a-147a. *Mu'izz al-Ansāb*, ff. 75a, 77a.

3　此观点亦见 Christopher P. Atwood, "Ulus Emirs, Keshig Elders, Signatures, and Marriage Partners: the Evolution of a Classic Mongol Institution," p.166。

4　四怯薛长，即波斯语 Umarā-yi chahār kishīk（四怯薛的长官们）；第一个人名 ??ldūz，《瓦萨夫史》石印本第 476 页作 سلدوس，德译本第 4 册第 210 页作 Seldus，内贾德校勘本第 185 页作 سلدوز（Suldūz）。

之中。[1] 其中有迹可查者，只有火儿赤有可能是《贵显世系》"合
赞汗异密名录"里提到的 Qūrjī。[2]

　　无论是艾骜德和梅勒维所举忽都鲁沙、拉施特、剌马赞，还
是帕特里克·温所举忽都鲁沙、出班、孛罗和忽辛驸马，都不能
与《瓦萨夫史》所列怯薛长名录对应。忽都鲁沙和拉施特，在同
一怯薛中当值，并不是怯薛长。[3] 出班出身于赤老温家族，以先
祖锁儿罕、赤老温这两位成吉思汗的功臣为二子取名，显示出他
以显赫家世自矜。[4] 但是赤老温家族担任怯薛长的传统，并未由
出班一支继承。出班的祖父秃丹长期为伊利汗统兵征伐，最终战
死鲁木，史料以拔都儿或那颜称之；出班之父灭里史料记载很
少，仅有在外征战的事迹，父子二人均未担任怯薛。[5] 出班本人

1　*Mu'izz al-Ansāb*, ff. 76a-77a;《瓦萨夫史》石印本，第 468 页；Abū al-Qāsim 'Abd Allāh b.
　　Muḥammad Qāshānī, *Tārīkh-i Ūljāytū*, p. 8; Muḥammad ibn 'Alī ibn Muḥammad Shabānkāra'ī,
　　Majma' al-Ansāb, ed. by Mīr Hāshim Muḥaddiṣ, Tihrān: Amīr Kabīr, 1984, Vol. 2, p. 270.

2　《贵显世系》"合赞汗异密名录"中列有اورغی（Ūrghī?）那颜，是怯的不花之孙、Qūrjī 之子
　　（*Mu'izz al-Ansāb*, f. 75a）。

3　《史集》汉译本译作忽都鲁沙对拉施特说"咱俩彼此是同学"（第三卷，第 312 页），应译作
　　"同一怯薛里"（dar yik kishīk būda-am），参见汉译本同页注释。

4　Ḥāfiẓ-i Abrū, *Ẕayl-i Jāmi' al-Tavārīkh-i Rashīdī*, ed. by Khānbābā Bayānī, Tihrān: 'Ilmī, 1939,
　　p. 139.

5　出班生平及家族参考："ČOBĀN" by Charles Melville, *Encyclopaedia Iranica* V/8 (1992), pp. 875-
　　7, Online version: http://www.iranicaonline.org/articles/coban-cupan-ar (accessed 2022-11-24)。据此
　　词条所揭，秃丹事迹见以下史料。《史集》汉译本第三卷，第 95、98、107、145、157 页。
　　Shu'ab-i Panjgāna, f.139a, 143a. Fikret Isiltan, *Die Seltschuken-geschichte des Aḳserāyī*, Leipzig: Otto
　　Harrasowitz, 1943, pp. 69-71. Ḥamd Allāh Mustawfī Qazvīnī, *Tārīkh-i Guzīda*, ed. by 'Abd al-Ḥusayn
　　Navāyī, Tihrān: Amīr Kabīr, 1960, p. 592. L. J. Ward, "The *Ẕafar-nāmah* of Ḥamd Allāh Mustaufī and
　　the Il-Khān Dynasty of Iran," Ph.D. dissertation, University of Manchester, 1983, Vol. 2, pp. 229, 254;
　　Ḥamd Allāh Mustawfī Qazvīnī, *Ẕafarnāma*, ed. by Naṣr Allāh Pūrjavādī and Nuṣrat Allāh Rastigār,
　　Tihrān: Markaz-i Nashr-i Dānishgāhī, Wien: Verlag der Österreichischen Akademie der Wissenschaften,
　　1999, Vol. 2, pp. 1208, 1264.《瓦萨夫史》德译本第 1 册，第 138 页。灭里事迹见 Dāvūd ibn
　　Muḥammad Banākatī, *Tārīkh-i Banākatī*, ed. by Ja'far Shi'ār, Tihrān: Intishārāt-i Anjuman-i Āṣār-i
　　Millī, 1969, p. 427.

长期统军驻扎前线，也没有可能始终在伊利汗身边值勤。[1] 孛罗丞相曾担任忽必烈的司膳以及合赞汗的宿卫长官；[2] 忽辛驸马虽在完者都朝位高权重，却未见其担任怯薛的记载。[3] 可见，前人研究所举诸臣僚，尽管有担任怯薛执事的情况，但没有证据表明他们是怯薛长。实际上，史料记载的合赞汗与完者都汗时期的怯薛长，其政治地位无法与前述蒙古重臣相提并论。

合赞朝怯薛长署名的文书制度，是合赞汗改革中的一项重要内容，意在重振汗权、削弱蒙古重臣的政治影响力。据苏达瓦尔研究，伊利汗国曾通行兀鲁思异密合署文件的制度，最早可以追溯到伊利汗乞合都时期。1292 年乞合都汗圣旨文书开头为：亦邻真·朵儿只（即乞合都）圣旨，失秃儿、脱合察儿、阿黑不花钧旨，撒希卜·底万阿合马钧旨。[4] 即在"某汗圣旨"之后，加上"某某（若干蒙古重臣和波斯宰相）钧旨"（突厥语 sözi，原意为"言辞""命令"）。[5] 这与同时期乌马里的观察相一致。乌马里称，兀鲁思异密中地位最高者被称为众异密之长，在发布命令时，兀鲁思异密的名字要排在算端名字之后、宰相名字之前。[6] 苏达瓦

1　"ČOBĀN" by Charles Melville, *Encyclopaedia Iranica*, pp. 875-7。

2　陈新元指出孛罗世袭司膳长，参见《元代怯薛制度新探》，第 30 页。

3　Patrick Wing, *The Jalayirids: Dynastic State Formation in the Mongol Middle East*, pp. 65-70.

4　"Irinjin-turji yarliqindin; Shiktur, Toghachar, Aq-buqa, suzindin; Aḥmad-i Ṣāḥib Dīwān sozi." 参见 Abolala Soudavar, "The Mongol Legacy of Persian Farmāns," in Linda Komaroff ed., *Beyond the Legacy of Genghis Khan*, Leiden: Brill, 2006, p.417; Abolala Soudavar, "Farmān of the Il-Khān Gaykhātu," in Abolala Soudavar ed., *Art of the Persian Courts: Selections from the Art and History Trust Collection*, New York: Rizzoli, 1992, pp. 34-35. Suzindin, 原作 Suzindni, 应系印刷错误。

5　Gottfried Herrmann, *Persische Urkunden der Mongolenzeit*, Wiesbaden: Harrassowitz Verlag, 2004, p. 11.

6　乌马里著，劳斯·列赫编译《眼历诸国记（选译）》，李卡宁汉译，《民族史译文集》1987 年第 1 期，第 112~113 页。

尔指出，这种形式在合赞汗重振汗权的改革中被革除，随后在完者都汗时期复兴，奠定了其后波斯文书的格式基础。[1]

合赞信件反映的怯薛长署名制，与通行的兀鲁思异密署名制不符，却与元代怯薛轮值史料所反映的文书制度一致。《史集》记载，合赞汗改革的一项重要内容是"在颁发给人们玺书和牌子的事情上推行严格的制度"："[君王]委派了四怯薛的四个异密，每人各给一个黑印，当玺书上要盖玺印时，他们就在背面盖上自己的[黑印]，这就再也不能否认说：这个我们不知道。"[2] 这项改革措施，应该是对大蒙古国传统的复古改制，或是借鉴元朝文书制度进行的创新，意图取代的正是前几任伊利汗时期蒙古重臣和波斯宰相的合署制度，体现出合赞汗打压权臣、重振汗权的意图。通过怯薛长对文书下达的制度化监督，合赞作为大汗的权威得以进一步伸张。

显然，前述研究者在四怯薛长与兀鲁思异密之间画等号的做法，忽视了怯薛制在伊利汗国的变化，实际上是将复杂动态的政治现象笼统地归因于草原传统。霍普将大蒙古国到伊利汗国的制度变迁，总结为家产制国家向准封建制国家的转化；旭烈兀在建立伊利汗国的过程中，特别依靠怯薛功臣的助力。旭烈兀死后，这些手握军权、位居高官的怯薛功臣，逐渐脱离了对汗权的依附，演变为贵族门阀，进而插手伊利汗的废立。合赞汗继位后，短暂地复兴了汗权，贵族门阀的离心倾向被暂时打压下去。[3] 需要说明的是，霍普认为，合赞汗时期出现的"哈剌出别"概念是

1　Abolala Soudavar, "The Mongol Legacy of Persian Farmāns," pp.416-417.

2　《史集》汉译本第三卷，第487~488页。

3　Michael Hope, "'The Pillars of State': Some Notes on the Qarachu Begs and the Kešikten in the Īl Khānate (1256-1335)," *Journal of the Royal Asiatic Society*, Vol. 27, No. 2, 2017, pp. 181-199.

指非黄金家族出身却僭越汗权的异密，这一观点存在问题。但是
他观察到，对兀鲁思异密而言，怯薛中的任职经历只是他们获取
政治地位的途径之一，与之相比，官职、军队、财富等政治社会
资源的长期家族传承则重要得多，此说有合理性。

　　无论在元朝还是在伊利汗国，基于草原传统的四怯薛长制的
架构得以传承，但归根结底，怯薛长的权力来自汗权，其自身无
法完成更为复杂的政治职能，也难以确保任职者获得稳定的、继
承性的权力。兀鲁思异密用来指称处于权力顶端的蒙古世家大
族，他们并非依托某一特定制度而存在，如邱轶皓所论，怯薛长
的身份仅仅意味着"共享权力"的资格，而诸西方蒙古汗国中所
见到的"四兀鲁思异密"制度，只是古老的"四怯薛"制度投影
到波斯－突厥国家结构中的产物。[1]

余论：蒙元时代的"祖制想象"

　　进入制度创设与变迁的历史现场，准确解读与描述怯薛制，
对于元代史臣来说绝非易事。被视为"祖制"的"四杰"家族世
袭怯薛长之制，源自元人对怯薛制度历史的总结与复原，其中不
乏片面认识。

　　《元史·兵志》所谓"祖制"，是元人基于蒙古贵族的世卿世
禄现象，对怯薛制度的简单化、理想化解读。这是否来自元朝官
方叙述，需要对《元史·兵志》相关部分的史源进行分析。研究

1　邱轶皓：《蒙古帝国视野下的元史与东西文化交流》，上海古籍出版社，2019，第 155、
　　167 页。

者指出，元文宗图帖睦尔时期官修的《经世大典》是《元史》诸志的重要史源。[1] 不过，《元史·兵志》记录了怯薛制在元末的演变情况，已超出《经世大典》时间下限。《经世大典》已佚，其"序录"为苏天爵《国朝文类》所收。对比《元史·兵志》"宿卫"与《经世大典》，很容易发现《元史》中有关怯薛制度的记载，存在《经世大典》以外的史源，见表7-2。

表7-2 《元史》与《经世大典》对照情况

		《元史·兵志》"宿卫"	《经世大典·政典》"宿卫"序
序言		宿卫者，天子之禁兵也。元制，宿卫诸军在内，而镇戍诸军在外，内外维持，以制轻重之势，亦一代之良法哉。方太祖时，以木华黎、赤老温、博尔忽、博尔尤为四怯薛，领怯薛夕分番宿卫。及世祖时，又设五卫，以象五方，始有侍卫亲军之属，置都指挥使以领之。而其后增置改易，于是禁兵之设，殆不止于前矣。【夫属橐鞬，列宫禁，宿卫之事也，而其用非一端。用之于大朝会，则谓之围宿军；用之于大祭祀，则谓之仪仗军；车驾巡幸用之，则曰扈从军；守护天子之帑藏，则曰看守军；或夜以之警非常，则为巡逻军；或岁漕至京师用之以弹压，则为镇遏军。今总之为宿卫，而以余者附见焉。】	【属橐鞬，列宫禁，曰宿卫军。国有大朝会，遍征诸侯王，入京师之岁，所司设庐芡环大内，士昼夜居其中，以备非常。既朝会，则罢之，曰围宿军。皇帝祀郊庙，幸佛寺，跸街清道，曰仪仗军。从幸畿甸，曰扈从军。坐辂藏仓庾，谁问出入，摇铎警夜，以护天子之良货贿，曰看守军。皇帝幸上都，从留守大臣，以夜钟时出谯楼下，分行国中衢陌，察盗贼至晓，曰巡逻军。岁漕鰷海至枯水口输海津仓，五方人坌集，恶少不逞，游警其间，出千人弹压，曰镇遏军。如上杂载一卷，举一以附其余，曰宿卫类云。】
	怯薛	四怯薛：太祖功臣博尔忽、博尔尤、木华黎、赤老温，时号掇里班曲律，犹言四杰也，太祖命其世领怯薛之长……	
	侍卫亲军	右卫……左卫、中卫……前卫……宣镇侍卫世祖中统元年四月，谕随路管军万户……	
	其他六类	围宿军……仪仗军……扈从军……看守军……巡逻军……镇遏军	

资料来源：《元史》卷九九《兵志》，第2523~2538页；《元文类》卷四一《杂著》，第846页；《经世大典辑校》，第375页。

---

[1] 陈高华：《〈元史〉纂修考》，《历史研究》1990年第4期。

　　《元史·兵志》"宿卫"由以下内容构成：序言、怯薛、侍卫
亲军、宿卫军以及围宿军等六类。序言前半部分，主要总结了太
祖时以"四杰"为四怯薛之制和世祖创设侍卫亲军之制，而在留
存至今的《经世大典》残文中，没有对应内容。序言后半部分，
叙述了"属橐鞬，列宫禁"的宿卫军等七类军，"总之为宿卫，
而以余者附见焉"，同源文本见《经世大典·政典》"宿卫"序。
《元史·兵志》"宿卫"正文部分，按照序言所述顺序，包含三方
面内容：先概括怯薛制的特点，再述各侍卫亲军的设置，最后以
编年顺序条列宿卫军等七类军相关制度规定。前两方面内容，在
《经世大典》中找不到对应文本；后一方面内容，七类军的排列
顺序与《经世大典·政典》"宿卫"序相对应。从体例和内容上
看，以编年顺序条列制度规定的部分当来自《经世大典》，只不
过《经世大典》正文已佚。总之，虽然《元史·兵志》"宿卫"
的部分内容源自《经世大典》，但太祖时以"四杰"为四怯薛之
制的记载，恐非抄自《经世大典》。造成这一状况的原因，究竟
是《经世大典》在怯薛这一重要制度上付之阙如，还是《元史》
纂修者未采纳《经世大典》而另有所本，有待进一步研究。

　　成吉思汗因"四杰"而设四怯薛的说法，除见于《元史·兵
志》"宿卫"序言外，还见于《元史·宦者传》序："盖自太祖选
贵臣子弟给事内廷，凡饮食、冠服、书记，上所常御者，各以
其职典之，而命四大功臣世为之长，号四怯薛。"[1]《元史》这两处
序言，可能反映了元人的普遍看法。陈桱所撰《通鉴续编》云：

1　《元史》卷二〇四《宦者传》，第 4549 页。

（四杰）"四人之子孙，皆领宿卫，号'四怯薛'，出官则为辅相焉。"[1] 元人《送国王朵儿只就国》一诗，有"四杰从容陟降同"，注云："四杰，今四怯薛之祖。"[2]《滦京杂咏》中亦有"四杰君前拜不名"，注云："四杰即四怯薛也。"[3] 可见，成吉思汗以"四杰"为四怯薛的说法，是元人对国朝制度颇为流行但有所失真的看法。尤其是《元史·宦者传》的记载，错误十分明显：怯薛分四番轮值，并不是为了给"四杰"安排职务，而很可能是因为每番三天共十二天轮值完毕，便于生肖纪日。至于"四杰"，莫西斯分析了《秘史》中数字四的用法，指出四人的组合在当时蒙古社会中颇为流行。[4] 至元代，人们对大蒙古国时期的历史细节已经较为陌生，于是将四怯薛的设置与"四杰"进行关联，并追溯至成吉思汗。以"四杰"设四怯薛的说法，应该是以忽必烈立国建制以来逐渐形成的怯薛长世袭现象为原型的，进而赋予这一政治现象以"祖制"意义。

总而言之，在大蒙古国建立之初，怯薛制度基本架构为每番三天的四番轮值，每番之中细分为三班，包括宿卫、箭筒士和散班。每番每班均有轮值长官进行管理，统称怯薛官人。以四番三班推算，轮值长官理论上为十二员。每番任命一怯薛长，统管三班，四番共计四怯薛长，可能从轮值长官中选任。包括四怯薛

1　《通鉴续编》卷二〇"嘉定十六年三月"条，日本内阁文库藏元刻本，第24页。
2　顾嗣立编《元诗选二集》，中华书局，1987，第898页。该诗列于甘立名下，亦列于李孝光名下（第631页）。
3　顾嗣立编《元诗选初集》庚集之杨允孚，第1959~1962页。
4　拉里·莫西斯：《数字的传奇：〈蒙古秘史〉中数字的象征意义》，陈一鸣译，《蒙古学信息》2000年第1期，第17~18页。

长和轮值长官在内，怯薛长官的选任范围不限于成吉思汗的"四杰"家族，而是较为广泛地涵盖了开国功臣集团。大蒙古国分裂之后，怯薛架构在元朝和其他汗国中得以保留，四怯薛长制和轮值长官制在史料中都有所记载。

伴随蒙元时代的汗位之争与统治集团的内部分裂，怯薛长官的选任受到政争的影响，经历了一系列变动。在元朝，木华黎、博尔忽、博尔术三大家族继续保持政治上的优越地位，被忽必烈及其继任者视作最值得信赖的贵族元勋。他们世卿世禄，怯薛长职位也不例外。在其他汗国，赤老温家族、蒙力克家族、者台家族等蒙古世家大族占据要职，也存在世袭怯薛长官的情况。萧启庆指出，怯薛是元代所有蒙古机构中草原色彩最重的，从未官僚化。他将其原因总结为："怯薛是维持可汗与贵族间封建关系的必要连锁"，"在维持蒙古王室和贵族的认同（identity）上，是一极为重要的工具"。[1]四怯薛长承袭之制，正是怯薛制度纽带作用的集中体现。元人对此已有所观察和了解，但是囿于与草原政治传统的隔膜，加上蒙元宫廷内部的政治实况不为外人与闻，元人更倾向于用齐整的"祖制"来解释复杂变化的政治现象，实际上也是对怯薛制度纽带作用的体认。

将元朝与伊利汗国的怯薛制进行对比，有助于分析同源制度在不同文化土壤中的流变。大蒙古国建立之初，怯薛在承担护卫、服务大汗等职能的同时，也是大汗的精锐部队和行政组织。作为汗权的衍生物，怯薛附属于汗权而存在，是汗权的有力触

1　萧启庆:《元代的宿卫制度》,《内北国而外中国：蒙元史研究》,第230页。

手，发挥了联结大汗与异姓贵族的作用。怯薛与汗权之间的"强关系"，很大程度上依赖于大汗本人的"卡里斯玛"（charisma）。[1]随着蒙古征服的止步，国家职能转向日常治理，高度依赖军事动员的体制难以长期维系。统治者的"卡里斯玛"不可避免地褪色，怯薛制原本的纽带作用随之变异。正如研究者所指出的，在伊利汗国，担任旭烈兀怯薛长官的功臣贵族，在其死后凭借拥立新君而坐大，最终演变为地方割据势力。[2]在金帐汗国解体后形成的克里米亚等汗国，由鞑靼贵族构成的哈剌出别也拥有废立大汗、决定军国大政的权力。[3]类似怯薛的宿卫制度，亦见于同时期埃及的马穆鲁克王朝，由算端宿卫（阿拉伯语 Khāṣṣakiyya）出身的异密，构成马穆鲁克军事贵族集团的主体，对新君造成严重威胁，进而引发叛乱。[4]艾骘德将元朝的四怯薛长与其他汗国的兀鲁思异密进行对比，认为二者明显的不同之处在于，元朝的怯薛长没有转变为威胁皇权的贵族门阀。[5]但是元朝中后期铁木迭儿、燕帖木儿、伯颜等权臣迭起，原本充当君主治理助手的异姓家臣权力恶性膨胀，"通过拥立新君、进行政治投机所获得的权

1　马克斯·韦伯：《经济与社会》第一卷，阎克文译，上海人民出版社，2010，第351页。

2　Michael Hope, "'The Pillars of State': Some Notes on the Qarachu Begs and the Kešikten in the Īl Khānate (1256-1335) ," pp. 183-193.

3　U. Schamiloglu, "The Qaraçi Beys of the Later Golden Horde: Notes on the Organization of the Mongol World Empire," *Archivum Eurasiae Medii Aevi*, Tomus 4, 1984, pp. 283-297.

4　*The Encyclopaedia of Islam*, new edition, ed. by E. Van Donzel, B. Lewis and Ch. Pellat, Leiden: E. J. Brill, 1997, Vol. 4, p.1100. David Ayalon, "Studies on the Structure of the Mamluk Army I," *Bulletin of the School of Oriental and African Studies*, Vol. 15, No. 2, 1953, pp. 213-216. 此系邱轶皓老师惠示。

5　Christopher P. Atwood, "Ulus Emirs, Keshig Elders, Signatures, and Marriage Partners: the Evolution of a Classic Mongol Institution," p.158.

力，已有突破传统主从名分、危及皇权的趋势"。[1] 忽必烈借鉴中原王朝的禁卫军制度创立卫军，卫军在军事方面取代了怯薛的功能，在元中后期成为异姓家臣保持权位、废立帝王的武力依凭。[2] 元朝灭亡之后，异姓家臣更是扶立成吉思汗后裔为傀儡，拥兵一方，互相攻伐。从这一角度讲，成吉思汗继承者们相似的历史命运，似乎可以上溯到蒙古立国之初的草原制度基因。

1　张帆：《论蒙元王朝的"家天下"政治特征》，《北大史学》第 8 辑，第 69 页。
2　萧启庆：《元代的宿卫制度》，《内北国而外中国：蒙元史研究》，第 245~253 页。

结　语

　　本书首先聚焦于前成吉思汗时代的蒙古史。蒙古起源传说中的迁徙，实际上并不是同一人群的大范围移动，而是对曾经政治权力强弱地位的变相投射。换句话说，地理变迁的主体，是政治名号，而不是种群意义上的人。两宋时期史料反映出蒙古诸政权的东西分布，一定程度上修正了蒙元史料描绘出的不儿罕山一带在草原上长期的政治核心地位，后者正是成吉思汗家族之所在。元代普通蒙古人的家族记忆中，找寻不到强烈的不儿罕山信仰的痕迹。影响深远的额儿古涅昆起源传说，产生的背景是自东向西的草原权力核心转移的过程。成吉思汗先祖并不是自古以来的蒙古集团统治者，草原东缘诸部一度在蒙古集团中占有核心的地位。

本书还从社会文化的角度，讨论了元人对于蒙古早期历史的认知和改造。"鞑靼"作为译名，流行于辽金宋时期，但"达达"二字则到了蒙元时代方才出现。元人对于"鞑靼"，尤其是"鞑"字，抱有一定程度的避忌心态。这种心态，在元代的官文书中表现为一律以"达达"替换"鞑靼"，在私人刻书中表现为对"鞑"等字的挖改。对于鞑靼相关史事，元代知识人和史官表现为不明所以和刻意隐没。对"鞑靼"相关历史记忆的遗忘与改造，强化了元人以成吉思汗家族为中心的史观。

在早期蒙古史中成吉思汗家族的核心地位，进一步通过"孛儿只斤"姓氏来强化。部族是蒙古人表明自身何所从来的重要指征，但是从严格意义上讲，蒙元史料并没有提到哪一部直接对应于成吉思汗家族。蒙古社会中并不存在汉文化语境中姓氏的完全对等物，但孛儿只斤却承载着元朝帝室姓氏的实际功能。成吉思汗家族在这些方面表现出种种特殊性。这表明，帝姓孛儿只斤并不是蒙古社会习俗影响下的自然衍生物，而是在统治家族的政治需要之下产生的。元代帝姓孛儿只斤的产生与制造，满足了划定统治家族范围的迫切需要，体现了统治家族定义自我、表达自我的独特路径。

以成吉思汗家族为中心的史观，也体现在蒙古人个体对于家族历史的讲述当中。族群角度的民族迁徙、血缘谱系，个体角度的部族出身和从龙经历，这些要素重塑了蒙古人的族群记忆。在"主流"话语之下，族群记忆中的"异质因素"逐渐黯淡。不过，我们依然可以从史料中努力追寻这些"异质因素"的蛛丝马迹。

蒙古人家族中口耳相承的祖先历史，相比于广为流传的"国史"中的祖先世系和部族血缘观念，保持了一定的独立性。但同时受到权力话语与知识话语的双重影响，使得一些蒙古人的家族记忆嫁接进蒙古开国历史，或嵌入汉籍所传边裔历史中。

对于蒙古起源传说中蒙古部族间呈现出的圈层结构，我们强调的，是其如何被描摹、建构的过程。蒙古诸部的血缘－婚姻集团的属性，并不是真实存在的、对婚姻习俗构成现实规范的，而是被阐释出来的、经历了人为的整饬。尼伦－迭列列斤集团分类并不具有唯一性，而是史料采择与考订的结果之一。集团分类的目的，在于为蒙古各部的血缘起源提供一个规范化的解释，从而构筑起以成吉思汗先祖为根基的谱系树。圈层结构与迁徙传说，共同构成了我们今天看到的蒙古早期史的主要框架。这一版本的蒙古早期史，以成吉思汗的家族史为核心，以诸种流传于蒙古人中的起源传说要素为砖瓦，构筑出完整、整饬的血缘世系系统。

最后聚焦于成吉思汗本身，通过两则个案探讨了蒙元时代人们如何理解、讲述其功业。从正统性的角度来理解，称汗和建号，其象征意义不在于政权从何人手中及何处夺取，"成吉思"的称号显示了强大汗权的普适性，更符合"正名"的政治习惯。而铁木真首次称汗即建号成吉思的说法，通过将建号时间提前，巩固成吉思汗长期以来就是蒙古诸部统治者的正统地位，这体现出称汗建号对构建统治合法性的重要意义。成吉思汗在建国的过程中，也奠定了蒙元政治制度的框架。入元之后，人们强化了成吉思汗政治遗产的光环，诉诸祖制成为理解制度、寻找政治合法性的途径。

　　时至今日，成吉思汗及其家族的历史故事，仍有着强烈的吸引力。这似乎与蒙元王朝的历史书写不无关系。本书的写作，意在追问记忆形成与书写定型的过程。这一历史过程，出于几乎所有参与者有意或无意的"共谋"。其中，既有官方史家对成吉思汗家族统治史与蒙古族群历史的搜罗、删削与整合，对蒙古开国历史和祖制的书写、再造，也有蒙古人"家史"对于"国史"的主动攀附与被动渗透，还有元代知识阶层的主动避讳与自我抑制。无论是成吉思汗开国建制的政治合法性，还是成吉思汗家族的特殊性与神圣性，以及以成吉思汗家族为核心的蒙古血缘系谱与历史起源，蒙古的历史记忆从这些方面得以塑造，其结果是强化了成吉思汗及其家族的卡里斯玛，形成了蒙元时代留给后世的历史遗产。

附录一 《史集》成吉思汗先祖世系的修撰

在成吉思汗先祖世系方面，学界积累了较为丰富的研究成果。较早如邵循正、吉田顺一的研究，对比了《史集》（蒙古史部分）、《元朝秘史》、《元史》等不同史料中的成吉思汗先祖世系。[1] 伊利汗国宰相拉施特修撰的波斯文文献《史集》，被视作研究重点之一。其后，村上正二、芮跋辞、艾骛德、陈得芝、曹金成的研究，将《红史》等藏文史料纳入对比的视野，并勾勒了文

1　邵循正：《蒙古的名称和渊源》，原载 1944 年 2 月 18 日某报《史地周刊》，后收入《邵循正历史论文集》，北京大学出版社，1985，第 106~111 页；吉田顺一：《〈元史·太祖本纪〉祖先传说之研究》，冯继钦译，《蒙古学资料与情报》1990 年第 1 期，原载早稻田大学文学部东洋史研究室编《中国正史的基础研究》，1984 年 3 月。

献的系谱关系。[1] 这些成果在探索新史料、关注文献源流两个方面，不同程度地推动了成吉思汗先祖世系的深入研究。学者的研究思路经历了转型过程，从世系异同的对比分析开始转入文献形成过程及原因的考索。

尽管上述研究成果不同程度地运用了《史集》所载谱系资料，但是无论是问题视角的转换还是在史料方面的进一步深耕，以及以此为基础的对文献源流线索的提炼，都存在继续讨论的空间。同样由拉施特修撰的《五世系》，近年来开始受到国内学者关注。作为记录黄金家族世系的专门性谱牒，《五世系》是拉施特整体的《史集》修纂事业的一部分。虽然《五世系·蒙古世系》因同源关系而与《史集·蒙古史》所记多有重复，但在若干关键问题上仍具有独特的价值。[2] 新史料的运用和对文献谱系的爬梳，使得成吉思汗先祖世系的再研究成为可能。因此，笔者将讨论的重点放在拉施特的编纂过程上。通过《史集·蒙古史》与《五世系·蒙古世系》的对读，在前人研究所展示的不同史料之间的世系差异之外，就拉施特笔下世系文本的形成及其背后的修纂动机展开新的分析。

---

1 村上正二：《关于蒙古部族及成吉思汗祖族孛儿只斤氏集团世系》，张永江译，《蒙古学资料与情报》1988 年第 3 期，原载《内陆亚洲史研究》1985 年第 2 号；Volker Rybatzki, "Genealogischer Stammbaum der Mongolen," in E. V. Boikova and G. Stary eds. *Florilegia Altaistica: Studies in Honour of Denis Sinor on the Occasion of His 90th Birthday*, Wiesbaden: Harrassowitz, 2006, pp.135-192；艾骛德：《蒙古帝国成吉思汗先世的六世系》，罗玮译，《元史及民族与边疆研究集刊》第 31 辑，原载《中世纪欧亚内陆研究文献》（*Archivum Eurasiae Medii Aevi*）第 19 卷，2012；陈得芝：《藏文史籍中的蒙古祖先世系札记》，《中国藏学》2014 年第 4 期；曹金成：《政治体视角下的元代蒙古认同》。

2 *Shu'ab-i Panjgāna*, ff. 96a-148b.

一　《五世系·蒙古世系》与《史集·蒙古史》中成吉思汗 先祖世系的差异

　　在拉施特的著作中，成吉思汗先祖世系主要见于《史集·成吉思汗先祖纪》和《五世系·蒙古世系》。有必要从文献编纂的角度，追溯拉施特的编纂逻辑，剥离其依据的不同史料，来探索世系的生成过程。

　　《史集·蒙古史》"蒙古诸汗纪"大多在文字性地介绍诸汗子孙的同时，配有子孙世系图。[1]《五世系·蒙古世系》是专门的成吉思汗家族世系图，用波斯语和蒙古语的双语形式录出。从内容上讲，《五世系》并不是《史集·蒙古史》世系图的叠加。《五世系》与《史集·蒙古史》世系图相比，有相当程度的差异，往往有溢出《史集·蒙古史》之外的信息。详究《史集》的图、文内容，参照《五世系》，会发现《史集·蒙古史》的修纂，不是简单的依文制图或据图撰文的关系，图、文之间存在相当大的差异。下面举例说明。

　　《史集·蒙古史》"朵奔伯颜纪"记有朵奔伯颜之前的八世系，这部分世系亦见于《秘史》，而较《秘史》为简。[2]值得注

1　《史集·蒙古史》世系图，本章主要参考《史集》伊朗国民议会图书馆 2294 号抄本（简称"议会本"）、乌兹别克斯坦科学院东方抄本部 1620 号抄本（藏于塔什干，简称"塔本"）、土耳其伊斯坦布尔托普卡庇·萨莱图书馆 1518 号抄本（简称"伊本"）。诚如学者指出的那样，《史集·蒙古史》目前的诸种校勘本和译注本中，《史集》各抄本世系图并没有被系统地整理与研究，见 İlker Evrim Binbaş, "Structure and Function of the Genealogical Tree in Islamic Historiography (1200-1500)," in *Horizons of the World: Festschrift for İsenbike Togan*, ed. by İlker Evrim Binbaş & Nurten Kılıç-Schubel, İstanbul: İthaki Publishing, 2011, p. 489。

2　《史集》汉译本第一卷第二分册，第 6~8 页；《〈元朝秘史〉校勘本》第 1~10 节，第 1~4 页。

意的是，八位祖先并没有单独之纪，也没有列入《史集》总目录
中。而且《成吉思汗纪》中的成吉思汗先祖世系，是从阿阑豁阿
开始的，并没有朵奔伯颜及以上八世系。除朵奔伯颜以上八世系
之外，成吉思汗其他先祖纪均配有世系图。而朵奔伯颜以上八位
祖先在《史集·蒙古史》中只是以文字叙述的形式出现的，《史
集·蒙古史》的各抄本均无这八世系的世系图。可见以朵奔伯颜
为界，成吉思汗先祖世系呈现出明显的两个部分：朵奔伯颜以上
世系只见于《史集》"朵奔伯颜纪"；朵奔伯颜以下世系则单独
成纪，一般附有世系图并见载于《史集》总目录和《成吉思汗
纪》。[1]对比《史集·蒙古史》与《五世系》，首先从内容上讲，《五
世系》与《史集·蒙古史》的世系图一致，以朵奔伯颜为蒙古世
系的开端，朵奔伯颜之前的世系均不见于《五世系》。其次从体
例上讲，根据《五世系》的绘制体例，世系中的先祖与子孙之间
会有主干进行连接。[2]具体到朵奔伯颜上，朵奔伯颜娶阿阑豁阿
为妻，但作为成吉思汗先祖的字端察儿，是阿阑豁阿感光所生之
子，非朵奔伯颜的血脉。相对应地，《五世系》从阿阑豁阿以下
始绘中心主干。这明确地告诉读者，朵奔伯颜与成吉思汗家族没
有任何血缘关系，《五世系》只是保留了朵奔伯颜这一形式上的
祖先。上述情况表明，《史集》世系的来源至少是两种世系史料：
一是包含有朵奔伯颜以上八祖的十八祖世系，二是朵奔伯颜以下
十祖世系。《史集·蒙古史》将两种世系整合在一起，而《五世
系》只采纳了十祖世系。

1　《史集》汉译本第一卷第一分册，第97页；第一卷第二分册，第86~87页。
2　《五世系》f.4b。

　　又如《史集·蒙古史》合不勒子孙世系。关于合不勒长子及其后裔，《史集·蒙古史》正文记载合不勒的长子斡勤－巴儿合黑的儿子、孙子，分别名为莎儿合秃－禹儿乞和薛扯别乞。《史集·蒙古史》议会本世系图（《史集》其他抄本此处无世系图）却记载莎儿合秃－禹儿乞和薛扯别乞均是斡勤－巴儿合黑之子，《五世系》同于《史集·蒙古史》议会本世系图。[1]《史集·蒙古史》正文与世系图二者出现差异，不能简单地以某一方的讹误来解释。关于薛扯与成吉思汗的亲属关系，《亲征录》记成吉思汗云："吾杀兄诛弟，此谓谁？薛彻别吉为我兄，大丑乞鲁为我弟。"[2]《元史》记成吉思汗说："我兄薛彻别及及我弟大丑。"[3] 可见二书均记薛扯是成吉思汗的同辈。《亲征录》又记成吉思汗云："上辈八儿合拔都二子薛彻、大丑。"[4]《元史》对应作："薛彻、大丑二人实我伯祖八剌哈之裔。"[5] 此处之"子"与"后裔"，既可作儿子解，也可作孙子解。《史集·蒙古史》正文以薛扯为成吉思汗的同辈，《史集·蒙古史》世系图则以薛扯为孙辈。

　　关于合不勒第四、五子世系，《史集》汉译本云：（合不勒汗）"第四子为合丹把阿秃儿，有许多部落与异密出自他的后裔，有关他的故事，很长。……长子拙赤汗，是他的继承者。……有另一个儿子，名叫阿勒坛。"[6] 伊本等抄本大体相同。但议会本中包

1　《史集》议会本 f.49b、伊本 f.53b，莎儿合秃－禹儿乞在《史集》汉译本中作"忽秃黑秃－禹儿乞"（第一卷第二分册，第43页）。

2　《圣武亲征录（新校本）》，第117页。

3　《元史》卷一《太祖纪》，第10页。

4　《圣武亲征录（新校本）》，第131页。

5　《元史》卷一《太祖纪》，第11页。

6　《史集》汉译本第一卷第二分册，第43~44页；伊本 f. 53b。

含了不见于诸本的阙文，见方括号内的补充：（合不勒汗）"第四
子为合丹把阿秃儿，有许多部落与异密出自他的后裔，[他们的
故事很多。第五子为忽图剌合罕。他与其兄弟们在其父之后成为
君主。] 他的故事很长。……长子拙赤汗是他的继承者。……有
另一个儿子，名叫阿勒坛。"[1] 可见，合丹把阿秃儿有子孙，但其
名未知；忽图剌合罕则有二子：拙赤汗、阿勒坛。而在《史集》
议会本世系图中，合丹有二子，一为泰出，一佚名，忽图剌合罕
之子为拙赤汗和阿勒坛。[2] 显然《史集》世系图与正文记载不同。

　　类似的例子，正如艾骛德文所指出的，《史集·蒙古史》的正
文和世系图对成吉思汗先祖"不合"有着不同的记载。《史集》总
目录和《史集·成吉思汗纪》前言列有成吉思汗诸位祖先，并没
有提到不合。《史集》的成吉思汗先祖诸纪中也没有单独为不合立
纪，而是在孛端察儿纪中顺带提及。[3] 唯有《史集》"孛端察儿纪"
称成吉思汗起源于不合之子土敦篾年。《史集·蒙古史》前后矛盾
的记载，并不是拉施特的笔误，而是反映了拉施特修纂过程中对
史料的不同采择。具体来讲，《史集·蒙古史》孛端察儿子孙世系
图前言称孛端察儿之子为不合和不黑台，不合之子为土敦篾年，
土敦篾年是成吉思汗一支的祖先。《史集》世系图旁注揭示了拉施
特进行史料考辨的过程："另一种说法为：这个土敦篾年为孛端察
儿的儿子，但认为他是不合的儿子较为正确。因为在古老的册籍
中有同样的 [记载]。"[4] 即，在土敦篾年是孛端察儿之子还是不合

1　《史集》议会本 f.49b。

2　《史集》汉译本第一卷第二分册，第 44 页；《史集》议会本 f.49b；伊本图缺。

3　《史集》汉译本第一卷第一分册，第 97 页；第一卷第二分册，第 86~88、16 页。

4　《史集》汉译本第一卷第二分册，第 18 页。

之子的问题上，拉施特对比了手中不同来源的史料，最终采用了古老的册籍的说法，认定土敦篾年为不合之子。《史集·蒙古史》议会本世系图和《五世系》与此相一致。[1] 不同的是，《史集·蒙古史》伊本世系图旁注虽然与其他抄本并无差异，但世系图则将土敦篾年画为孛端察儿之子。[2] 根据《史集·蒙古史》伊本世系图，不合被排除在成吉思汗直系先祖的序列之外，这样就与《史集》总目录和《史集·成吉思汗纪》前言相一致。

当然，的确存在因传抄讹误而导致的《史集·蒙古史》世系图和正文之间的差异。如察剌合领昆诸子，《史集·蒙古史》伊本等抄本记载："由于已经确悉每个是谁的儿子，我们有可能在下列详［表］中依次为［其中］每一个绘出分支。"[3] 事实上，《史集·蒙古史》各本世系图却没有绘出世系线，也就是无法确知察剌合领昆的每个分支。世系图和正文差异是如何造成的？《史集》议会本与《五世系》均记载："由于无法证实每个是谁的儿子，因此每个人按顺序列出谱系是不可能的。"[4] 可知世系图和正文出现差异的原因，在于《史集·蒙古史》若干抄本的文字存在讹误。

总之，类似世系图和正文不一致的情况，在《史集·蒙古史》所记黄金家族世系中屡屡出现。由于本书关注的重点在于成吉思汗先祖世系，因此成吉思汗子孙世系的情况在此不展开讨论。呈现在读者面前的《史集·蒙古史》世系图与正文的差

1　《史集》议会本 f.45a；《五世系》f.97b。

2　《史集》伊本 f.48a。

3　《史集》伊本 f.50b；汉译本第一卷第二分册，第31页。

4　《史集》议会本 f.47b；《五世系》f.98b。

异，部分可以用修撰或抄写的讹误来解释，部分则要诉诸《史集》的史源。从上述例子中可知,《史集·蒙古史》世系图并非精确地依据正文绘制，世系图与正文很可能有各自独立的史源。

将《五世系》与《史集·蒙古史》的世系图和正文进行对照，可以印证上述判断。

《五世系》对成吉思汗先祖世系的双语记载，进一步揭示了《史集·蒙古史》《五世系》修纂的关键过程。《五世系》在大多数情况下，同时用波斯文和畏兀体蒙古文记录成吉思汗家族中的人名。但是也存在波斯文与蒙古文错位的情况。比较典型的是《五世系》ff.101b-102a 成吉思汗先祖合不勒子孙世系（见图附1-1，上方为蒙古文，下方为波斯文）。

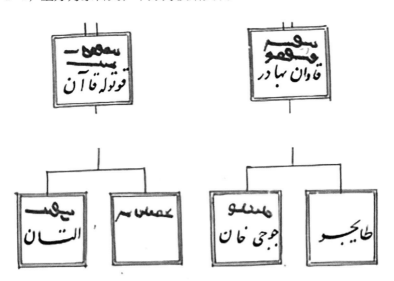

图附 1-1 《五世系》ff.101b-102a 成吉思汗先祖合不勒子孙世系局部

　　将图附 1-1 中的波斯文和蒙古文分别析出，可得到如下二表（见图附 1-2）。

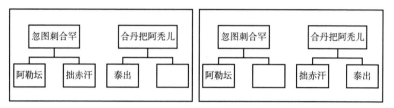

图附 1-2　《五世系》蒙古文世系（左）与波斯文世系（右）对照

　　此处，《五世系》蒙古文世系与波斯文世系有差异。差异的形成，不能简单地用蒙古文的讹误来解释。经对照，《史集·蒙古史》议会本世系图恰与《五世系》蒙古文世系相一致（见图附 1-3）。

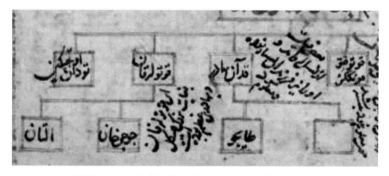

图附 1-3　《史集》议会本 f. 49b 合不勒子孙世系

　　在《五世系》蒙古文与波斯文不一致的情况下，蒙古文世系与《史集·蒙古史》议会本世系图的内容一致。这一发现表明，《五世系》编纂之时，蒙古文并不是依据波斯文译写出的。《五世系》蒙古文世系，与《史集·蒙古史》议会本世系图有着密切的史源关系。

除此之外，《五世系》后文还存在蒙古文与波斯文错位的情况。朮赤子孙世系图中，朮赤第五子忽哥赤的方框内，写有波斯文忽哥赤和蒙古文昔班，而波斯文昔班正是忽哥赤的下一位。从此以下直至行末，蒙古文均比波斯文提前一格，以至于波斯文最后一位鲜昆没有对应的蒙古文名字（见图附 1-4）。考虑到《史集》没有记载忽哥赤，[1]《五世系》的蒙古文和波斯文均错位的原因，可能在于《五世系》蒙古文所依据的史源和《史集》一样没有忽哥赤，而波斯文所依据的史源有忽哥赤。

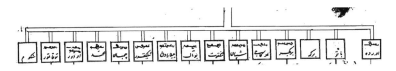

图附 1-4 《五世系》f. 108b 朮赤子孙世系

《五世系》的蒙古文与波斯文，不是单纯的翻译关系，这一点还有其他例子可资佐证。如成吉思汗诸弟之一别勒古台，《史集·蒙古史》记录的其子孙世系并不完整。《史集·蒙古史》中只留有其后裔爪都一系的记载，爪都之外的其他子孙世系，只见于《五世系》而不见于《史集·蒙古史》。[2]成吉思汗另一弟拙赤-合撒儿，有子名合剌勒朮。他的子孙世系，《史集·蒙古史》付之阙如，《五世系》则完整录出。[3]对于这两支世系，《五世系》的

1　《史集》汉译本第二卷，第 116 页。

2　《史集》汉译本第一卷第二分册，第 84~85 页附图；《五世系》f.104a。

3　《史集》汉译本第一卷第二分册，第 84~85 页附图；《五世系》f.105a。

绘制方式与《五世系》前言所载体例不合。别勒古台子孙世系线超出了《五世系》的外边线，这种情况在《五世系》中是罕见的（见图附 1–5）。合剌勒朮世系（还有同页的只儿乞带世系）中，世系线本应该用单线表示，实际上却用表示中轴的双线绘出，并跨越了中轴（见图附 1–6）。这些违反体例的异常绘制方式，表明这几支世系是在全文大体修成之后根据其他史料增补的。上述世系几乎全无蒙古文，类似的蒙古文大量缺失的情况，在《五世系》中是罕见的。蒙古文缺失之多，已不能用偶然的脱漏来解释。《五世系》的修撰，应是经历了初修—增补的过程，增补上述世系所依据的史料，并不含有蒙古文内容，这是《五世系》在上述部分大量缺失蒙古文的原因。如果《五世系》的蒙古文仅仅是波斯文的翻译，那么何以解释集中缺失蒙古文的情况？更合理的解释是,《五世系》的蒙古文有着独立的史源。

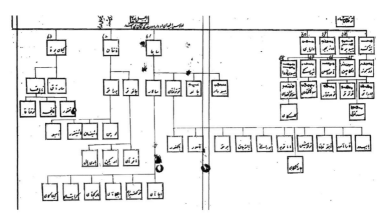

图附 1–5　《五世系》f. 104a 别勒古台子孙世系

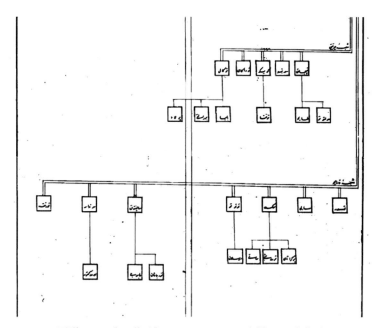

图附 1-6 《五世系》ff. 104b-105a 合撒儿子孙世系

上述分析,旨在揭示《史集·蒙古史》《五世系》修撰过程的关键点。《史集·蒙古史》世系图并不是《史集·蒙古史》正文修撰的副产品,而是有着相对独立的史料来源。《五世系》蒙古文世系也并不是《五世系》波斯文世系的蒙古文翻译,很可能是在其他蒙古文史料的基础上修撰而成。也就是说,《史集·蒙古史》《五世系》的世系修撰,应有波斯文或者蒙古文写成的系谱性质的史源。

二 《史集·蒙古史》《五世系》世系史源蠡测

前述第一小节,从《史集·蒙古史》《五世系》文本内容的差异入手，推测世系修撰可能依据系谱类史料。本小节就来进一步分析世系的史源。

首先，拉施特史书修撰的体例，可以侧面印证上述推测。根据"拉施特作品全集目录"，《史集》全书共有四卷，第一卷为蒙古史，第二卷为完者都史及世界史，第三卷为世界各民族系谱（《五世系》），第四卷为世界境域。[1] 我们发现，《史集·蒙古史》与《五世系·蒙古世系》，较之《史集·世界史》与《五世系》除蒙古之外的其他四民族世系，在修纂体例上呈现出若干差异。[2]《史集·蒙古史》的蒙古诸汗纪部分，在正文之外，还配有诸汗子孙世系图，世系图提供的信息，除个别地方与正文不同，一般均已见载于正文，而《史集·世界史》并无世系图。至于《五世系》，只有《蒙古世系》附有蒙古文，其他世系只有波斯文。土耳其学者 Binbaş 指出，《五世系》除蒙古之外的其他四世系，均在系谱中附有大量的叙事性旁注，这些旁注是从《史集·世界史》的相关段落中大段抄入，相对而言，《五世系·蒙古世系》中的旁注要少得多。[3] 不仅如此，《五世系·蒙古世系》中这些数量有限的旁注，比《五世系》其他四世系要简洁得多，而且其中

1　参见王一丹《波斯拉施特〈史集·中国史〉研究与文本翻译》，第 62 页。

2　《史集·世界史》的版本，参见王一丹《波斯拉施特〈史集·中国史〉研究与文本翻译》，第 65~74 页。《史集·富浪史》校勘本见 Rashīd al-Dīn Fażl Allāh, *Tārīkh-i Farang az Jāmiʿ al-Tavārīkh*, ed. by Dabīr Siyāqī, Tihrān: Kitāb-furūshī-yi Furūghī, 1960；《史集·乌古思史》影印本见 Karl Jahn, *Die Geschichte der Oġuzen des Rašīd ad-Dīn*, Wien, 1969；《史集·中国史》影印本见 Karl Jahn, *Die Chinageschichte des Rašīd ad-Dīn*, Wien, 1971；《史集·印度史》影印本见 Karl Jahn, *Rashīd al-Dīn's History of India*, The Hague: Mouton, 1965。

3　İlker Evrim Binbaş, "Structure and Function of the Genealogical Tree in Islamic Historiography (1200-1500)," p.492.

一些信息并不见载于《史集·蒙古史》。

《史集·蒙古史》及《五世系·蒙古世系》在《史集》的整体编纂中呈现出上述体例的系统性差异。对此，我们在《史集》中找不到拉施特本人的解释，造成差异的原因，只能从拉施特所依据的史料来源来推测。尽管拉施特声称自己是世系图的首创者，[1]但考虑到《五世系》精确繁复的体例和数百页的篇幅，很难想象拉施特是在"零基础"上绘制的。结合这两方面情况，有理由推测，拉施特在修撰蒙古相关部分时，很可能在诸编年类史料之外，还参考了世系录一类史料。

在《史集》的史源问题上，前人早已注意到《史集》提及伊利汗宫廷中所藏"金册"，普遍认为"金册"是《史集》的主要史源。[2]不过，这一观点与拉施特在《史集》第一卷《序》中的表述有所出入。根据此《序》，蒙古人的历史文献"未经汇集整理，以零散篇章形式［保存于汗的］金库中"。因此，拉施特被授命"整理一切有关蒙古起源的史籍、与蒙古有亲属关系的突厥诸部的世系，以及有关他们的零散事迹和记述"。[3]拉施特强调其所据蒙古史料未经编纂成册、分类整理，主要包括两大类：一是有关蒙古人根源和世系的（编年）史，二是其他零散篇章。[4]针

1　İlker Evrim Binbaş, "Structure and Function of the Genealogical Tree in Islamic Historiography (1200-1500)," p.487.

2　亦邻真：《莫那察山与金册》，乌云毕力格、宝音德力根译，《西域历史语言研究集刊》第2辑，科学出版社，2009。

3　《史集》汉译本第一卷第一分册，第115~116页。

4　据《史集》苏联集校本（Рашид-ад-дин, Джами' ат-Таварих, Критический текст А.А. Ромаскевича, А.А. Хетагурова, А.А. Али Заде, Москва, 1965）第一卷第一分册第64~65页，（编年）史（تاريخ）和零散篇章［مبتر（فصل فصل］未经编纂成册、分类整理（نامدون و نامرتب）。

对这两类文献的汇集整理工作，是修撰《史集》的基础。具体而言，《史集》在行文过程中提到其所依据的蒙古史料时，常用（编年）史、（编年）史篇章、（编年）史抄本、抄本等词来指代。[1]拉施特对其史料来源的自述，与我们理解中的"金册"的性质和形态有一定差异。通检《史集》，在蒙古历史编纂系统中具有如此重要地位的"金册"，仅在如下几处被提及。一是关于泰赤乌部的起源世系，《史集》在《部族志》"泰亦赤兀惕部"和《成吉思汗先祖纪》之"孛端察儿纪""海都汗纪"中均提到"金册"的记载。[2]二是《成吉思汗纪》中，在成吉思汗万户长与千户长的表格之前，拉施特提到其史源为可靠的材料和"金册"。[3]首先可以看到，《史集》对"金册"的征引寥寥，这与《史集》的丰富内容、整体篇幅是不相称的。而且上述"金册"在《史集》中均写作التان دفتر（Altān Daftar，意即"金册"），从名称上看，"册"不同于篇章、抄本，其篇幅似乎无法与编年史比肩。从内容上看，这两处征引的"金册"内容，分别是世系录和异密名录性质，接近于录、表一类，而不同于以叙事为中心的编年史。另外还有一旁证，《元史》记载撒里蛮将金书《世祖实录节文》一册、汉字《实录》八十册呈上。《史集》提到的"金册"，很可能也是像撒里蛮的金书《世祖实录节文》一样，用泥金书写。从八十册浓缩为一册金书来看，制作金书应该比较奢侈，成本限制了金书的篇幅。如果说《史集》的主要史源是"金册"的话，那"金

1　《史集》分别用 تاريخ、فصول تاريخ、نسخه تاريخ、نسخه 表示。
2　《史集》汉译本第一卷第一分册，第 302 页；第一卷第二分册，第 17、25 页。
3　《史集》汉译本第一卷第二分册，第 397 页。

册"的篇幅必定相当大，其成本之高难以想象。

　　上述分析，有助于反思"金册"与《史集》的史源关系。传统观点认为"金册"是《亲征录》的蒙古文译文，但是由上述分析可知，《史集》反映出的"金册"内容皆不见载于《亲征录》，"金册"体现的录、表的体例与篇幅，也与编年叙事、内容较为丰富的《亲征录》不同。"金册"与《亲征录》的史源关系，详见本书附录二。至少现有的证据无法支持"金册"是《亲征录》的蒙古文译文的观点。可以说拉施特修史所据材料是多样的，"金册"只是其中之一。

　　从《史集》反映的拉施特的史料考辨过程，可以窥知其参考了何种史料。例如，关于俺巴孩后裔，《史集》议会本只记俺巴孩有两个孩子：合丹太师和秃答。《史集》其他抄本比议会本多出如下记载："按照另一种传说，他有十个儿子，但他们的名字不知道。"[1] 这一记载可以得到《秘史》的印证。[2] 可见在俺巴孩后裔问题上，拉施特所据史料中，有某种史料的记载与《秘史》的史源一致。又如，前文提到"不合"的例子中，拉施特进行了史料考辨："另一种说法为：这个土敦篾年为孛端察儿的儿子，但认为他是不合的儿子较为正确。因为在古老的册籍中有同样的［记载］。"[3] 在孛端察儿和土敦篾年之间是否相差一代人的问题上，《元史》（《太祖纪》《宗室世系表》）和《秘史》中的世系与《史集》都有相似之处，均记载孛端察儿和土敦篾年之间还有一人。

1　《史集》议会本 f.47b；伊本 f.51a；汉译本第一卷第二分册，第 32 页。
2　《〈元朝秘史〉校勘本》第 53 节，第 17 页。
3　《史集》汉译本第一卷第二分册，第 18 页。

只不过此人的名字在《史集》中是不合，在《元史》和《秘史》中是合必赤。[1] 陈得芝和艾骛德的研究指出，藏文史料《红史》则在孛端察儿和土敦篾年之间记有两代人，分别为 Ga(')[b]i-chi 和 sBe-khir。[2] 这两个人名可以分别对应于合必赤和不合。据《红史》作者自述，其史源为《也可脱必赤颜》。可见，载于《元史》《秘史》的合必赤与载于《史集》的不合，都被《红史》作者所见到的《也可脱必赤颜》记录。因此，《史集》所载成吉思汗先祖世系，其来源是复杂多样的。拉施特所做的工作，并不是单纯地从系谱资料中抄出世系，而是将不同史料来源的世系进行考辨与整合。

通过上述分析，可以得出两点结论：一是现有证据表明"金册"篇幅不大，内容接近于录、表一类，不同于以叙事为中心的、内容丰赡的编年史；二是《史集·蒙古史》《五世系》成吉思汗先祖世系的修撰和系谱的绘制，参考了叙事性史料和系谱类史料。综合这两点结论，可以得出以下推论：拉施特所据史料，既有"金册"一类的系谱材料，也有"脱必赤颜"一类的叙事性史料。拉施特笔下的成吉思汗先世系谱，应该是以蒙古文"金册"为蓝本，但"金册"并不是拉施特修撰成吉思汗先世史事的唯一来源。当然，现有史料对"金册"的记载太少，本小节对"金册"的分析，仅仅是依据非常有限的史料对"金册"性质所作的推测，合理与否，尚待求教于方家。

1　《元史》卷一《太祖纪》，第 2 页（合必畜）；卷一〇七《宗室世系表》，第 2706 页（哈必畜）；《〈元朝秘史〉校勘本》第 43 节，第 13 页。

2　前引陈得芝文第 33 页，艾骛德文第 251 页。

三 世系史料的形成先后

以往的研究注意到，不同史料中的成吉思汗先祖世系，最为显著的区别在于，以苍狼白鹿传说开篇，还是以阿阑豁阿感光生子传说开篇。以苍狼白鹿传说开篇，对应于《秘史》中的二十二祖世系和《史集》中的十八祖世系；以阿阑豁阿感光生子传说开篇，对应于《元史》等史料中的十祖世系。对于这一差异，以往的研究给出了不同的分析与解释。或认为以《秘史》为代表的苍狼白鹿始祖世系形成较早，以《元史》为代表的孛端察儿始祖世系则是元代在文明化之后进行删减的结果。反之，也有观点认为《秘史》的绵长世系其实是增补的结果，体现了蒙古起源与成吉思汗祖先系谱的拼接。[1] 艾骛德则站在文献学的角度，从文本细节的逻辑和内证入手，提炼出史料中的六种世系材料，认为与《史集》等史料所载世系相比，《秘史》绝不是最早的世系。上述研究尽管切入的角度不同，但都涉及从文献学的角度解释《史集》世系的形成过程。

上述观点的分歧在于，《秘史》绵长世系形成的相对早晚。即，《秘史》所载世系，究竟是元朝出于文明开化而进行删减之前的文本，还是较晚时期增补拼接的结果？这两种观点孰是孰非？

---

[1] 亦邻真:《〈元朝秘史〉及其复原》,《亦邻真蒙古学文集》, 第 724 页；曹金成:《政治体视角下的元代蒙古认同》, 第 143 页。

　　关于前一观点，可以借助前文所揭《史集》世系编纂过程来审视。《史集》对于成吉思汗先祖世系的处理，以朵奔伯颜为界，呈现出显著的差异。朵奔伯颜以下世系，见载于《史集》目录、《成吉思汗纪》等多处，体例完备；朵奔伯颜以上世系则仅见于"朵奔伯颜纪"。而且朵奔伯颜以上世系全不见于《五世系》。大体上讲，《五世系》以及《史集》目录和《成吉思汗纪》等处，记录的朵奔伯颜以下世系，与《元史》中的成吉思汗先祖世系已经相当接近，可以笼统地称为十祖世系。十祖世系的形成，并不始于《元史》。可见十祖世系说与十八祖世系说并存的情况，至晚在拉施特时代就已出现。元末陈桱著《通鉴续编》，可能参考了部分《太祖实录》的内容。《通鉴续编》只将成吉思汗家族始祖追溯至阿阑豁阿，反映了《太祖实录》很可能采用的是十祖世系说。陈得芝指出，《史集》所载成吉思汗先祖世系（共十八代），相较于《秘史》《元史》而言，与《红史》更为接近。[1] 保留在《红史》中的成吉思汗先祖世系共十九代，其中包含了朵奔伯颜以上先祖，相比《史集》只多出名为 sBe-Khir 的一代。《红史》作者公哥朵儿只是元末人，自述其参考了《也可脱必赤颜》。可见流传至元末的元朝官方历史书写中，十祖世系（留存于《元史》《通鉴续编》中）与十九祖世系（留存于《红史》中）仍旧并存。这与拉施特修史时两种世系并称的情况是一致的。因此，《元史》中的世系是元朝文明开化之后进行删减的结果，这一说法是存在问题的。

1　前引陈得芝文第 34 页。

对于后一观点，一般认为，《秘史》成书于 13 世纪中叶，成书年代大大早于《史集》《元史》，[1] 不过并不能排除《秘史》在后世流传过程中有增删改易的可能。艾骛德《蒙古帝国成吉思汗先世的六世系》（简称艾文）从《史集》的文本分析入手，认为《秘史》所载成吉思汗先祖世系的形成，要晚于《史集》和《亲征录》。上述结论的推导过程为，根据《秘史》和《亲征录》中保留的早期文献"成吉思汗诉状"，成吉思汗先祖中的察剌孩和屯必乃是同一辈人，这表明早期文献采取了七祖世系方案，这一方案为拉施特修《史集》时参考。《秘史》则为了弥合先祖世系与先祖事迹之间的矛盾，对世系加以改造。通过这一系列论证，艾文得出结论：《史集》世系的形成，应早于或与《秘史》时间接近。[2]

上述结论是否可信？首先，需要指出的是上述论证过程中的史料运用错误。艾文认为察剌孩和屯必乃是同一辈人，其依据是《秘史》和《亲征录》的记载。但是，《亲征录》明确记载成吉思汗对脱怜说："我以汝是高祖家奴，曾祖阍仆，故尊汝为弟也。汝祖诺塔，乃吾祖察剌合令忽（即察剌孩领忽）、统必乃二君所虏。"[3] 高祖、曾祖，指的是察剌合令忽、统必乃。显然二人不是同辈。相对应的段落见于《秘史》，也记载成吉思汗说自己的高祖是秃必乃（即屯必乃），曾祖是察剌孩领忽。[4]《秘史》和《亲

1　余大钧：《〈蒙古秘史〉成书年代考》，《中国史研究》1982 年第 1 期。

2　见前引艾骛德文第 246~249 页。

3　《圣武亲征录（新校本）》，第 136 页。

4　《〈元朝秘史〉校勘本》第 180 节，第 204 页。

字舌儿^中孩因	米讷	字莎^中合因	字斡^勒	额邻出昆	米讷	额閦迭讷	奄出	字斡^勒
高祖的	我的	门限的	奴婢	曾祖的	我的	门的	梯己	奴婢

征录》都记载二人相差一辈，而不是同辈。其次，从论证逻辑上讲，察刺孩与屯必乃是否同一辈人，与所谓"七祖世系"之间，也并没有必然的联系。史料中记述察刺孩与屯必乃关系的片段，其性质是叙事性的，世系细节在此类文献中只是偶尔被提及。而即使所谓"七祖世系"存在，那也应该是专门的系谱文献，与上述叙事性文献有着不同的形态与来源。以此类推，艾文之所以提出成吉思汗先祖世系存在六个世系系统，很大程度上是因为文中凡遇到世系细节的不同记载，就将其单独提出为一个世系系统。从史源的角度上讲，这种做法忽视了系谱史料与叙事史料之间的差异，将二者混为一谈。在此基础上提出的《史集》世系与《秘史》世系的先后关系，很难令人信服。

后一派观点还认为,《秘史》长达二十余代的绵长世系是后人改动的结果，改动的动机，是将孛端察儿以下的"成吉思汗家族史"嵌入孛端察儿以上的"蒙古族群历史"中。事实是否如此?《秘史》中的二十二代世系能否起到上述功能?《秘史》中的成吉思汗家族世系，不仅记录了所谓成吉思汗先祖的名号与事迹，同时还将若干蒙古部族的先祖传说统合进一个世系当中。根据《秘史》，以孛端察儿之父朵奔伯颜为界，从朵奔伯颜以上的先祖中起源的部族寥寥无几，大部分部族是从朵奔伯颜以下世系枝蔓开来的。与十八祖世系和十祖世系相比,《秘史》的二十二代世系，并没有起到统合更多部族祖先传说的功能。

因此，本小节开头提到的两种观点，都不能准确地反映世系史料生成的先后顺序。虽然不能确定《秘史》、《史集》和《元史》所载成吉思汗先祖世系形成于何时，但通过上文的分析，至少可以说明的是，孛端察儿开端的十祖世系与苍狼白鹿开端的大约二十祖世系，很早就已形成并流传于蒙元时代。保留在《秘史》、《史集》和《元史》中的世系版本，虽有二十二祖、十八祖与十祖的差异，但成吉思汗的父系血亲来自阿阑豁阿感光生子，在血缘上与苍狼白鹿没有关系，这一点是一致的。关键的差异在于阿阑豁阿感光生子的范围。《秘史》和《史集》记载了神授三子（不忽合塔吉、不合秃撒勒只、孛端察儿）与凡人二子（别勒古讷台、不古讷台）。[1] 参考过元代实录文献的《通鉴续编》，只记神授三子（孛完合答吉、孛合撒赤、孛敦察儿），未记凡人二子。[2]《元史》和以《红史》为代表的藏文史料，均记神授一子，即孛端察儿。区别在于，相较于《红史》，《元史》还提到非神授二子博寒葛答黑与博合睹撒里直，《红史》则未提及此二子。[3] 可见感光生子的范围逐渐缩小，孛端察儿以外的其他支裔的重要性不断降低，成吉思汗先祖孛端察儿的神圣事迹被凸显出来。这一变化过程，与上述史料的生成顺序是一致的。

结　语

以上内容首先通过对读《五世系》与《史集·蒙古史》的成吉思汗先祖世系，揭示了《五世系》与《史集·蒙古史》不同

1　《〈元朝秘史〉校勘本》第17、18节，第5~6页；《史集》汉译本第一卷第二分册，第14~15页。

2　《通鉴续编》卷一九，日本内阁文库藏元刻本，第21页 a。

3　《元史》卷一《太祖纪》，第1页；卷一〇七《宗室世系表》，第2706页；蔡巴·贡嘎多吉著，东嘎·洛桑赤列校注，陈庆英、周润年译《红史》，第26页。

抄本之间的异同。《史集·蒙古史》的世系图和正文之间存在不少差异，这体现出二者有各自相对独立的史源。《五世系》波斯文与蒙古文的差异之处，表明二者相对独立的修撰过程。其次，通过对《史集》修撰体例的总结和引文情况的整理，推测"金册"是《史集》系谱类史料的来源之一。除"金册"之外，《史集》还有其他叙事性史料来源。不同的史料来源，是《史集·蒙古史》《五世系》的文本产生诸类矛盾的原因之一。《史集·蒙古史》和《五世系》中记录的成吉思汗先祖世系，其形成时间并不晚于《秘史》。十祖世系与（约）二十祖世系这两大不同版本，在蒙元时代均较早成型。

附录二 元代的蒙汉双轨修史：
《太祖实录》小字注解探微

元修诸帝实录早已遗失，现今元史研究的基础性史料主要有《史集》《元史》《元朝秘史》《圣武亲征录》等数种。这些史籍之间的传抄关系，长期以来为学者所关注。[1] 王国维对《亲征录》进行校注时，注意到其中的爱不花驸马，根据此人生活的年代，判断《亲征录》成书于元世祖时期，并非仁宗时察罕编译的《圣武开天记》。[2] 伯希和与韩百诗认为《亲征录》是一部已

1 余大钧：《记载元太祖事迹的蒙、汉、波斯文史料及其相互关系》，《北大史学》第12辑，北京大学出版社，2007，第446~449页。

2 王国维：《观堂集林》，第799页。

经遗失的蒙古文史书的汉译本，《史集》则是这部蒙古文史书的波斯文译本。[1] 亦邻真反对此说，认为《亲征录》是《元太祖实录》的稿本，保存在伊利汗宫廷中的"金册"是《亲征录》的蒙古文译本，为拉施特修《史集》时所用。[2] 余大钧认为，《圣武亲征录》出自《元太祖实录》的前期稿本，《元史》出自后期稿本。"金册"是《实录》早期稿本的蒙古文译本，是《史集·成吉思汗纪》的史源之一。[3] 艾骛德对照《史集》和《亲征录》记事的相同之处，认为《史集》的史源之一是元廷所修《实录》。[4] 上述诸观点，角度不同，差异很大。由于这些史籍涉及史事庞杂，作为关键文献的元代《实录》又早已佚失，彻底解决传抄关系问题难度很大。不过，这并不妨碍我们从小处着手，为探索史源提供一些新的思路。

《元史》和《圣武亲征录》在正文之外，还有小字注解，以往学者并未关注。尽管小字内容不多，但仍能为观察文献源流提供一个切入口。下文先摘录、分析《亲征录》和《元史》中的小字注解，然后在《史集》中寻找小字注解的线索，探究小字体例反映出的史籍之间的传抄关系。

1　伯希和、韩百诗注《圣武亲征录：成吉思汗战纪》，"导论"，第 5 页。

2　亦邻真：《莫那察山与金册》，乌云毕力格、宝音德力根译，《西域历史语言研究集刊》第 2 辑，第 21~24 页。

3　余大钧：《记载元太祖事迹的蒙、汉、波斯文史料及其相互关系》，《北大史学》第 12 辑，第 448~449 页。

4　C. P. Atwood, "Rashīd al-Dīn's Ghazanid Chronicle and Its Mongolian Sources," in Timothy May, Dashdondog Bayarsaikhan, Christopher P. Atwood eds., *New Approaches to Ilkhanid History*, Leiden: Brill, 2021, p. 62.

一　《亲征录》和《元史》中的小字注解

《亲征录》中共有小字注解 13 条。《元史》"本纪"部分，唯《太祖纪》《太宗纪》《宪宗纪》有双行夹注，共 5 条，其余"本纪"均无双行夹注。《元史》"列传"部分，唯《特薛禅传》有双行夹注。兹将《亲征录》的小字注解与《元史》的双行夹注列表如下（见表附 2-1、表附 2-2）。

表附 2-1　《圣武亲征录》小字注解

序号	内容
1	泰赤乌部众苦其长非法，相告曰："太子【谓太祖也】衣人以己衣，乘人以肥马，安民定国，必此人也。"因悉来归。
2	是时，别里古台那颜掌上乞列思事【系禁外系马所】。
3	金兵回，金主因我灭塔塔儿，就拜上为察兀忽鲁【若今招讨使也】。
4	汪可汗始与叶速该可汗和好，相称按答【交物之友】。
5	壬戌【宋理宗景定三年，金章宗泰和二年】，发兵于兀鲁回失连真河，伐按赤塔塔儿、察罕塔塔儿。
6	札木合闻之，往说亦剌合曰："吾'按答'【谓太祖也】常遣使通信于乃蛮太阳可汗，时将不利于君；今若能加兵，我当从旁协助。"
7	又谓按摊、火察儿曰："汝善事吾父汪可汗，勿使疑汝为察兀忽鲁【谓太祖自称。前有注】之族而累吾耶？"
8	又谓吾父汪可汗曰："……鲜昆按答【即王子亦剌合也】，汝亦遣别力哥别吉、脱端二人来。"
9	时乃蛮太阳可汗遣使月忽难谋于王孤部主阿剌忽思的乞火力【今爱不花驸马丞相，白达达是也】。
10	甲子【宋景定五年，金泰和四年】春，大会于帖木垓川，议伐乃蛮。
11	骁将火力速八赤曰："……果惧之，何不令菊儿八速来？"【太阳可汗妻也】
12	大太子拙赤、二太子察哈歹、三太子哈罕【太宗也】。
13	夏，上驻军于西域速里坛【西域可汗之称也】避暑之地。

注：小字用【 】括出。

资料来源：《圣武亲征录（新校本）》，第 30、38、40、46、84、95、139、140、165、171、174、212、286 页。

表附 2-2 《元史》"本纪"和"列传"中的双行夹注

序号	内容
I 《太祖纪》	时皇弟别里古台掌帝乞列思事【乞列思，华言禁外系马所也】，播里掌薛彻别吉乞列思事。
II 《太祖纪》	汪罕德之，遂相与盟，称为按答【按答，华言交物之友也】。
III 《太祖纪》	汪罕父子谋欲害帝，乃遣使者来曰："向者所议姻事，今当相从，请来饮布浑察儿。"【布浑察儿，华言许亲酒也】
IV 《太宗纪》	始立朝仪，皇族尊属皆拜。颁大札撒【华言大法令也】。
V 《宪宗纪》	时有黄忽答部知天象者，言帝后必大贵，故以蒙哥为名【蒙哥，华言长生也】。
VI 《特薛禅传》	岁甲戌，太祖在迭蔑可儿时，有旨分赐按陈及其弟火忽、册等农土【农土犹言经界也】。

注：夹注用【 】括出。

资料来源：《元史》卷一《太祖纪》，第 5、6、9 页；卷二《太宗纪》，第 29 页；卷三《宪宗纪》，第 43 页；卷一一八《特薛禅传》，第 2919 页。

　　分析表附 2-1、表附 2-2，《亲征录》的小字注解和《元史》的双行夹注，有两条可以直接对应，即，《亲征录》例 2 对应《元史》例 I，《亲征录》例 4 对应《元史》例 II，从史源上讲这两条是同源关系。除了这两条直接对应的例子之外，《亲征录》的其他小字注解可以概括为以下几个方面的内容：一是人物指代的解释，见例 1、6、8、9、11、12；二是干支纪年对应的宋金年号纪年，见例 5、10；三是以汉语解释蒙古语和外来语词语，见例子 2、3、4、13。《元史》中的双行夹注，则无一例外都是对蒙古语词语的汉语解释，体例十分整饬。这些内容在元代其他史料中是如何体现的呢？

　　可以与《亲征录》相参照的，除《元史》之外，还有《通鉴续编》。元末陈桱著《通鉴续编》时曾将《五朝实录》的部分内容抄入书中，可以将《通鉴续编》的文字与《亲征录》《元史》对照。[1] 不过，《通鉴续编》本身采用纲目体的形式，有着大小字之别。陈桱自称"大书以便览，非窃有褒贬；详注以载事，无变乎旧文"，[2] 意即此书的大字是自己所撰编年史事，小字是对原始史料的直接抄录。因此，抄录史料的小字已不能反映陈桱所据原始史料中可能存在的大小字之别，只能依据小字的具体内容推测原始史料的体例。

　　《通鉴续编》如何处理《亲征录》中的小字？一种处理方式是增补进正文，如《亲征录》例 3 "察兀忽鲁【若今招讨使也】"，在《通鉴续编》中作"以功授太祖皇帝为察兀秃鲁，犹中国之招讨使也"。又如《亲征录》例 13 "西域速里坛【西域可汗之称也】"，在《通鉴续编》中作"西域速里坛汗"。第二种是用小字的内容替代正文部分内容，如《亲征录》例 6 "吾按答【谓太祖也】"，在《通鉴续编》中作"太祖皇帝"。[3] 类似的处理方式，在《元史》中也存在，如《亲征录》例 11 "何不令菊儿八速来【太阳可汗妻也】"，在《元史》中作"何不令后妃来统军也"。[4]

　　因此，在《元史》顺帝之前诸"本纪"应源自《实录》这一前提下，基本可以判断《元史》"本纪"的双行夹注体例沿袭自《五朝实录》（即太祖、睿宗、太宗、定宗、宪宗五朝《实录》，其中睿宗、定宗二朝史文简短，不具有统计上的说明性）。《元

1　黄时鉴：《〈通鉴续编〉蒙古史料考索》，《黄时鉴文集》第 1 册《大漠孤烟——蒙古史　元史》，第 136 页。

2　《通鉴续编》，日本内阁文库藏元刻本，书例。

3　《通鉴续编》卷一九，日本内阁文库藏元刻本，第 20b-23a 页。

4　《元史》卷一《太祖纪》，第 12 页。

史》"列传"的小字注解，仅有一例，出现在《特薛禅传》中，其史源待考。除了《元史》之外，以《五朝实录》为史源的《通鉴续编》对应部分，也可以看出其史源的小字体例的痕迹。也就是说，《五朝实录》存在小字注解，这一体例在《通鉴续编》和《元史》中均有所反映。

除《亲征录》、《元史》和《通鉴续编》之外，《五朝实录》的小字体例还能够从其他史料中得到体现吗？下一小节就来分析《史集》的情况。

二　小字体例在《史集》中的变型

《亲征录》和《元史》中的小字注解，条数相加，减去重合的 2 条，共 17 条。《史集》的相应部分如何记载，下面就来一一摘录分析。前文提到，小字注解的内容可以分为三类：人物指代、汉语翻译、并行纪年（即大蒙古国同时期中国其他政权的纪年）。下文依此顺序来看小字注解在《史集》中的不同情况。

第一类是解释人物指代关系。《亲征录》例 1 "太子【谓太祖也】"，用小字"太祖"来解释"太子"所指。相关内容在《史集》中记为"这个太子铁木真"。[1] "这个太子铁木真"的表述看似冗余，实则用同位语的方式来体现"谓太祖也"这一注解。

《亲征录》例 3 "就拜上为察兀忽鲁【若今招讨使也】"，意思是察兀忽鲁相当于时人常见的招讨使一职。《通鉴续编》与

1　《史集》汉译本第一卷第二分册，第 128 页；议会本 f. 65b；伊本 f. 71b。

《亲征录》类似，曰："以功授太祖皇帝为察兀秃鲁，犹中国之招讨使也。"[1] 只是由于《通鉴续编》的编修体例，"犹中国之招讨使也"纳入正文，看不出小字注解的样貌。《通鉴续编》和《亲征录》对察兀忽鲁的解释，应是出于史料误读。《秘史》记载此事，称王京丞相封成吉思汗为札兀惕·忽里，封克烈部脱斡邻勒汗为王，并且许诺要奏请金朝皇帝封给更大的官号"招讨"。[2] 可见招讨使一职比札兀惕·忽里大得多，而且并未真正封给成吉思汗。到了《史集》中，相关内容为："把札兀惕－忽里的官号封给他，在汉语中意为'大异密'。"[3] 既然"札兀惕－忽里"是蒙古语官称，《史集》为何不直接注明"札兀惕－忽里"等同于波斯语中的大异密，为何选择以汉语为中介辗转翻译？有汉文史料作对照能够看出，《史集》这样记载的原因在于其史源与《通鉴续编》的记载最为接近。《史集》用同位语的方式，来体现"犹中国之招讨使也"这一注解。

《亲征录》例6，"吾'按答'【谓太祖也】常遣使通信于乃蛮太阳可汗"，《史集》作："我的兄长成吉思汗同太阳汗一条心，他不断派遣使者到他那边去！"[4]《史集》用波斯语"兄长"（Āqā）一词来翻译蒙古语词"按答"，同位语"成吉思汗"是对"兄长"一词的解释，对应于《亲征录》的小字"谓太祖也"。相关内容在《元史》中作"太子虽言是汪罕之子，尝通信于乃

1　《通鉴续编》卷一九，日本内阁文库藏元刻本，第 21 页 b。

2　《元朝秘史（校勘本）》，第 124 页。

3　《史集》议会本 f. 66b、伊本 f. 72b；参汉译本第一卷第二分册，第 133 页。

4　《史集》汉译本第一卷第二分册，第 182 页；参议会本 f. 75b、伊本 f. 82a。

蛮"，[1] 已无小字注解。

《亲征录》例 7 "汝善事吾父汪可汗，勿使疑汝为察兀忽鲁【谓太祖自称，前有注】之族而累吾耶？"《史集》作："阿勒坛与忽察儿，你们俩尽心为［汗］父效劳吧。不要说：以前的［种种］事情，都是仗着札兀惕－忽里干出来的。"[2]《亲征录》例 8 "鲜昆按答【即王子亦剌合也】，汝亦遣别力哥别吉、脱端二人来"，《史集》作："让鲜昆义兄弟将必勒格别乞和脱端两人或其中一人派来吧。"[3] 这两例《史集》都没有类似《亲征录》小字的同位语。

《亲征录》例 11，"骁将火力速八赤曰：'昔君父亦言赤可汗勇战不回，士背马后，未尝使人见也，今何怯耶？果惧之，何不令菊儿八速来？'【太阳可汗妻也】"《史集》作："太阳汗的上述大异密速别出豁里回答道：'你的父亲亦难赤汗未尝让人见到自己的脊背与自己马的臀部，你呢却一下子就胆小起来了！看来必须去把古儿别速哈敦请来。'亦即他的宠妻。"[4]《史集》在引述速别出豁里的话之后，用"亦即"（波斯语 ya'nī）来引出对古儿别速哈敦的解释。需要指出的是，从语义上讲，《史集》中的"他的"应指代太阳汗。古儿别速为太阳汗后妃的说法，其实是错误的。根据《秘史》，古儿别速是太阳汗之母，太阳汗之父亦难赤汗的妻子。[5]《史集》与《亲征录》在这条注解中出现了同样的错误。

1　《元史》卷一《太祖纪》，第 9 页。

2　《史集》汉译本第一卷第二分册，第 195~196 页；参议会本 f. 77b、伊本 f. 84a。

3　《史集》汉译本第一卷第二分册，第 196 页；参议会本 f. 77b、伊本 f. 84a。

4　《史集》议会本 f. 83a、伊本 f. 89b；参汉译本第一卷第二分册，第 223 页。

5　《元朝秘史（校勘本）》，第 231 页。

《亲征录》例 12,"大太子拙赤、二太子察哈歹、三太子哈罕【太宗也】"。《通鉴续编》作"大太子朮赤、二太子察哈歹、三太子太宗皇帝讳斡可歹"。[1]《史集》作"成吉思汗的儿子术赤、察合台、窝阔台"。[2]《史集》与《通鉴续编》一样,保留了窝阔台的名讳,不同的是没有出现注解"太宗"。

第二类是对蒙古语词的翻译。《亲征录》例 2,对应《元史》例 I,以"禁外系马所"来解释蒙古语词"乞列思"。相关史事在《史集》中记载如下:"在这次宴饮时,成吉思汗的弟弟别勒古台那颜掌管成吉思汗的乞列思和薛扯别乞及其母亲们的乞列思。"[3]《史集》用波斯语字母拼写蒙古语乞列思一词,但未对词意加以解释。

《亲征录》例 4,对应《元史》例 II,以小字"交物之友"来解释蒙古语词"按答"。相关史事在《史集》中记载为"他们互相以按答相称"。[4]

《元史》例 III:"汪罕父子谋欲害帝,乃遣使者来曰:'向者所议姻事,今当相从,请来饮布浑察儿。'【布浑察儿,华言许亲酒也】"《亲征录》作:"汪可汗为诈计曰:'彼前者尝求婚于我,我不从。今宜许之,候其来宴定约,必擒之。'"没有出现蒙古语"布浑察儿"一词,而是直接作"来宴定约"。《史集》云:"现在我们去告诉他,如果他前来进行宴会、举办布浑察儿让我们吃

1　《通鉴续编》卷二〇,日本内阁文库藏元刻本,第 1 页 b。
2　《史集》汉译本第一卷第二分册,第 250 页;参议会本 f. 88b、伊本 f. 95a。
3　《史集》议会本 f. 66a、伊本 f. 72a。汉译本第一卷第二分册第 131 页译为系马桩,原文为"乞列思"(kiryās)。
4　《史集》议会本 f. 70b、伊本 f. 77a;参汉译本第一卷第二分册,第 157 页。

喝，我们就将姑娘许给他。他如果来了，我们就把他抓起来！'" [1]
《史集》直接拼写出蒙古语"布浑察儿"一词，但并未像《元史》
一样，解释此词的含义。

　　第三类是补充同时期中国其他政权的纪年。《亲征录》例5，
"壬戌"小字注为"宋理宗景定三年，金章宗泰和二年"；例10，
"甲子"小字注为"宋景定五年，金泰和四年"。这两例小字内容
为《史集》所无。

　　还有三例，即《亲征录》例13、《元史》例IV和例V，《史
集》中没有同源记载可资比较。《亲征录》例9问题稍多，下文
详述。

　　分析上述三类例子的特点，《亲征录》和《元史》出现七条
解释人物指代关系的小字注解，有四条都在《史集》的文本中有
所体现。剩余三条中，有一条是用汉式庙号"太宗"来解释"窝
阔台"，《史集》没有类似内容也是情理之中。总之，大部分解释
人物指代关系的小字注解，都能在《史集》的文本中找到踪迹。
用汉语"招讨使"来比附、解释蒙古语"察兀忽鲁"，则同样见
于《史集》。而对蒙古语词语的汉语翻译和同时期中国其他政权
的纪年，未见于《史集》。

三　小字注解反映的文献传抄关系

　　前文提到，长期以来学者就元代基础性史料的传抄关系问题

1　《史集》议会本 f. 75b、伊本 f. 82a；参汉译本第一卷第二分册，第184页。

提出了不同的解释，这些说法能否成立，可以将小字注解作为切入点来一一验证。

首先来看王国维提出的《亲征录》纂就于元世祖时期说，此说为伯希和、韩百诗所赞同。此说的关键性例证是《亲征录》的这条记载："时乃蛮太阳可汗遣使月忽难谋于王孤部主阿剌忽思的乞火力【今爱不花驸马丞相，白达达是也】。"与这条记载有关的内容亦见于《通鉴续编》与《元史》。《通鉴续编》云："乃蛮太阳可汗遣月忽难告于王孤部长阿剌忽思。"[1] 根据上文所举例证，《通鉴续编》此处很可能是将《实录》中原有的小字注文略去。《元史》云："时乃蛮部太阳罕心忌帝能，遣使谋于白达达部主阿剌忽思。"可见"爱不花"一条小字注文的信息并非《亲征录》所独有，在《元史》中表现为删去爱不花的信息，用"白达达"替换掉"王孤"。这证明这条小字注文并非《亲征录》所独有，在《通鉴续编》和《元史》的史源《太祖实录》中亦有相同内容，只不过《元史》进行了改写。仅凭这条小字注文，无法判断《亲征录》的纂就时间。

亦邻真认为，世祖时期修成的《亲征录》是《实录》的稿本，《史集》依据的是《亲征录》的蒙古文译本。按照此说，《太祖实录》的小字注文和《史集》应该沿袭自《亲征录》。通观《元史》"本纪"部分仅有的五例双行夹注，我们可以总结出《元史》保留的双行夹注的一些规律。这五例双行夹注的内容均是对蒙古语词语的汉文注释，体例整饬，大致为：某（蒙古语词

---

1 《通鉴续编》卷一九，日本内阁文库藏元刻本，第 23 页 a。

音译），华言某也。其中，例Ⅲ《太祖纪》云："汪罕父子谋欲害帝，乃遣使者来曰：'向者所议姻事，今当相从，请来饮布浑察儿。'【布浑察儿，华言许亲酒也】。"可以推测《太祖纪》的史源《太祖实录》文字亦当相似。《史集》的对应部分，如前所述，作"进行宴会、举办布浑察儿让我们吃喝"。直接用波斯文拼写蒙古语词布浑察儿，并未解释此词的"定亲"含义。"举办布浑察儿让我们吃喝"一句，与《太祖纪》"请来饮布浑察儿"完全对应。相关内容在《亲征录》中作"今宜许之，候其来宴定约，必擒之"。《亲征录》中没有出现蒙古语词"布浑察儿"，而是直接汉译作"来宴定约"。倘若《亲征录》是《实录》稿本，其蒙古文译本是《史集》史源的话，如何解释《太祖实录》据《亲征录》的"来宴定约"反推回蒙古语词"布浑察儿"，同时以小字注出此词的"许亲酒"含义？为何《史集》的文字与《太祖纪》更为接近？由这个例子可以看出，《太祖实录》中的小字并非沿袭自《亲征录》。

　　关于《史集》的史源，伯希和与韩百诗认为，曾经有一部蒙古编年史，现已失传，这是《史集》和《亲征录》的共同史源。亦邻真认为这一说法颠倒了史籍传承的整个过程，《亲征录》是汉文原作，《亲征录》的蒙古文译本为《史集》所参考；《太祖实录》是以《亲征录》为基础进行修缮增补而成的。艾骛德认为《史集》的史源之一是元廷所修《实录》，但是他并未注意到亦邻真的文章，没有区分《史集》依据的《实录》到底是从汉文稿本翻译而来还是原本就用蒙古文书写。

　　亦邻真的观点，有一定合理性，但论证尚不充分。这一观点的得出，唯一证据在于，"木鲁彻薛兀勒"（mürüče segül）这一地名（见于《秘史》），由于汉语方言存在混淆辅音 L、N 的现象，进而会用汉语辅音 N 代替蒙古语辅音 R，在《亲征录》中讹写为"莫那察"。这一根源于汉语的讹误被《史集》沿袭，出现了MUNCA（读 Munuca）的写法。亦邻真认为，这一例子可以证明《亲征录》是汉文原作，《史集》抄录的是其蒙古文翻译。[1] 但是，鉴于回鹘体蒙古文的辅音 N 与 R 也存在形近致讹的可能，并不能确定《亲征录》的讹写源于汉语方言的辅音混淆。莫那察山之例，值得关注的问题在于，这一地名在《亲征录》中先后写作"莫那察""木奴叉"，对应于《史集》的مونجه（Mūnuja）与موری چاق（Mūrī-chāq）。[2] 如何解释《史集》出现的 Mūrī-chāq 这种写法？如果说《史集》和《亲征录》的共同史源是蒙古文史书，那么书中的木鲁彻（mürüče）一词译为波斯语不会出现结尾的辅音 q。辅音 q 的出现，意味着很可能先用汉语中的"察"字来译写蒙古语音节 če，然后在汉文翻译回蒙古文的过程中，因翻译者不知此词蒙古文的准确写法而误译为 ag。

　　余大钧认为《亲征录》和《史集》分别出自《实录》的前期稿本和其蒙古文译本，逻辑合理，惜并未具体论证。小字体例，能够为论证这一推测提供有力的支持。如果说《史集》和《亲征录》都是从蒙古编年史中衍生出来的话，那么其共同史源应有小

1　亦邻真：《莫那察山与金册》，乌云毕力格、宝音德力根译，《西域历史语言研究集刊》第 2 辑，第 22 页。

2　《圣武亲征录（新校本）》，第 51、120 页；《史集》汉译本第一卷第二分册，第 163、192 页；议会本 f. 71b、77a。

字注解，但蒙古文史书的书写传统中找不到这样的体例。此外，从小字注解的内容不难看出，汉语翻译、并行纪年这两类，一定是在汉文史书编纂过程中产生的。尤其是《史集》记载"札兀惕－忽里"在汉语中的意思是"大异密"，与《通鉴续编》"犹中国之招讨使也"几乎完全对应。如果说作为《史集》史源的蒙古编年史，最初即是用蒙古文写作的，就没有必要用汉语来解释蒙古语官职"札兀惕－忽里"。因此，小字体例反映出作为《史集》史源的蒙古史书，是以某汉文文献为蓝本的。此汉文文献与《亲征录》《通鉴续编》《元史·太祖纪》有着史源关系，且在正文之外存在小字注解。

这一汉文文献最有可能就是《太祖实录》。《通鉴续编》、《亲征录》和《元史》的共同史源应该都是《实录》，只不过《实录》经过多次修订，三部史籍所引《实录》的文字存在差异。[1]《实录》的小字体例，为《亲征录》和《元史》所沿袭。从《史集》对小字注解的处理来看，《实录》在被翻译成蒙古文的过程中，很可能将汉文史书中特有的汉语翻译、并行纪年这两类内容删去，只保留了人物指代的注释，并纳入正文。

从小字注解反映的时间线索来看，爱不花的生平也能与《太祖实录》修撰的时间对应。据周清澍的研究，爱不花最早出现在史料里，是蒙哥壬子年（1252），最晚是至元十五年（1278）六月。《元史·世祖纪》至元十七年出现了爱不花的嗣位者阔里吉

1　张晓慧：《〈通鉴续编〉"蒙元纪事"史源新探》，《中国边疆学》第 15 辑，文章末尾所附史源关系图有不准确之处，有待改进。

思的名字，从此爱不花不再见于元代文献。[1] 而《实录》的纂修时间，据《元史》，王鹗等人在中统三年（1262）"乞以先朝事迹录付史馆"，次年"请延访太祖事迹付史馆"。[2] 二十多年后，至元二十三年（1286）翰林承旨撒里蛮上言："国史院纂修太祖累朝实录，请以畏吾字翻译，俟奏读然后纂定。"[3] 可见此时包括《太祖实录》在内的《五朝实录》，汉文初稿已经修成，待翻译为蒙古文、进行定稿。爱不花在世祖朝活跃的时间，正与汉文《实录》的编修时间重合。

　　需要顺带指出的是，艾骛德已推断《史集·蒙古史》的史源之一是元廷所修《实录》，不过其关键性证据存在问题。艾骛德注意到，《史集》错误地认为爱不花（主要活跃于世祖时期）是成吉思汗时代的人物。联系到《亲征录》记载成吉思汗时代"乃蛮太阳可汗遣使月忽难谋于王孤部主阿剌忽思的乞火力【今爱不花驸马丞相，白达达是也】"。《史集》应是基于类似的记载，误将"今"理解为成吉思汗时代，因而出现这一错误。但是艾骛德这一观点的问题在于，对应于《亲征录》的部分，《史集》并未提及爱不花。爱不花在《史集》中出现于《部族志》和《成吉思汗纪》中，这两处记载爱不花出身汪古部，是成吉思汗时代的千户长。[4] 上下文的内容在《亲征录》等汉文文献中找不到同源记载。《史集》同源文献《五世系》，有两处记载爱不花，一是成吉

1　周清澍：《汪古部统治家族——汪古部事辑之一》，《元蒙史札》，第 67~68 页。

2　《元史》卷五《世祖纪》，第 86、92 页。

3　《元史》卷一四《世祖纪》，第 294 页。

4　《史集》汉译本第一卷第一分册，第 237 页；第一卷第二分册，第 404 页。

思汗异密名录，一是拖雷异密名录，信息与《史集》类似。[1]关于爱不花的官衔，《亲征录》作驸马丞相，《史集》《五世系》作千户长，相差甚远。《史集》在这一问题上应该有独特的史源，而非与《亲征录》同源。

结　语

前辈学者关于文献源流的推测，有合理之处，但也存在问题。《元史》和《圣武亲征录》中的小字注解，未曾受到学者注意，却能够为分析元代基础文献源流问题提供新的视角。元代若干种有同源关系的史料，均包括小字注解或其内容，这说明《太祖实录》就已有小字体例。小字注解中大部分为汉语翻译和并行纪年，这应该是为汉文史书所独有的。这反映出《太祖实录》先用汉文写就，后翻译成蒙古文。《史集》的史源之一，是《实录》的蒙古文译本。

1　*Shu'ab-i Panjgāna*, ff. 106a, 129a.

参考文献

一 汉文史料

阿尔达扎布:《新译集注〈蒙古秘史〉》,内蒙古大学出版社,2005。

北京图书馆金石组编《北京图书馆藏中国历代石刻拓本汇编》,中州古籍出版社,1989。

毕沅、阮元:《山左金石志》,《历代碑志丛书》第14~15册影印清嘉庆二年仪征阮氏小琅嬛仙馆刊本,江苏古籍出版社,1998。

蔡美彪编著《元代白话碑集录》,科学出版社,1955。

陈高华、张帆、刘晓、党宝海点校《元典章》，中华书局、天津古籍出版社，2011。

陈桱：《通鉴续编》，日本内阁文库藏元刻本。

陈栎：《历代通略》，《景印文渊阁四库全书》第 688 册，台湾商务印书馆，1986。

陈元靓：《纂图增新群书类要事林广记》，《中华再造善本》总第 645 种影印北京大学藏后至元六年郑氏积诚堂刻本，北京图书馆出版社，2005。

陈垣编纂，陈智超、曾庆瑛校补《道家金石略》，文物出版社，1988。

陈子龙等辑《明经世文编》，中华书局，1962。

程钜夫：《程钜夫集》，张文澍校点，《元代别集丛刊》本，吉林文史出版社，2009。

程敏政编《唐氏三先生集》，《明别集丛刊》第 1 辑第 5 册影印明正德十三年张芹刻本，黄山书社，2013。

戴良：《九灵山房集》，《四部丛刊初编》影印明刻本，商务印书馆，1922。

峨岷山人：《译语》，薄音湖、王雄编辑点校《明代蒙古汉籍史料汇编》第 1 辑，内蒙古大学出版社，1993。

方龄贵、王云选录，方龄贵考释《大理五华楼新出元碑选录并考释》，云南大学出版社，2000。

傅习、孙存吾辑《皇元风雅》，《中华再造善本》总第 740 种影印元刻本，北京图书馆出版社，2006。

甘鹏云编《崇雅堂碑录》，《石刻史料新编》第 2 辑第 6 册，新文丰出版公司，1979。

贡奎、贡师泰、贡性之：《贡氏三家集》，邱居里、赵文友校点，《元代别集丛刊》本，吉林文史出版社，2010。

顾嗣立编《元诗选》，中华书局，1987。

顾祖禹：《读史方舆纪要》，贺次君、施和金点校，中华书局，2005。

光绪《代州志》，《中国地方志集成·山西府县志辑》影印北京大学图书馆藏光绪八年刻本，凤凰出版社，2005。

郝经撰，张进德、田同旭编年校笺《郝经集编年校笺》，人民文学出版社，2018。

洪皓：《鄱阳集》，《景印文渊阁四库全书》第 1133 册。

洪皓撰，翟立伟标注《松漠纪闻》，吉林文史出版社，1986。

胡一桂：《十七史纂古今通要》，《中华再造善本》总第 584 种影印国家图书馆藏元刻本，北京图书馆出版社，2003。

胡祗遹：《胡祗遹集》，魏崇武、周思成校点，吉林文史出版社，2008。

黄淮、杨士奇编《历代名臣奏议》，上海古籍出版社，1989。

黄溍：《金华黄先生文集》，《中华再造善本》总第 723 种影印上海图书馆藏元刻本，北京图书馆出版社，2005。

嘉靖《濮州志》，《天一阁藏明代方志选刊续编》第 61 册，上海书店出版社，1990。

贾敬颜、朱风辑《蒙古译语女真译语汇编》，天津古籍出版社，1990。

贾敬颜校注，陈晓伟整理《圣武亲征录（新校本）》，中华书局，2020。

揭傒斯：《揭文安公全集》，《四部丛刊初编》影印乌程蒋氏密韵楼藏孔荭谷抄本，商务印书馆，1922。

孔齐：《至正直记》，李梦生、庄葳、郭群一校点，上海古籍出版社，2012。

李慈铭：《越缦堂读书记》，由云龙辑，中华书局，2006。

李心传：《建炎以来朝野杂记》，徐规点校，中华书局，2000。

李心传编撰《建炎以来系年要录》，胡坤点校，中华书局，2013；《景印文渊阁四库全书》第 325 册。

李修生主编《全元文》，江苏古籍出版社，1998。

李埴撰，燕永成校正《皇宋十朝纲要校正》，中华书局，2013。

梁寅：《新喻梁石门先生集》，《北京图书馆古籍珍本丛刊》第 96 册影印清乾隆十五年刻本，书目文献出版社，1998。

刘佣主编《辽宁回族家谱选编》，天津古籍出版社，1992。

刘过：《龙洲集》，上海古籍出版社，1978；《龙洲道人集》，国家图书馆藏清抄本，善本书号：18697。

刘岳申：《申斋刘先生文集》，《元代珍本文集汇刊》影印清抄本，"国立中央图书馆"，1970；国家图书馆藏陆香圃三间草堂丛书本，善本书号：06199。

刘兆鹤、王西平：《重阳宫道教碑石》，三秦出版社，1998。

隆庆《仪真县志》，《天一阁藏明代方志选刊》第 18 册，上海古籍书店，1981。

楼钥：《攻媿先生文集》，《中华再造善本》总第 383 种影印宋刻本，北京图书馆出版社，2005。

马祖常:《石田先生文集》,《北京图书馆古籍珍本丛刊》第94册影印后至元五年刊本，书目文献出版社，1998。

迺贤:《金台集》,国家图书馆藏毛氏汲古阁刻本，善本书号:12969。

欧阳玄:《欧阳玄集》,魏崇武、刘建立校点,《元代别集丛刊》本，吉林文史出版社，2009。

钱伯城等主编《全明文》,上海古籍出版社，1992。

钱大昕:《廿二史考异》,方诗铭、周殿杰校点，上海古籍出版社，2014。

钱大昕著，陈文和主编《嘉定钱大昕全集》,江苏古籍出版社，1997。

权衡撰，任崇岳笺证《庚申外史笺证》,中州古籍出版社，1991。

山西省考古研究所编《山西碑碣》,山西人民出版社，1997。

释念常:《佛祖历代通载》,《中华再造善本》总第665种影印元刻本，北京图书馆出版社，2005。

顺治《温县志》,《清代孤本方志选》第2辑第7册，线装书局，2001。

宋濂等:《元史》,中华书局，1976。

苏天爵编《元文类》,张金铣点校，安徽大学出版社，2020。

苏天爵辑撰《元朝名臣事略》,姚景安点校，中华书局，1996。

唐仲冕辑《岱览》,国家图书馆藏清果克山房刻本，索取号:

地 731.4/36.843。

陶安：《陶学士先生文集》，《稀见明史研究资料五种》影印明弘治十三年项经刻递修本，中华书局，2015。

陶宗仪：《南村辍耕录》，中华书局，1959。

陶宗仪：《书史会要》，徐永明点校，《元代古籍集成》第 2 辑，北京师范大学出版社，2016。

脱脱等：《金史》，中华书局，1975。

脱脱等：《辽史》，中华书局，2016。

脱脱等：《宋史》，中华书局，1985。

汪应辰：《汪文定公集》，《宋集珍本丛刊》第 46 册影印清抄本，线装书局，2004。

汪应辰：《汪玉山集》，曾枣庄、刘琳主编《全宋文》第 214 册，上海辞书出版社、安徽教育出版社，2006。

汪鋆：《十二砚斋金石过眼录》，《石刻史料新编》第 1 辑，新文丰出版公司，1982。

王逢：《梧溪集》，李军点校，《元代古籍集成》第 2 辑，北京师范大学出版社，2016。

王祎：《王祎集》，颜庆余点校，浙江古籍出版社，2016。

王恽：《秋涧先生大全文集》，《四部丛刊初编》影印明弘治翻元本，商务印书馆，1922。

魏初：《青崖集》，《景印文渊阁四库全书》第 1198 册。

《文定集》，《景印文渊阁四库全书》第 1138 册。

乌兰校勘《〈元朝秘史〉校勘本》，中华书局，2012。

吴潜：《许国公奏议》，《宋集珍本丛刊》第 84 册影印清光绪刻本，线装书局，2004。

吴师道：《吴正传先生文集》，《元代珍本文集汇刊》影印明抄本。

吴士连等：《大越史记全书（校合本）》，陈荆和编校，东京大学东洋文化研究所，1984。

谢西蟾、刘天素：《金莲正宗仙源像传》，《全真史传五种集校》，高丽杨集校，中华书局，2020。

解缙编《永乐大典》，中华书局，1986。

徐金星、黄明兰主编《洛阳市文物志》，洛阳市文化局，1985。

徐梦莘：《三朝北盟会编》，上海古籍出版社，1987。

徐松辑《宋会要辑稿》，刘琳、刁忠民、舒大刚、尹波等校点，上海古籍出版社，2014。

薛季宣：《艮斋先生薛常州浪语集》，《宋集珍本丛刊》第61册影印清抄本，线装书局，2004。

杨镰主编《全元诗》，中华书局，2013。

杨仲良：《皇宋通鉴长编纪事本末》，李之亮校点，黑龙江人民出版社，2006。

姚燧：《牧庵集》，《景印文渊阁四库全书》第1201册；《影印文津阁四库全书》本；《四部丛刊初编》景印武英殿聚珍本。

姚燧：《姚燧集》，查洪德编校，人民文学出版社，2011。

姚燧：《姚文公牧庵集》（不分卷），《北京图书馆古籍珍本丛刊》第92册影印清抄本，书目文献出版社，1991。

耶律楚材：《湛然居士文集》，《四部丛刊初编》影印元钞本，商务印书馆，1922。

　　耶律铸：《双溪醉隐集》，《景印文渊阁四库全书》第1199册。

　　叶隆礼：《契丹国志》，贾敬颜、林荣贵点校，中华书局，2014。

　　叶子奇：《草木子》，中华书局，1959。

　　佚名：《宋史全文》，汪圣铎点校，中华书局，2016。

　　佚名：《续编两朝纲目备要》，汝企和点校，中华书局，1995。

　　佚名：《中兴御侮录》，《粤雅堂丛书》本。

　　佚名编，金少英校补《大金吊伐录校补》，李庆善整理，中华书局，2001。

　　永瑢等：《四库全书总目》，中华书局，1965。

　　余大钧译注《蒙古秘史》，河北人民出版社，2001。

　　余阙：《青阳先生文集》，《四部丛刊续编》影印明刻本，商务印书馆，1934。

　　俞樾：《茶香室续钞》，贞凡、顾馨、徐敏霞点校，中华书局，1995。

　　虞集：《道园类稿》，《元人文集珍本丛刊》第6册影印明初翻印至正刊本，新文丰出版公司，1985。

　　虞集：《道园学古录》，《中华再造善本》总第716种影印元刻本，北京图书馆出版社，2006；《四部丛刊初编》影印明翻元本，商务印书馆，1922。

　　［旧题］宇文懋昭撰，崔文印校证《大金国志校证》，中华书局，1986。

　　张伯淳：《养蒙文集》，《元代珍本文集汇刊》影印清抄本，

"国立中央图书馆"，1970。

［旧题］张师颜撰《南迁录》，《四库存目丛书》影印清抄本，齐鲁书社，1996。

张铉纂修《至正金陵新志》，《中华再造善本》总第 574 种影印元刻本，北京图书馆出版社，2006。

赵承禧等编《宪台通纪（外三种）》，王晓欣点校，浙江古籍出版社，2002。

赵跟喜、郭也生、李明德、徐金星著，洛阳市新安县千唐志斋管理所编《千唐志斋》，中国旅游出版社，1989。

赵世延、虞集等撰，周少川、魏训田、谢辉辑校《经世大典辑校》，中华书局，2020。

赵翼撰，王树民校证《廿二史札记校证（订补本）》，中华书局，1984。

照那斯图、薛磊：《元国书官印汇释》，辽宁民族出版社，2011。

郑思肖：《心史》，《北京图书馆古籍珍本丛刊》第 90 册影印明崇祯刻本，书目文献出版社，1988。

郑玉：《师山先生文集》，《中华再造善本》总第 727 种影印元刻明修本，北京图书馆出版社，2005。

郑元祐：《侨吴集》，《元代珍本文集汇刊》影印清抄本。

郑真：《荥阳外史集》，日本静嘉堂文库藏抄本。

二　非汉文史料

阿布尔－哈齐－把阿秃儿汗：《突厥世系》，罗贤佑译，中华书局，2005。

伯希和、韩百诗注《圣武亲征录：成吉思汗战纪》，尹磊译，魏曙光校，上海古籍出版社，2022。

蔡巴·贡嘎多吉著，东嘎·洛桑赤列校注，陈庆英、周润年译《红史》，西藏人民出版社，1988。

道森编《出使蒙古记》，吕浦译，周良霄注，中国社会科学出版社，1983。

格日乐译注《黄史》，内蒙古教育出版社，2007。

拉施特：《史集》，余大钧、周建奇译，商务印书馆，2019。

剌失德丁原注，波义耳英译，周良霄译注《成吉思汗的继承者》，天津古籍出版社，1992。

罗桑丹津：《蒙古黄金史》，色道尔吉译，蒙古学出版社，1993。

马可波罗：《马可波罗行纪》，冯承钧译，上海书店出版社，2001。

米尔咱·海答儿著，王治来译注《赖世德史》，上海古籍出版社，2013。

乔吉校注《黄金史》，内蒙古人民出版社，1999。

萨冈彻辰著，乌兰译注《蒙古源流》，内蒙古大学出版社，2014。

乌马里著，劳斯·列赫编译《眼历诸国记（选译）》，李卡宁汉译，《民族史译文集》1987年第1期。

西蒙·圣宽庭原著，让·里夏尔法译、注释，张晓慧汉译，周思成校《鞑靼史》，《西域文史》第11辑，科学出版社，2017。

札奇斯钦译《弓手国族（蒙古）史》,《宋辽金元史研究论集》,《大陆杂志史学丛书》第 3 辑第 3 册, 大陆杂志社, 1970。

札奇斯钦译注《蒙古黄金史译注》, 联经出版事业公司, 1979。

志费尼:《世界征服者史》, J.A. 波伊勒英译, 何高济译, 商务印书馆, 2004。

朱风、贾敬颜译《汉译蒙古黄金史纲》, 内蒙古人民出版社, 2007。

al-Ahrī, Abū Bakr al-Quṭbī, *Ta'rīkh-i Shaikh Uwais (History of Shaikh Uwais): An Important Source for the History of Ādharbaijān in the Fourteenth Century*, by Door Johannes Baptist van Loon, 's-Gravenhage: Uitgeverij Excelsior, 1921.

al-Juzjani, Muhammad, *Tabakat-i Nasiri: A General History of the Muhammadan Dynasties of Asia*, translated by H. G. Raverty, London: Gilbert & Rivington, Vol. 1-2, 1881.

al-Shīrāzī, Maḥmūd ibn Mas'ūd Quṭb, *Akhbār-i Mughūlān dar anbāna-yi Mullā Quṭb,* ed. by Īraj Afshār, Qum: Kitābkhāna-yi Buzurg-i Ḥaẓrat Āyat Allāh al-'Uẓmā Mar'ashī Najafī, 2009.

Banākatī, Fakhr al-dīn Dāvūd, *Tārīkh-i Banākatī*, ed. by Ja'far Shi'ār, Tihrān: Intishārāt-i Anjuman-i Āsār-i Millī, 1969.

Bayżāvī, 'Abdallāh ibn 'Umar, *Niẓām al-tawārīkh*, ed. by Muhammad Afshār, digitalized by www.Ghaemiyeh.com.

Dulaurier, M. Éd., *Les mongols d'après les historiens arméniens; extrait de l'histoire universelle de Vartan*, Paris: Imprimerie

Impériale, 1858.

En-Nesawi, Mohammed, *Histoire du Sultan Djelal ed-Din Mankobirti, Prince du Kharezm*, traduit de l'arabe par O. Houdas, Paris: Ernest Leroux, Éditeur, 1895.

Gandzaketsi, Kirakos, *History of the Armenians*, tr. by Robert Bedrosian, New York, 1986, Online version: http://www.attalus.org/armenian/ (accessed 2023-3-4).

Ḥāfiẓ-i Abrū, *Ẕayl-i Jāmiʿ al-Tavārīkh-i Rashīdī*, ed. by Khān-bābā Bayānī, Tihrān: ʿIlmī, 1939.

Hebraeus, Bar, *The Chronography of Gregory Abû'l Faraj (the son of Aaron the Hebrew physician commonly known as Bar Hebraeus being the first part of his political history of the world)*, translated by Ernest A. Wallis Budge, Piscataway: Gorgias Press, 2003.

Herrmann, Gottfried, *Persische Urkunden der Mongolenzeit*, Wiesbaden: Harrassowitz Verlag, 2004.

Hetʾum, *History of the Tartars (The Flower of Histories of the East)*, compiled by Het'um the Armenian of the Premonstraten-sian Order, translated by Robert Bedrosian, Sources of the Armenian Tradition, Long Branch, New Jersey, 2004, Online version: http://www.attalus.org/armenian/ (accessed 2023-3-4).

Ibn al-Athīr, *The Chronicle of Ibn al-Athīr for the Crusading Period from al-Kāmil fī'l-taʾrīkh*, Part 3: The Years 589-629/1193-1231, The Ayyūbids after Saladin and the Mongol Menace, translated by D. S. Richards, Farnham, Surrey: Ashgate, 2008.

Isiltan, Fikret, *Die Seltschuken-geschichte des Aḳserāyī*, Leipzig: Otto Harrasowitz, 1943.

Jones, Stephen ed., *The Georgian Chronicles of Kartlis Tskhovreba: A History of Georgia*, Artanuji Publishing, 2014.

Khwandamir, *Habibu's-Siyar, Tome Three, The Reign of Mongol and the Turk*, translated and edited by W. M. Thackston, Harvard University, 1994.

Lech, Klaus, *Das Mongolische Weltreich: Al-ʻUmarī's Darstellung der Mongolischen Reiche in seinem Werk Masālik al-abṣār fī mamālik al-amṣār*, Wiesbaden: Otto Harrassowitz, 1968.

Mongolian Monuments in Uighur-Mongolian Script (XIII-XVI Centuries), edited by D. Tumurtogoo, with the collaboration of G. Cecegdari, Taipei: Institute of Linguistics, Academia Sinica, 2006.

Muʻizz al-Ansāb, Bibliothèque Nationale de France, Persan 67.

Mubārak, Abūl-Fażl, *Akbar Nāma*, Tihrān: Anjuman-i Āsār va Mafākhir-i Farhangī, 1966.

Munis, Shir Muhammad Mirab and Muhammad Riza Mirab Agahi, *Firdaws al-Iqbāl: History of Khorezm*, translated from Chaghatay and annotated by Yuri Bregel, Leiden · Boston · Köln: Brill, 1999.

Рашид-ад-дин, Джамиʻ ат-Таварих, Критический текст А.А.Ромаскевича, А.А. Хетагурова, А.А. Али Заде, Москва, 1965.

Qāshānī, Abū al-Qāsim 'Abd Allāh b. Muḥammad, *Tārīkh-i Ūl-jāytū,* ed. by Mahīn Hambalī, Tihran: Bungāh-i Tarjuma va Nashr-i Kitāb, 1969.

Qazvīnī, Ḥamd Allāh Mustawfī, *Tārīkh-i Guzīda,* ed. by 'Abd al-Ḥusayn Navāyī, Tihrān: Amīr Kabīr, 1960.

Qazvīnī, Ḥamd Allāh Mustawfī, *Ẓafarnāma,* ed. by Naṣr Allāh Pūrjavādī and Nuṣrat Allāh Rastigār, Tihrān: Markaz-i Nashr-i Dānishgāhī, Wien: Verlag der Österreichischen Akademie der Wissenschaften, 1999, Vol. 2.

Qazvīnī, Ḥamd Allāh Mustawfī, *Ẓafarnāma,* Fāṭima 'Alāqa(ed.), Tihrān: Pazhuhishgāh-i 'Ulūm-i Insānī va Muṭāli'āt-i Farhangī, 2011, v. 7.

Sh. Bira, *The Golden Summary Which Relates Briefly the Deeds of Civil Governing Established by Ancient Emperors,* Ulan-Bator, 1990.

Shabānkāra'ī, Muḥammad ibn 'Alī ibn Muḥammad, *Majma' al-Ansāb,* ed. by Mīr Hāshim Muḥaddis̱, Tihrān: Amīr Kabīr, 1984.

Shīrāzī, Shihāb al-Dīn 'Abd Allāh Sharaf, *Tārīkh-i Vaṣṣāf al-Ḥaẓrat,* Vol. 4, ed. by Alī Riżā Ḥājyān Nizhād, Tihran: Intishārāt-i Dānishgāh-i Tihrān, 2009.

Shu'ab-i Panjgāna, İstanbul: Topkapı-Sarayı Müzesi Kütüphanesi, MS. Ahmet III 2937.

Taḥrīr-i Tārīkh-i Vaṣṣāf, digested by 'Abd al-Muḥammad Ājatī, Tihrān: Pizhūhishgāh-i 'Ulūm-i Insānī va Muṭāli'āt-i Farhangī,

1967.

　The Shajrat ul Atrak: Or the Genealogical Tree of the Turks and Tatars, translated and abridged by Miles, London: Allen, 1838.

　The Travels of Ibn Baṭṭūṭa, A. D. 1325-1354, translated with revisions and notes from the Arabic text edited by C. Defrémery and B. R. Sanguinetti, Vol. II, London, N. W.: Cambridge University Press, 1962, reprinted 1995.

　Vaṣṣāf al-Ḥażrat, *Geschichte Wassaf's*, Vol. 1-4, translated and edited by Hammer-Purgstall, Wien: Verlag der Österreichischen Akademie der Wissenschaften, 2010-2016.

　Vaṣṣāf al-Ḥażrat, *Tārīkh-i Vaṣṣāf al-Ḥażrat*, Bombay: Muḥam-mad Mahdī Iṣfahānī, 1853.

　W. M. Thackston translated and annotated, *Rashiduddin Fazlul-lah's Jamiʻu't-Tawarikh (Compendium of Chronicles)*, Cambridge, MA: Harvard University, 1998-1999.

　Ward, L. J., "The *Ẓafar-nāmah* of Ḥamd Allāh Mustaufī and the Il-Khān Dynasty of Iran," Ph.D. dissertation, University of Man-chester, 1983, Vol. 2.

　ウテミシュ・ハージー著、川口琢司、長峰博之編、菅原睦校閲『チンギス・ナーマ　解題・訳註・転写・校訂テクスト』東京外国語大学アジア・アフリカ言語文化研究所、2008。

　『カーシャーニー　オルジェイトゥ史』大塚修、赤坂恒明、髙木小苗、水上遼、渡部良子訳註、名古屋大学出版会、2022。

三　专著

巴托尔德：《中亚突厥史十二讲》，罗致平译，中国社会科学出版社，1984。

巴托尔德：《蒙古入侵时期的突厥斯坦》，张锡彤、张广达译，上海古籍出版社，2007。

白寿彝总主编，陈得芝主编《中国通史》第8卷《中古时代·元时期》，上海人民出版社，2015。

白玉冬：《九姓达靼游牧王国史研究（8~11世纪）》，中国社会科学出版社，2017。

彼得·杰克森：《蒙古帝国与伊斯兰世界：从征服到改宗的历史大变局》，廖素珊、王紫让译，广场出版，2022。

蔡美彪：《辽金元史考索》，中华书局，2012。

曹金成：《史事与史源：〈通鉴续编〉中的蒙元王朝》，社会科学文献出版社，2020。

陈得芝：《蒙元史研究丛稿》，人民出版社，2005。

陈高华、史卫民：《中国风俗通史·元代卷》，上海文艺出版社，2001。

多桑：《多桑蒙古史》，冯承钧译，中华书局，1962。

冯承钧撰，邬国义编校《冯承钧学术论文集》，上海古籍出版社，2015。

符拉基米尔佐夫：《蒙古社会制度史》，刘荣焌译，中国社会科学出版社，1980。

韩儒林:《穹庐集》,河北教育出版社,2000。

韩儒林主编《元朝史》,人民出版社,2008。

韩儒林:《元史讲座》,北京出版社,2020。

洪钧撰,田虎注《元史译文证补校注》,河北人民出版社,1990。

胡鸿:《能夏则大与渐慕华风:政治体视角下的华夏与华夏化》,北京师范大学出版社,2017。

黄时鉴:《黄时鉴文集》,中西书局,2011。

箭内亘:《元朝怯薛及斡耳朵考》,陈捷、陈清泉译,商务印书馆,1933。

刘俊文主编《日本中青年学者论中国史(宋元明清卷)》,上海古籍出版社,1995。

刘迎胜:《西北民族史与察合台汗国史研究》,南京大学出版社,1994。

罗新:《中古北族名号研究》,北京大学出版社,2009。

马克斯·韦伯:《经济与社会》第一卷,阎克文译,上海人民出版社,2010。

苗润博:《重构契丹早期史》,北京大学出版社,2024。

纳日碧力戈:《姓名论(修订版)》,社会科学文献出版社,2015。

邱轶皓:《蒙古帝国视野下的元史与东西文化交流》,上海古籍出版社,2019。

邵循正:《邵循正历史论文集》,北京大学出版社,1985。

沈曾植:《元秘史补注》,《民国丛书》第五编影印北平古学院

1945 年版，上海书店出版社，1996。

史卫民编辑《辽金时代蒙古考》，内蒙古自治区文史研究馆，1984。

史卫民：《元代社会生活史》，中国社会科学出版社，1996。

孙楷第：《元曲家考略》，上海古籍出版社，1981。

汤开建：《党项西夏史探微》，商务印书馆，2013。

外山军治：《金朝史研究》，李东源译，黑龙江朝鲜民族出版社，1988。

王汎森：《权力的毛细管作用：清代的思想、学术与心态》，联经出版事业股份有限公司，2014。

王国维：《观堂集林》，中华书局，1959。

王国维：《王国维遗书》，上海古籍书店，1983 年影印商务印书馆 1940 年版。

王明珂：《羌在汉藏之间：川西羌族的历史人类学研究》，中华书局，2008。

王明珂：《英雄祖先与弟兄民族：根基历史的文本与情境》，中华书局，2009。

王明珂：《反思史学与史反思》，上海人民出版社，2016。

王明荪：《早期蒙古游牧社会的结构——成吉思可汗前后时期的蒙古》，嘉新水泥公司文化基金会丛书，1976。

王一丹：《波斯拉施特〈史集·中国史〉研究与文本翻译》，昆仑出版社，2006。

乌兰：《〈蒙古源流〉研究》，辽宁民族出版社，2000。

乌兰：《文献学与语文学视野下的蒙古史研究》，中国社会科学出版社，2021。

乌云毕力格：《〈阿萨喇克其史〉研究》，中央民族大学出版社，2009。

萧启庆：《内北国而外中国：蒙元史研究》，中华书局，2007。

萧启庆：《元代进士辑考》，中研院历史语言研究所，2012。

谢咏梅：《蒙元时期札剌亦儿部研究》，辽宁民族出版社，2012。

姚大力：《北方民族史十论》，广西师范大学出版社，2007。

姚大力：《蒙元制度与政治文化》，北京大学出版社，2011。

姚大力：《追寻"我们"的根源：中国历史上的民族与国家意识》，生活·读书·新知三联书店，2018。

易建平：《部落联盟与酋邦——民主·专制·国家：起源问题比较研究》，社会科学文献出版社，2004。

亦邻真：《亦邻真蒙古学文集》，内蒙古人民出版社，2001。

亦邻真：《般若至宝：亦邻真教授学术论文集》，上海古籍出版社，2019。

余大钧：《一代天骄成吉思汗——传记与研究》，内蒙古人民出版社，2002。

《元史二种》（柯劭忞《新元史》、屠寄《蒙兀儿史记》），上海古籍出版社、上海书店，1989。

札奇斯钦：《蒙古文化与社会》，台湾商务印书馆，1987。

张佳：《图像、观念与仪俗：元明时代的族群文化变迁》，商务印书馆，2021。

周清澍:《元蒙史札》，内蒙古大学出版社，2001。

周清澍:《周清澍文集》，广西师范大学出版社，2020。

四 论文

艾骛德:《蒙古帝国成吉思汗先世的六世系》，罗玮译，《元史及民族与边疆研究集刊》第 31 辑，上海古籍出版社，2016；原载《中世纪欧亚内陆研究文献》（*Archivum Eurasiae Medii Aevi*）第 19 卷，2012。

艾骛德:《蒙古人、阿拉伯人、库尔德人和法兰克人：拉施德丁的部落社会比较民族学研究》，贾衣肯译，李鸣飞校，《欧亚译丛》第 1 辑，商务印书馆，2015。

白石典之:《斡里札河之战金军的进军路线》，孟令兮译，《宁夏社会科学》2017 年第 2 期。

白玉冬、赵筱:《蒙古部祖元皇帝与太祖元明皇帝考》，《元史及民族与边疆研究集刊》第 42 辑，上海古籍出版社，2022。

宝音德力根:《关于王汗与札木合》，《蒙古史研究》第 3 辑，内蒙古大学出版社，1989。

伯希和:《〈蒙古侵略时代之土耳其斯坦〉评注》，译文见《冯承钧西北史地著译集·蒙哥》，中国国际广播出版社，2013。

曹金成:《政治体视角下的元代蒙古认同》，博士学位论文，北京大学，2018。

曹金成:《〈雅隆尊者教法史〉蒙元史事考辨》，《史林》2020年第 1 期。

曹金成:《"大蒙古国"国号创建时间再检讨》,《文史》2020年第 2 辑。

曹金成:《元朝德运问题发微:以水德说为中心的考察》,《中国史研究》2021 年第 3 期。

曹金成:《元代"黄金家族"称号新考》,《历史研究》2021年第 4 期。

陈春晓:《伊利汗国法儿思总督万家奴史事探赜》,《民族研究》2021 年第 2 期。

陈得芝:《〈元史·太祖本纪〉(部分)订补》,《元史及民族与边疆研究集刊》第 22 辑,上海古籍出版社,2010。

陈得芝:《藏文史籍中的蒙古祖先世系札记》,《中国藏学》2014 年第 4 期。

陈高华:《〈元史〉纂修考》,《历史研究》1990 年第 4 期。

陈晓伟:《再论"大蒙古国"国号的创建年代问题》,《中华文史论丛》2016 年第 1 期。

陈新元:《元代怯薛制度新探》,博士学位论文,北京大学,2019。

陈新元:《速混察·阿合伊朗史事新证——兼论伊利汗国的畏兀儿人》,《西域研究》2019 年第 1 期。

陈新元:《大蒙古国火儿赤领兵制度钩沉》(未刊稿)。

邓广铭:《〈大金国志〉与〈金人南迁录〉的真伪问题两论》,《邓广铭全集》第九卷《史籍考辨》,河北教育出版社,2005。

耿世民、张宝玺:《元回鹘文〈重修文殊寺碑〉初释》,《考古学报》1986 年第 2 期。

郭津嵩：《撒马尔干的中国历法：耶律楚材的"西征庚午元历"及其"里差"法考辨》，《中华文史论丛》2021 年第 1 期。

哈丽娜：《试探古代蒙古社会婚姻制度》，《内蒙古社会科学》1989 年第 5 期。

韩儒林：《突厥蒙古之祖先传说》，《北平研究院史学研究所集刊》第 4 卷，1940。

洪金富：《元代怯薛轮值史料考释》，《中央研究院历史语言研究所集刊》第 74 本第 2 分，2003。

华涛：《乌马里〈眼历诸国行纪〉关于阿阑豁阿"腰"的记载》，《西部蒙古论坛》2022 年第 1 期。

吉田顺一：《〈元史·太祖本纪〉祖先传说之研究》，冯继钦译，《蒙古学资料与情报》1990 年第 1 期。

贾敬颜：《从金朝的北征、界壕、榷场和赐宴看蒙古的兴起》，《元史及北方民族史研究集刊》第 9 辑。

贾敬颜、洪俊：《关系成吉思汗历史的几个问题》，《社会科学辑刊》1981 年第 3 期。

贾敬颜：《鞑靼　瓦剌　兀良哈　明朝蒙古人的历史——兼说"都沁·都尔本"一词》，《内蒙古社会科学》1993 年第 3 期。

拉里·莫色斯：《蒙古人名的命名方式》，萨仁托雅译，《蒙古学资料与情报》1991 年第 1 期。

拉里·莫西斯：《数字的传奇：〈蒙古秘史〉中数字的象征意义》，陈一鸣译，《蒙古学信息》2000 年第 1 期。

李寒箫：《再论〈行程录〉的真伪问题》，《历史教学（下半月刊）》2019 年第 3 期。

李建兴、罗火金、王再建、陈秀敏:《河南温县元代关关墓地及神道碑考》,河南省博物馆学会编《博物馆学论丛》(5),中州古籍出版社,2003。

刘浦江:《再论阻卜与鞑靼》,《历史研究》2005年第2期。

刘晓:《耶律铸夫妇墓志札记》,《暨南史学》第3辑,暨南大学出版社,2004。

刘晓:《元代怯薛轮值新论》,《中国社会科学》2008年第4期。

刘晓:《"南坡之变"刍议》,《元史论丛》第12辑,内蒙古教育出版社,2010。

刘晓:《〈珰溪金氏族谱〉所见两则元代怯薛轮值史料》,《西北师大学报》2015年第2期。

刘砚月:《钱大昕〈元史氏族表〉研究与校注》,博士学位论文,南京大学,2016。

刘迎胜:《阿剌脱忽剌兀忽里台大会考》,《西域研究》1995年第4期。

刘迎胜:《有关早期蒙古史料中的"苍狼白鹿"、阿阑豁阿和孛端察儿叙事》,《清华元史》第7辑,商务印书馆,2022。

罗鹭:《揭傒斯〈忽速忽尔神道碑〉考释》,《元史及民族与边疆研究集刊》第42辑,上海古籍出版社,2022。

罗新:《民族起源的想像与再想像——以嘎仙洞的两次发现为中心》,《文史》2013年第2辑。

毛海明:《〈元史·王恽传〉行年订误》,《元代文献与文化研究》第2辑,中华书局,2013。

苗润博:《被改写的政治时间:再论契丹开国年代问题》,《文史哲》2019 年第 6 期。

邱靖嘉：《王大观〈行程录〉真伪暨金熙宗朝征蒙史事考》，《文献》2021 年第 6 期。

邱靖嘉：《改写与重塑：再论金朝开国年代及其相关问题》，《文史哲》2022 年第 2 期。

邱轶皓：《蒙古帝国的权力结构（13~14 世纪）：汉文、波斯文史料之对读与研究》，博士学位论文，复旦大学，2011。

邱轶皓：《〈完者都史〉"704 年纪事"译注》，《暨南史学》第17 辑，暨南大学出版社，2018。

邱轶皓：《如何"进入"蒙古历史——两则与"共饮班朱泥河水"相并行的故事及其传播》，《文史》2019 年第 3 辑。

邱轶皓：《帖卜·腾格里所传神谕考》，《世界历史评论》2021年第 4 期。

邵循正：《成吉思汗生年问题》，《历史研究》1962 年第 2 期。

王大方：《元代竹温台碑初考》，《文物》1997 年第 6 期。

乌兰：《关于蒙古人的姓氏》，《蒙元史暨民族史论集：纪念翁独健先生诞辰一百周年》，社会科学文献出版社，2006。

乌兰：《蒙古族源相关记载辨析》，汪立珍主编《蒙古族及呼伦贝尔诸民族族源关系研究》，中国社会科学出版社，2014。

希都日古：《鞑靼和大元国号》，《元史及民族与边疆研究集刊》第 28 辑，上海古籍出版社，2014。

夏令伟：《〈元史·王恽传〉勘误》，《内蒙古农业大学学报》2010 年第 2 期。

小林高四郎：《蒙古族的姓氏和亲属称谓》，乌恩译，《蒙古学资料与情报》1987 年第 1 期。

　　杨镰:《答禄与权事迹勾沉》,《新疆大学学报》1993 年第 4 期。

　　杨志玖:《蒙古初期饮浑水功臣十九人考》,《内陆亚洲历史文化研究——韩儒林先生纪念文集》,南京大学出版社,1996。

　　叶新民:《关于元代的"四怯薛"》,《元史论丛》第 2 辑,中华书局,1983。

　　亦邻真:《莫那察山与全册》,乌云毕力格、宝音德力根译,《西域历史语言研究集刊》第 2 辑,科学出版社,2009。

　　余大钧:《〈蒙古秘史〉成书年代考》,《中国史研究》1982 年第 1 期。

　　余大钧:《〈元史·太祖纪〉所记蒙、金战事笺证稿》,《辽金史论集》第 2 辑,书目文献出版社,1987。

　　余大钧:《记载元太祖事迹的蒙、汉、波斯文史料及其相互关系》,《北大史学》第 12 辑,北京大学出版社,2007。

　　袁国藩:《十三世纪蒙人之婚姻制度及其有关问题》,《宋辽金元史研究论集》,《大陆杂志史学丛书》第 3 辑第 3 册,大陆杂志社,1970。

　　张帆:《论蒙元王朝的"家天下"政治特征》,《北大史学》第 8 辑,北京大学出版社,2001。

　　张帆:《圈层与模块:元代蒙古、色目两大集团的不同构造》,《西部蒙古论坛》2022 年第 1 期。

　　赵宇:《再论〈征蒙记〉与〈行程录〉的真伪问题——王国维〈南宋人所传蒙古史料考〉补正》,《元史及民族与边疆研究集刊》第 32 辑,上海古籍出版社,2017。

植松正：《汇辑〈至元新格〉及解说》，郑梁生译，《食货月刊》1975 年第 7 期。

钟焓：《民族学视角下的古代蒙古人传说——读乌瑞夫人蒙古学论著札记》，《清华元史》第 2 辑，商务印书馆，2013。

钟焓：《中古时期蒙古人的另一种祖先蒙难叙事——"七位幸免于难的脱险者"传说解析》，《历史研究》2016 年第 3 期。

周良霄：《元史北方部族表》，《中华文史论丛》2010 年第 1 期。

周良霄：《金和南宋初有关蒙古史料之考证》，《中国蒙元史学术研讨会暨方龄贵教授九十华诞庆祝会文集》，民族出版社，2010。

周清澍：《成吉思汗生年考》，《内蒙古大学学报》1962 年第 1 期。

五　外文研究论著

Angermann, Anna Katharina, *Das Unfassbare fassen und zu Geschichte formen: An-Nuwayrīs Ḏikr aḫbār ad-dawla al-ǧinkizḫānīya*, Bonn: Inaugural-Dissertaton zur Erlangung der Doktorwürde der Philosophischen Fakultät der Universität, 2020.

Atwood, Christopher P., "Historiography and Transformation of Ethnic Identity in the Mongol Empire: the Öng'üt Case," *Asian Ethnicity*, Vol. 15, No. 4, 2014, pp. 514-534.

Atwood, Christopher P., "Ulus Emirs, Keshig Elders, Signatures, and Marriage Partners: the Evolution of a Classic Mongol

Institution," in David Sneath ed., *Imperial Statecraft: Political Forms and Techniques of Governance in Inner Asia, Sixth-Twentieth Centuries*, Bellingham: Center for East Asian Studies, Western Washington University for Mongolia and Inner Asia Studies Unit, University of Cambridge, 2006, pp.141-174.

Ayalon, David, "Studies on the Structure of the Mamluk Army I," *Bulletin of the School of Oriental and African Studies*, Vol. 15, No. 2, 1953, pp. 203-228.

Ayalon, David, "The Great Yāsa of Chingiz Khān: A Reexamination (Part C2). Al-Maqrīzī's Passage on the Yāsa under the Mamluks," *Studia Islamica*, No. 38, 1973, pp.107-156.

Binbaş, İlker Evrim, "Structure and Function of the Genealogical Tree in Islamic Historiography (1200-1500)," in *Horizons of the World: Festschrift for İsenbike Togan*, ed. by İlker Evrim Binbaş & Nurten Kılıç-Schubel, İstanbul: İthaki Publishing, 2011, pp. 465-544.

Boyle, John Andrew, "The Longer Introduction to the *Zij-i Ilkhani* of Nasir-ad-Din Tusi," *Journal of Semitic Studies*, 1963: 8, pp.244-254.

Bregel, Yuri, "Tribal Tradition and Dynastic History: The Early Rulers of the Qongrats According to Munis," *Asian and African Studies* 16, No. 3, 1982, pp. 357-398.

Cleaves, Francis Woodman, "A Chancellery Practice of the Mongols in The Thirteenth and Fourteenth Centuries," *Harvard Journal of Asiatic Studies* Vol. 14, No. 3/4, 1951, pp. 493-526.

Cleaves, Francis Woodman, "The Sino-Mongolian Inscription of 1338 in Memory of Jiguntei," *Harvard Journal of Asiatic Studies*, Vol. 14, No. 1/2, Jun., 1951, pp. 1-104.

de Rachewiltz, Igor, *The Secret History of the Mongols: A Mongolian Epic Chronicle of the Thirteenth Century*, Leiden·Boston: Brill, 2004.

Doerfer, G., *Türkische und Mongolische Elemente im Neupersischen*, Band I-IV, Wiesbaden: Franz Steiner Verlag, 1963-1975.

Franke, Herbert, "Mittelmongolische Glossen in einer arabischen astronomischen Handschrift von 1366," *Oriens*, 1988: 31, pp. 95-118.

Hope, Michael, "'The Pillars of State': Some Notes on the Qarachu Begs and the Kešikten in the Īl Khānate (1256-1335)," *Journal of the Royal Asiatic Society,* Vol.27, No. 2, 2017, pp. 181-199.

Ivanics, Maria, "Memories of Statehood in the Defter-i Genghis-Name," *Golden Horde Review,* Vol. 4, No. 3, 2016, pp. 570-579.

Komaroff, Linda ed., *Beyond the Legacy of Genghis Khan*, Leiden: Brill, 2006.

May, Timothy, Dashdondog Bayarsaikhan, Christopher P. Atwood (eds.), *New Approaches to Ilkhanid History*, Leiden: Brill, 2021.

Pelliot, Paul, "Le H̱ōǰa et le Sayyid Ḥusain de l'Histoire des Ming," *T'oung Pao*, Second Series, Vol. 38, Livr. 2/5, 1948, pp. 81-292.

Pelliot, Paul, "Une tribu méconnue des Naiman: les Bätäkin," *T'oung Pao*, Second Series, Vol. 37, Livr. 2, 1943, pp. 35-72.

Pelliot, Paul, *Notes sur l'Histoire de la Horde d'Or*, Paris: Librairie d'Amérique et d'Orient, 1949.

Rybatzki,Volker, "Genealogischer Stammbaum der Mongolen", in E. V. Boikova and G. Stary eds. *Florilegia Altaistica: Studies in Honour of Denis Sinor on the Occasion of His 90th Birthday*, Wiesbaden: Harrassowitz, 2006, pp.135-192.

Schamiloglu, Uli, "The Qaraçi Beys of the Later Golden Horde: Notes on the Organization of the Mongol World Empire," *Archivum Eurasiae Medii Aevi*, Tomus 4, 1984.

Serruys, Henry, *The Mongols in China during the Hung-wu Period (1368-1398)*, PhD. Dissertation, Columbia University, 1955, and MCB, Vol.11. Brussels.

Smith, Anthony D., *The Ethnic Origins of Nations*, Oxford: Blackwell, 1986.

Sneath, David, *The Headless State: Aristocratic Orders, Kinship Society and Misrepresentations of Nomadic Inner Asia*, New York: Columbia University Press, 2007.

Soudavar, Abolala ed., *Art of the Persian Courts: Selections from the Art and History Trust Collection*, New York: Rizzoli,

1992.

　　Stefan Kamola, *Making Mongol History Rashid al-Din and the Jami'al-Tawarikh*, Edinburgh: Edinburgh University Press, 2019.

　　Taqizadeh, S. H. "Various Eras and Calendars Used in the Countries of Islam," *Bulletin of the School of Oriental Studies*, Vol. 9, No.4, 1939, pp. 903-922.

　　Togan, Isenbike, *Flexibility and Limitation in Steppe Formations: the Kerait Khanate and Chinggis Khan*, Leiden: Brill, 1998.

　　Wing, Patrick, *The Jalayirids: Dynastic State Formation in the Mongol Middle East,* Edinburgh: Edinburgh University Press, 2016.

　　Zhao, George Qingzhi, *Marriage as Political Strategy and Cultural Expression: Mongolian Royal Marriages from World Empire to Yuan Dynasty*, New York : Peter Lang Publishing, 2008.

　　志茂碩敏『モンゴル帝国史研究 正篇』東京大学出版会、2013。

　　田村実造『中国征服王朝の研究 中』東洋史研究会、1971。

　　村岡倫「山西省夏県廟前鎮楊村『忽失歹碑』について」『13、14 世紀東アジア史料通信』12 号、2010。

　　栗林均編「『元朝秘史』モンゴル語漢字音訳・傍訳漢語対照語彙」東北大学東北アジア研究センター、2009。

　　栗林均編「『元朝秘史』傍訳漢語索引」東北大学東北アジア研究センター、2012。

六　网络资源

Encyclopaedia Iranica, Online version: http://www.iranicaonline.org.

Encyclopaedia of Islam (Second Edition), Online version:https://referenceworks.brillonline.com/browse/encyclopaedia-of-islam-2.

图书在版编目（CIP）数据

追本塑源：元朝的开国故事 / 张晓慧著. -- 北京：
社会科学文献出版社，2024.3
（九色鹿）
ISBN 978-7-5228-3148-0

Ⅰ.①追… Ⅱ.①张… Ⅲ.①中国历史－元代－通俗
读物 Ⅳ.①K247.09

中国国家版本馆CIP数据核字（2023）第253010号

·九色鹿·
追本塑源：元朝的开国故事

著　　者 / 张晓慧

出 版 人 / 冀祥德
责任编辑 / 赵　晨
责任印制 / 王京美

出　　版 / 社会科学文献出版社·历史学分社（010）59367256
　　　　　　地址：北京市北三环中路甲29号院华龙大厦　邮编：100029
　　　　　　网址：www.ssap.com.cn
发　　行 / 社会科学文献出版社（010）59367028
印　　装 / 三河市东方印刷有限公司

规　　格 / 开　本：787mm×1092mm 1/16
　　　　　　印　张：15.75　字　数：181千字
版　　次 / 2024年3月第1版　2024年3月第1次印刷
书　　号 / ISBN 978-7-5228-3148-0
定　　价 / 78.80元

读者服务电话：4008918866